Niederländische Nordseeküste

HIGHLIGHTS | GEHEIMTIPPS | WOHLFÜHLADRESSEN

»Das finde ich so verrückt:
Sobald das Wetter schön wird in den
Niederlanden und draußen alles grün ist,
fahren die Menschen ins Ausland.«

Maarten 't H

BRUCKMANN

Niederländische Nordseeküste

Ralf Johnen
Alexandra Johnen
Hans Zaglitsch

BRUCKMANN

Ein Tag im Blumenmeer: Den Keukenhof sollte sich kein Urlauber entgehen lassen.

Erhabene Bauten, sanftes Licht: Amsterdam weiß jederzeit Stimmungen zu erzeugen.

NOORD-HOLLAND UND AMSTERDAM

MEHR WISSEN

Friesisches Stillleben: Unweit der Küste warten altholländische Landschaften.

MEHR ERLEBEN

DIE INSELN

Seite 2/3: Intensive Farben und ein Gefühl von Unendlichkeit: der Strand von Terschelling
Rechte Seite: »Oranje boven«: Beim Königstag feiern die Niederländer sich und ihre Farben.
Seite 8: Das Auge isst mit: Die Markthalle von Rotterdam ist ein Fest für alle Sinne.

DAS IJSSELMEER

FRIESLAND UND GRONINGEN

Dieser Snack geht immer: gewürfelter Käse auf dem Markt in Alkmaar.

REISEINFOS

DAS SOLLTEN SIE SICH NICHT ENTGEHEN LASSEN

❶ Deltawerke, Zeeland (S. 60)
Auf dem Sturmwehr der Deltawerke stehen und die Oosterschelde unter sich strömen sehen hat etwas Erhabenes: Hier spürt der Betrachter die enorme Kraft des Wassers, gegen das sich die Niederländer seit der Sturmflutkatastrophe von 1953 erfolgreich wehren. Gleichzeitig sieht man mit eigenen Augen, zu welchen technischen Wunderwerken Ingenieure fähig sind.

❷ Joggen in Domburg (S. 44)
Auch einen Touristenort wie das zeeländische Domburg kann man (fast) für sich allein haben: Wer an einem Herbstmorgen über den Dünenweg joggt, auf den breiten Strand und das Meer hinunterblickt und sich vom Wind den Kopf lüften lässt, hat seine Alltagssorgen schnell vergessen und zudem für einen entspannten Genusstag vorgesorgt – vielleicht mit einem frisch gebackenen Fischfilet als Krönung?

❸ Markthalle Rotterdam (S. 86)
2015 eröffnet, transportiert die Markthalle ein vor allem aus Südeuropa bekanntes Konzept in die Niederlande: einen überdachten Schlemmertempel, in dem Köstlichkeiten von allen Kontinenten sowie aus dem Meer angeboten werden. Für Architekturfreaks ist das Konstrukt ein großer Wurf. Selten wurde eine gute Idee so kühn umgesetzt.

❹ Modernes Rotterdam (S. 96)
Als Spielwiese für radikale Architektur, Welthafen, Malocherstadt, Schmelztiegel und Heimat experimentierfreudiger Kreativer ist Rotterdam der radikale Gegenentwurf zu allem, was in den Niederlanden sonst Touristen anzieht. Das ideale Ziel also, mal auf Abwegen zu wandern.

❺ Begegnung mit dem Mädchen mit dem Perlenohrring (S. 110)
Der Regierungssitz Den Haag wird chronisch unterschätzt – und das nicht nur, weil die berühmteste Einwohnerin der Stadt Vermeers *Mädchen mit dem Perlenohrring* ist. Den Haag besitzt zudem mit Scheveningen und Kijkduin gleich zwei Seebäder – und die Straßenzüge der Küstenstadt sind vor allem in der Däm-

Effektiver Katastrophenschutz – die beeindruckenden Deltawerke in Zeeland

merung von fast schon entrückter Schönheit.

6 Wandern im Nationalpark Zuid-Kennemerland (S. 168)
Wandern in jungen und in alten Dünen. Danach ein paar Stunden am Strand verbringen und zu guter Letzt in einem der Strandpavillons von Bloemendaal den Sonnenuntergang mit Fassbier und Bitterballen feiern. So sieht ein perfekter Tag im Nationalpark Zuid-Kennemerland aus. Die Anreise aus Deutschland ist sogar mit dem Zug möglich.

7 Kneipenbummel in Amsterdam (S. 162)
Abseits der Touristenfallen kann Amsterdam ganz schön ursprünglich sein. Ein Bummel durch die schönsten Kneipen des Grachtengürtels und im Jordaan gibt Besuchern die Gelegenheit zur Ergründung der Amsterdamer Seele – und die ist folkloristischer als viele denken: Wirte greifen zuweilen zum Mikrofon, um die Klänge von Karaokemaschinen zu begleiten. Andernorts darf sich der Gast an den Kölner Karneval erinnert fühlen.

8 Park Meerwijk in Bergen (S. 176)
Bergen ist durch seine Nähe zum nordholländischen Dünenreservat mit der 53 Meter hohen Düne von Schoorl ohnehin gesegnet. Doch der Ort beheimatet mit Park Meerwijk auch die vielleicht schönste Siedlung der Niederlande. Das Ensemble wurde im Gestus der Amsterdamer Architekturschule errichtet und erinnert daran,

Dutch Mountains: Im Nationalpark Kennemerland sind die Dünen 45 Meter hoch.

dass es seine Vorzüge gehabt hat, beim Häuserbau auf Details zu achten.

9 Schlemmen auf Texel (S. 198)

Texel ist berühmt für sein Lamm, das durch die salzhaltigen Wiesen als vorgesalzen (presalé) gilt. Doch auch der fangfrische Fisch, die Nordseekrabben und lokale Austern haben es zu einigem Ruhm gebracht. Als Begleitung empfiehlt sich das lokale Bier Skuumkoppe, das in der jüngeren Vergangenheit zu einer veritablen Erfolgsgeschichte geworden ist. Höhepunkt des regionalen Schlemmerjahres aber ist Texel culinair, ein Food-Festival in De Koog, bei dem die besten Köche ihre Lieblingsgerichte servieren.

10 Ein Wochenende im alten Posthuys von Vlieland (S. 204)

Weit entfernt vom einzigen Inseldorf lockt das ehemalige Posthaus mit Ruhe, Komfort und schmackhaftem Essen. Nachts ist es hier so dunkel, dass der Blick zum Sternenhimmel schnell zu einer spirituellen Erfahrung werden kann. Das frisch renovierte Anwesen ist zudem eine ideale Ausgangsbasis für eine lange Wanderung über die gigantischen Sandflächen im Westen dieser fantastischen Insel.

11 Wattwanderung in Pieterburen (S. 262)

Erfahrene Profis haben es schon auf alle Inseln binnen eines Gezeitenganges gebracht. Touristen können mit der »light«-Version anfangen. Auch wenn die Wanderung durchs Wattenmeer eine glitschige Angelegenheit ist, bleibt sie dennoch eine einzigartige Erfahrung. Gleichzeitig ist die

Lokale Produkte wie Lammfleisch stehen auf Texel weit oben auf dem Speiseplan.

Exkursion eine gute Trainingseinheit, denn die Wanderführer (wadloopers) sind nur schwer zur frühzeitigen Rückkehr aufs Festland zu bewegen.

12 Fisch in Volendam (S. 242)

Ein wenig Kitsch muss hin und wieder sein. Dann bietet sich ein Ausflug in Hollands Vorzeigefischerdorf an, wo das Tragen von Trachten immer noch zum guten Ton gehört. Zumindest wenn Touristen in der Nähe sind. Der Fisch ist vorzüglich. Auf alles andere als Aal, Hering und Kabeljau blicken die Einheimischen jedoch mit Geringschätzung herab – und Krabben halten sie gar für Insekten.

STRÄNDE, STÄDTE
und Geschichte

Makelloser Sandstrand, überraschend weitläufige Dünenlandschaften und traumhaft entrückte Inselwelten. Das macht die niederländische Nordseeküste zu einem herrlichen Ferienrevier. Einzigartig ist die Auswahl an pulsierenden Städten hinter den Deichen, die mit einem historischen Stadtbild und Kulturangeboten von Weltformat locken. Abgerundet wird das Ganze durch eine relativ neue Genusskultur und mannigfaltige Sportmöglichkeiten.

Der Wind bläst unbarmherzig und der Regen peitscht von der Seite. Bald aber reißt der Himmel auf. Jetzt kommt die Sonne durch und verleiht der eben noch grauen Landschaft neue Farben: Die Gischt schäumt weiß, das Wasser der Nordsee changiert in verschiedenen Blautönen. Und während das Land hinter den Dünen immer noch bedrohlich dunkel ist, leuchtet der Sand bereits gleißend hell. Das ist einer dieser Nordseemomente, wie sie in den Niederlanden vor allem im Frühjahr und im Herbst vorkommen. Das Meer ist launisch – und das wirkt sich auf die Küstenlinie aus, deren Länge inklusive Westerschelde und Wattenmeer 523 Kilometer beträgt. Es ist derart temperamentvoll, dass der Kampf gegen das Wasser die Geschichte der Niederlande maßgeblich geprägt hat.

Dank ihrer sehr guten Infrastruktur eignet sich die Nordseeküste perfekt für den Familienurlaub.

Keine Seltenheit aber sind auch Sommertage, an denen nur eine laue Brise bläst. Aus Südwesten, oder besser noch aus Osten. An diesen Tagen, wenn bis weit über das Meer keine Wolke in Sicht ist und die Temperaturen an der 30-Grad-Marke kratzen, kann auch die Nordseeküste eine fast schon tropische Anmutung besitzen. Immer dann scheint das Land geschlossen auszurücken, um sich zwischen Cadzand an der belgischen Grenze und Den Helder an der Nordspitze des Festlands einen Flecken am Strand zu sichern. Ganz Privilegierte zieht es derweil hinaus auf die Westfriesischen Inseln, die auch in der Hochsaison immer eine Aura der Abgeschiedenheit umgibt.

Ein Abend im Strandpavillon

Wer es tagsüber nicht ans Meer schafft, der schwingt sich nach Feierabend aufs Fahrrad, um für die kommenden Stunden einen Platz in einem Strandpavillon zu ergattern. Anfangs wenig mehr als Frittenbuden mit Blick auf die Nordsee, haben sich diese in der jüngeren Vergangenheit immer mehr zu den bevorzugten Aufenthaltsorten von Bonvivants gemausert. Nicht nur wenn es warm ist, hängt man hier mit Partner, Freunden oder Familie ab. Doch immer dann ist es ein besonderer Genuss. Serviert werden

Holländische Spezialität: Das Essen in vielen Strandpavillons wird immer besser.

neuerdings nicht mehr nur Bitterballen und »Patat«, sondern in zunehmendem Maße auch regionale Leckereien von hoher Qualität. Fangfrische Meeräsche etwa, Nordseegarnelen oder Matjes. Texel hat auch Lammschinken im Angebot, in Zeeland schlürft man derweil Austern. Dazu fließt anstelle des allgegenwärtigen Heineken neuerdings immer öfter niederländisches Craft-Beer aus dem Zapfhahn. Oder wenigstens Gerstensaft aus einer der hochwertigen flämischen Brauereien, die weltweit geschätzt werden.

Meist von einer gläsernen Umrandung geschützt, lässt man es sich in den »Strandpaviljoens« also richtig gut gehen. Gern auch auf Liegestühlen mit sanfter elektronischer Musik zur akustischen Untermalung. Das Ganze kann

Gemütlichkeit gehört zu den Schlüsselbegriffen des holländischen Lebensgefühls.

zum abendfüllenden Programm werden, denn der Sonnenuntergang lässt zur Mittsommernacht auf sich warten: Erst weit nach 22 Uhr endet das Schauspiel auf den Wattenmeerinseln an den längsten Tagen des Jahres.

Gekürt mit der Blauen Flagge

Auch für die Tage ist die Infrastruktur nahezu perfekt: Die Strände zwischen Cadzand und den Wattenmeerinseln werden nur von Gewässern unterbrochen. Seien es international geschätzte Segelreviere wie das Grevelingenmeer, die schmaleren Arme des Rheindeltas, durch das in und weit um Rotterdam enorme Wassermassen in die Nordsee fließen, oder die Meerespassagen zwischen den Inseln.

Dabei ist die Qualität des Badewassers fast durchgehend hoch: So hat die Foundation for Environmental Education (FEE) im Jahr 2015 nicht weniger als 59 niederländische Strände mit einer sogenannten Blauen Flagge gekürt. Damit zeichnet die unabhängige, international tätige Umweltorganisation Orte aus, die sowohl über reines und sicheres Schwimmwasser als auch über gute Strände verfügen. In der Saison sind die Publikumsmagneten zudem fast flächendeckend bewacht.

Lebendige Städte im Hinterland

Die breiten Strände, der Blick auf die intakten Dünenlandschaften und die Möglichkeiten zum Schwimmen oder Sonnenbaden sind herrlich, die Auswahlmöglichkeiten zur maritimen Freizeitgestaltung vielseitig. Doch es ist etwas anderes, was einen Urlaub hier so einzigartig macht: An keinem anderen Küstenstreifen der Welt ist die Konzentration ebenso traditionsreicher wie lebendiger Städte so hoch wie im unmittelbaren Hinterland der niederländischen Nordseeküste. Überall sind die Spuren der Vergangenheit greifbar – und damit es nicht einseitig wird, manifestiert sich die moderne Gesellschaft der Gegenwart oftmals nur einen Steinwurf weit entfernt.

Besonders deutlich wird das in den Provinzen Zuid-Holland und Noord-Holland. Zwischen den Küstenorten Hoek van Holland und Bergen aan Zee liegen kaum 100 Kilometer Luftlinie. Wer hier seinen Urlaub verbringt, kann ohne große Umstände einen Ausflug ins hypermoderne Rotterdam planen. In der Stadt schießen überall Wolkenkratzer und andere experimentelle Bauten aus dem Boden, allen voran die bewohnbare Markthalle, die sich stante pede zu einer Touristenattraktion gemausert hat. Ganz nebenbei entdecken die Einheimischen gerade die in Vergessenheit geratenen Hafenviertel neu.

Ein Regierungssitz mit zwei Badeorten

Ein paar Kilometer weiter nördlich lockt das malerische Delft mit seinen schiefen Kirchtürmen und einem mittelalterlichen Stadtbild. Von hier aus ist es bis ins mondäne Den Haag so nah, dass eine Straßenbahn zwischen beiden Städten pendelt. Der Regierungssitz ist besonders attraktiv, weil er mit Scheveningen und dem weniger bekannten Kijkduin gleich über zwei Badeorte verfügt. Zudem hat sich Den Haag in der jüngeren Vergangenheit zu einer lebendigen Metropole mit einer bemerkenswerten Gastro-Szene gemausert. Trotz ihrer mittlerweile vorhandenen Skyline hat sie aber ihren fast schon altertümlich vornehmen Charme behalten.

Während sich an der Küste nördlich von Den Haag das Dünenreservat Meijendel ausbreitet, befinden sich im Hinterland mit Leiden und Haarlem zwei Mittelstädte, die ihre Blütezeit im goldenen niederländischen Jahrhundert (dem 17.!) erlebt haben. Den von der Kolonialisierung gespeisten Reichtum dieser Epoche sieht man dem Stadtbild bis heute an. Sowohl Haarlem als auch Leiden besitzen zauberhafte Refugien, denn kaum irgendwo ist das typisch niederländische

Strandkultur einmal anders: Das Frans-Hals-Museum befindet sich in Küstennähe.

Hauptstadt der Romantiker: Auch Amsterdam ist von der Küste gut erreichbar.

»hofje« in solch großer Vielfalt erhalten. Die Wohnanlagen gelten als Vorläufer des sozialen Wohnungsbaus und von Altersheimen. Meistens verbergen sie sich hinter recht unauffälligen Portalen.

Schön wie Amsterdam – nur ohne Touristen

Auch sonst müssen sich Haarlem und Leiden nicht hinter Amsterdam verstecken. Anders als in der geschäftigen Metropole hält sich der Touristenandrang jedoch in Grenzen. Ja, an lauen Sommerabenden kann man sich als Besucher noch mit einiger Leichtigkeit in eine andere Zeit zurückversetzt fühlen – so unverändert scheint das Stadtbild, wenn die Glocken der Kirchtürme von vorgerückten Stunden künden und sich das warme gelbe Licht der Wohnzimmer und Straßenlaternen im Wasser der Grachten spiegelt.

Zeitlos schön und immer wieder spannend: Amsterdam

Amsterdam selbst ist trotz seiner Popularität jedes Mal wieder eine Sensation – auch beim hundertsten Besuch gibt es neue Attraktionen zu besichtigen und alte wiederzuentdecken. Wer das Rotlichtviertel, das Leidse Plein, den Bahnhof und die anderen Hochburgen des Trubels meidet, findet eine immer noch überraschend authentische Weltstadt vor, die hinter den Fassaden der windschiefen Häuser und in den engen Gassen so manches Geheimnis wahrt. Die Top-Museen der Stadt, also das Rijksmuseum, das Van-Gogh und das Stedelijk, zeigen sich derweil allesamt in neuem Glanz. Dort allerdings ist frühes Aufstehen angesagt, da die beiden erstgenannten Ausstellungshäuser dem Andrang kaum noch gewachsen sind.

Während Amsterdam immer gut für einen Tagesausflug ist und auch nach einer Woche nicht langweilig wird, mag man sich die Frage stellen, inwieweit die Stadt überhaupt an der Nordseeküste liegt. Dabei gerät man unweigerlich ins Philosophieren. Bei der Beantwortung hilft ein kleiner Exkurs in die Vergangenheit, schließlich fußt der Reichtum der Stadt auf Handel und Seefahrt. Ihr Hafen war ursprünglich über die Zuiderzee mit dem offenen Meer verbunden. Diese aber versandete zusehends. So wurde 1876 in Form des Nordseekanals nach Ijmuiden eine direkte Zufahrt hergestellt.

Das Jahrhundertprojekt Afsluitdijk

Spätestens 1932 aber hat die Diskussion eine neue Dimension angenommen, als der Afsluitdijk (Abschlussdeich) die Zuiderzee endgültig von der Nordsee abgetrennt hat. Zu groß schien den Niederländern das Risiko einer Sturmflut, als dass sie dem nunmehr technisch möglichen Deichbau weiter widerstehen konnten. Das Gewässer, über das die Amsterdamer Seeleute einst die Weltmeere erkundet haben, wird seitdem Ijsselmeer genannt, weil frisches Wasser jetzt nur noch aus dem gleichnamigen Seitenarm des Rheins zufließt. Die stets gefürchtete Zuiderzee war vom einen auf den anderen Tag gezähmt. Heute erfreut sie die Urlauber als bevorzugtes Revier für Wassersport aller Arten. Vor allem Segler aus deutschen Landen können sich kaum etwas Besseres vorstellen.

Vom Seehafen zum Binnenhafen

Für die betroffenen Orte waren die Folgen des Eingriffs schwerwiegend: Einst mächtige Seehäfen wie Hoorn, Enkhuizen oder Volendam wurden über Nacht zu Binnenhäfen degradiert. Noch dramatischer waren die Eingriffe für Inseln wie Urk oder Marken, die durch Einpolderung beziehungsweise Deichbau heute ans Festland angebunden sind. Nicht wenige Bewohner kämpfen daher mit einem Identifikationsproblem. Alle genannten Orte aber haben sich bis heute ihren Zauber und ihre Traditionen bewahrt, weshalb wir uns entschieden haben, die Frage ihrer Nordseeküstenzugehörigkeit für dieses Buch mit ja zu beantworten.

Das Wattenmeer bleibt unberührt

Hätten sich die ersten Pläne zur Eindämmung der Zuiderzee durchgesetzt, wäre dies übrigens auch für Texel, Vlieland,

Weltnaturerbe: Das Wattenmeer ist eine einzigartige Landschaft.

Terschelling, Ameland und Schiermonnikoog nicht ohne gravierende Folgen geblieben. Ursprünglich nämlich wollten Ingenieure die Inseln in Form von Deichen untereinander und zudem an den Außenlinien mit dem Festland verbinden. Dazu ist es jedoch nie gekommen – zum Glück, denn das einzigartige Wattenmeer wäre auf diese Weise zerstört worden.

Davon abgesehen wäre ein solcher Eingriff auch zu Lasten des individuellen Charakters der bewohnten Nordseeinseln gegangen. Dieser nämlich ist auch im stromlinienförmigen 21. Jahrhundert ziemlich ausgeprägt. Die Unterstellung, dass fünf Reisen auf die Inseln ebenso viele unterschiedliche Erlebnisse zurücklassen, darf ohne Einschränkung bejaht werden: Jedes einzelne Eiland ist einen längeren Aufenthalt wert. Insel-Hopping unterdessen ist im Wattenmeer lediglich im Sommer möglich. Die meisten Besucher streben den schnellen Wechsel auch gar nicht an. Sie lassen sich nicht auf eine Insel schippern, um so schnell wie möglich auf die nächste zu gelangen.

Nur noch Show – dennoch ist der Käsemarkt von Alkmaar für Touristen ein Muss.

Domburg und Renesse: Lieblingsdestinationen der Deutschen

Weniger abgeschieden als die Westfriesischen Inseln sind die Ferienorte in Zeeland, die besonders viele deutsche Urlauber anziehen. Domburg oder Renesse gehören zu den Standardantworten, wenn man sich in den Ballungszentren Nordrhein-Westfalens nach den bevorzugten Destinationen für einen Wochenendtrip umhört. Auch hier sind die Strände makellos und viele Traditionen lebendig. Aber auch hier hat der Bau von imposanten Wasserschutzanlagen wie den Deltawerken die Landschaft nachhaltig verändert.

Nicht immer übrigens geht die Trennung der Urlaubsgebiete an den Küsten von den dahinterliegenden Lebensräumen völlig geräuschlos vonstatten. Badeorte wie Ouddorp oder Hoek van Holland sind so nah am Hafen von Rotterdam gelegen, dass der Blick schon mal auf Kräne oder Raffinerien fällt. Gleiches gilt für den Nationalpark Zuid-Kennemerland und das Dünenschutzgebiet Noord-Holland, die fast nahtlos in die petrochemischen Anlagen von Ijmuiden übergehen.

Urlaub in der Randstad

Bei aller Euphorie darf der Urlauber eben nicht vergessen, dass sich in gedachten Linien zwischen Rotterdam, Den Haag, Amsterdam und Utrecht die sogenannte Randstad ausbreitet. So bezeichnen die Niederländer ihren hoch entwickelten Ballungsraum, der die Heimat von rund acht Millionen Menschen ist. Die Rollen sind klar verteilt: Während der Hafen von Rotterdam mit den angegliederten Industrieanlagen der wirtschaftliche Motor der Region ist, dient Den Haag als Verwaltungszentrum und als Ort der politischen Entscheidungen. Amsterdam derweil ist Finanzstandort, Dienstleistungskapitale und Touristenmagnet.

In der Mitte befindet sich derweil das »groene hart«. So nennen die Niederländer die verbliebenen Naherholungsräume und Freiflächen – wobei das »grüne Herz« nicht selten ziemlich bunt ist. Zwischen den Städten nämlich befindet sich auch der »bollenstreek«. Auf den endlosen Feldern gedeihen im Frühjahr Millionen von Tulpen und anderen Zierblumen, was vor allem eine Radtour zu einem unvergesslich sinnlichen Erlebnis werden lässt.

Landwirtschaft nur noch Nebensache

Obwohl die Niederlande ganz Europa nicht nur mit Blumen, sondern auch mit Tomaten, Gurken, Paprika, Butter und Käse zu überschwemmen scheinen, macht die Landwirtschaft nur noch 2,5 Prozent des Bruttoinlandsprodukts aus. Das verrät im Umkehrschluss einiges über die Macht der anderen Wirtschaftszweige, von de-

Wo andere Urlaub machen: Die Niederländer lieben die Nähe zu ihren Stränden.

nen 24,9 Prozent auf die Industrie und erstaunliche 72,6 Prozent auf den Dienstleistungssektor fallen. Auch der Tourismus ist für das ebenso kleine wie rohstoffarme Land eine wichtige Einnahmequelle. Im Jahr 2015 etwa haben rund 14 Millionen Menschen die Niederlande besucht, wobei die Deutschen mit mehr als vier Millionen das mit Abstand größte Kontingent gestellt haben. Bemerkenswert dabei ist, wie sich in der jüngeren Vergangenheit das Bild vom großen Nachbarn gewandelt hat.

Bis in die 1990er-Jahre waren die Deutschen in den Niederlanden nicht sonderlich gern gesehen. Das lag auch, aber nicht nur an der Besatzung während des Zweiten Weltkriegs. Der piefige Nachbar wurde zwischen Maastricht und Groningen abfällig als »mof« bezeichnet, als Wischmopp also, für den Reinlichkeit oberstes Gebot war. Das ließ sich mit dem liberalen, freigeistigen Selbstbild der Holländer nur schwer vereinbaren.

Ein Bier in der Kirche – das ist in der Jopen-Brauerei in Haarlem Alltag.

Ein neues Bild vom großen Nachbarn

Heute hat sich das grundlegend gewandelt: Anders als noch vor 20, 30 Jahren gelten die (meisten) deutschen Besucher als freundlich, modern und liberal. Eigenschaften, die den einst sehr fortschrittlichen Niederlanden zu ihrem Leidwesen mehr und mehr abhanden gekommen sind. Zu groß waren die gesellschaftlichen Veränderungen in den vergangenen zwei bis drei Jahrzehnten. Zwar wird es immer noch nicht gern gesehen, wenn Limousinen mit schwarzweißen Nummernschildern auf den dicht befahrenen Autobahnen drängeln oder Fahrer die Lichthupen aggressiv betätigen. Auch rümpft die Bedienung in der Strandbar die Nase, wenn ein Gast dort im vermeintlichen Befehlston die Worte »Ich bekomme zwei Bier!« ausspricht. Generell aber sind Deutsche gerade bei jüngeren Stadtbewohnern sehr willkommen, seitdem die Niederländer immer öfter in die Partymetropole Berlin oder ins »bergige« Sauerland reisen – und seitdem beim großen Nachbarn die Losung »Refugees welcome« gilt.

Respekt vor der »Mannschaft«

Sogar beim Fußball gelten inzwischen unerwartete Sympathien. Nach dem vermeintlichen Rumpelfußball der 1980er- und 1990er-Jahre hat man in einem Zeitalter, das von höchst wechselhaften Auftritten der eigenen »oranjes« geprägt ist, Respekt vor dem Offensivfußball der »Mannschaft«, wie man in den Niederlanden schon lange sagt. Langjährige Kritiker erkennen die Weiterentwicklung als Leistung an – sogar wenn es zu eigenen Lasten geht. Auch das gehört zu den Tugenden der Niederländer.

Die gegenseitige Wertschätzung führt zuweilen auch zu komischen Situationen. Wenn sich Deutsche des Niederländischen mächtig erweisen, wird ihnen dennoch häufig in ihrer eigenen Sprache geantwortet – schließlich möchte man die eigenen Fremdsprachenkenntnisse unter Beweis stellen. Wer als Deutscher hingegen kein Holländisch spricht, weicht gern ins Englische aus, weil man dem Gastgeber nicht seine eigene Sprache aufdrängen möchte. So lässt es sich kunstvoll aneinander vorbeikommunizieren.

»Uitwaaien« im Herbst und Winter

Zu Begegnungen kommt es unterdessen täglich, denn die Nordseeküste ist zum Ganzjahresreiseziel avanciert. Im Fall von Regen und Sturm gilt nun auch für Touristen das bekannte Motto: Es gibt kein schlechtes Wetter, sondern nur ungeeignete Kleidung. Ein Strandspaziergang kann aber gerade dann Spaß machen. »Uitwaaien« nennen die Niederlande dies. Fähigkeit und Willen, sich mal ordentlich durchpusten zu lassen, haben sie zur Kunstform erhoben.

Kultur pur

Das lässt sich übrigens hervorragend kombinieren mit einem Kulturprogramm, zumal das diesbezügliche Angebot überwältigend ist: In Amsterdam locken Weltklassemuseen wie das Rijksmuseum und das Van Gogh-Museum sowie das renommierte Concertgebouw. Im Mauritshuis in Den Haag wartet Vermeers *Mädchen mit dem Perlenohrring* auf eine persönliche Begegnung, Freunde moderner Kunst kommen im Gemeentemuseum auf ihre Kosten. Rotterdam schließlich beherbergt neben dem weithin geschätzten Museum Boijmans Van Beuningen auch das angesagte Witte de With.

Die kleineren Städte verstecken ihre Schätze aus der Vergangenheit ebenso wenig: Haarlem kann sich damit brüsten, das Frans-Hals-Museum sein Eigen zu nennen, in Leiden gewährt die Lakenhal Einblicke in die Kunstgeschichte und Delft glänzt mit De Porceleyne Fles, wo Historie und Gegenwart des Delfter Blau anschaulich vor Augen geführt werden. Alkmaar schließlich wartet mit einem Kuriosum auf: einem Beatles-Museum.

Die eigentlichen Attraktionen sind kostenlos

Das formidable Angebot aber sollte den Blick nicht auf die eigentlichen Kulturattraktionen verstellen – und die kosten nicht einmal Eintritt: Die prächtigen

Dauerbrenner in der Fast-Food-Hitparade: Kibbeling

Städte, die über viele Jahrhunderte hinweg gewachsen und fast durch die Bank sehr gut erhalten sind, dürfen als Gesamtkunstwerke verstanden werden. Hier kann der Besucher mehr schwelgerische Stunden verbringen als in jedem Museum der Welt.

Junkfood und Sterneküche

Zu einem Augenöffner hat sich auch die niederländische Küche gemausert. Zwar werden Touristen an Stränden und in Ferienorten immer noch vielerorts mit Fritten, Frikandel, Kroketten und Kibbeling (frittierter Fisch) abgefüttert, doch dabei handelt es sich um eine freiwillige Entscheidung des Konsumenten. Parallel zum holländischen Junkfood hat sich eine gehobene Essenskultur entwickelt, ja, die Vielzahl ambitionierter Restaurants ist kaum noch zu überschauen. Allein Amsterdam zählt aktuell 15 Lokale mit wenigstens einem Michelin-Stern. Rotterdam kommt auf zehn, wovon drei mit gleich zwei Sternen dekoriert sind. Zum Vergleich: Berlin, das etwa doppelt so viele Einwohner wie beide Städte zusammen zählt, bringt es auf 18 Sterneküchen. Zahlreiche hervorragende Häuser sind in diesem Buch aufgeführt. In der Breite wird die Qualität sowohl in den Städten als auch auf dem Lande immer besser. Bestes Beispiel sind die bereits erwähnten Strandpavillons, in denen der Aufenthalt auch vom hedonistischen Standpunkt des Genießers großen Spaß macht.

Die Alleinherrschaft von Heineken ist Geschichte

Neuerdings machen die Niederländer sogar auf einem Terrain Fortschritte, wo sie

Kleiner und nicht so überlaufen. Ansonsten ist Haarlem genau wie Amsterdam.

gegen ihre beiden Nachbarländer historisch nie eine Chance hatten: Bier. Vorbei sind die Zeiten, da sich die Massen mit süßlichen Industriebieren begnügt haben. Heute ist handgemachter Gerstensaft mit komplexen Aromastrukturen angesagt. Der Verband der Kleinbrauer konnte 2015 gar mit der Information auftrumpfen, dass die Niederlande mit 312 Brauereien die Zahl der belgischen Produktionsstätten überholt haben. Die Nachbarn im Süden bringen es auf 263.

Frikandel war früher – heute wissen die Niederländer zu schlemmen.

Konfessionelle Trennlinie

Ein signifikanter Wandel der Gesellschaft macht sich auch in einem anderen Punkt fest: Noch vor wenigen Generationen waren die Niederländer ein ziemlich gläubiges Volk, in dem die großen Flüsse eine unsichtbare konfessionelle Trennlinie gebildet haben: Nördlich von Maas sowie den Rheinarmen Waal und Lek lebten überwiegend Protestanten, südlich fast ausnahmslos Katholiken. Während die Nordlichter eher für Enthaltsamkeit und Bescheidenheit standen, war man im Süden stets der burgundischen Lebensfreude zugeneigt.

Entweihte Kirchen und ein Bibelgürtel

Heute sind viele ehemalige Gotteshäuser entweiht und einer neuen Nutzung zugeführt. Eine Transformation, bei der sich der landestypische Pragmatismus gegen die Bedenkenträger durchgesetzt hat. Konzertsäle, Hotels, Restaurants und Geschäfte gehören zu den Nachmietern, an die man sich bereitwillig gewöhnt hat. Frei nach dem Motto: Eine sinnvolle Nachnutzung ist immer noch besser als ein verfallenes Kirchenbauwerk.

Der Trend zum Atheismus aber ist keineswegs gleichbedeutend damit, dass die Religion überall ausgedient hätte: Rund um besagte Flüsse findet sich auch heute noch eine Art niederländischer Bibelgürtel, in dem zutiefst gläubige Menschen leben. Bestes Beispiel ist das Dorf Ouddorp auf der Insel Goeree-Overflakkee, wo es zum Glauben der (tonangebenden) Wiederhergestellten Reformierten Kirche gehört, dass alle Individuen grundsätzlich während ihres Lebens sündigen und somit die ewige Strafe in der Hölle verdienen.

Eine beispiellose Immigrationswelle

Auch bezüglich der Bevölkerungsstruktur sind die Veränderungen immens. So hat in den ausklingenden 1960er-Jahren

Reiher wissen ruhige Ecken zu schätzen – auch Störche sind keine Seltenheit.

eine Immigrationswelle eingesetzt, die sich seitdem kaum mehr abgeschwächt hat. Bei einer Gesamtbevölkerung von rund 17 Millionen haben 3,6 Millionen Menschen mindestens einen nichtniederländischen Elternteil. Bei zwei Millionen Einwohnern stammt wenigstens ein Elternteil nicht aus Europa. Die größten Gruppen stellen Migranten aus der Türkei, Marokko und – kolonialhistorisch bedingt – Indonesien mit jeweils zwischen 375 000 und 400 000 Personen, dicht gefolgt von den Deutschen mit 369 000.

Das ist nicht ohne Folgen geblieben: In fast allen größeren Städten sind in den vergangenen 50 Jahren regelrechte Parallelgesellschaften entstanden, in denen sich kaum noch ein Niederländer blicken lässt. Zwar hat es bis ins 21. Jahrhundert gedauert, ehe die einst unerschütterlich liberale Fassade der Niederländer angesichts der anhaltenden Zuwanderung Risse bekam, seitdem aber feiern Populisten wie Geert Wilders Erfolge. Für die arrivierten Parteien war dies ein Weckruf, vor langer Zeit eingeschlagene Richtungen neu zu überdenken.

Optimismus für das Land der Deiche und Polder

Der Ausgang ist vorerst ungewiss. Doch in einem kleinen Land, das sich nicht von der Nordsee hat einschüchtern lassen, sondern stattdessen Deiche und Polder gebaut hat, um in der Folge in die Top 20 der wichtigsten Volkswirtschaften aufzusteigen, in solch einem Land darf ein wenig Optimismus angebracht erscheinen.

Intakte Natur

Was die Konservierung der Natur betrifft, ist das an der Nordseeküste überraschend gut gelungen. Strände und Dünen sind überall intakt, wirkliche Schönheitsfehler auf die hochindustrialisierten Hafeneinfahrten der Metropolen beschränkt.

In den Schutzgebieten kann sich die typische Vegetation der Region behaupten: Sanddorn, Weinrose oder Strandrauke. Das Wattenmeer bietet derweil Zugvögeln, Muschelarten, Wattschnecken und Schlickwürmern eine Heimat. Und die Robbenpopulation hat sich so weit erholt, dass allein zwischen Texel und Schiermonnikoog wieder um die 8000 Tiere gezählt werden. Sie sind so zahlreich, dass die Veranstalter von Ausflügen Sichtungsgarantien aussprechen. Nicht nur deshalb hat ein Urlaub an der niederländischen Nordseeküste beste Aussichten, ein unvergessliches Erlebnis zu werden.

Steckbrief

Lage: Der südlichste und zugleich westlichste Ort ist Cadzand an der belgischen Grenze, er befindet sich ziemlich genau auf der Höhe von Duisburg. Der nördlichste Ort ist Schiermonnikoog auf der Höhe von Hamburg. Die niederländische Nordseeküste grenzt zwischen Delfzijl und Emden an deutsches Territorium.

Höhe: Die Küste befindet sich logischerweise auf Höhe des Meeresspiegels. Der niedrigste Punkt liegt mit 6,76 m jedoch deutlich darunter: in Nieuwenkerk a/d Ijssel zwischen Rotterdam und Gouda. Der höchste Punkt der Küste ist die Düne von Schoorl mit 53 m.

Länge: Die Küstenlänge wird meist mit 451 km angegeben. Je nachdem, ob und wie die Ufer der Schelde, das Ijsselmeer sowie die Wattenmeerküste mitgezählt werden, variieren die Angaben.

Einwohner: In den Niederlanden lebten 2015 etwa 16,9 Mio. Menschen. Davon haben 3,66 Mio. mindestens einen Elternteil, der nicht im Land geboren ist. 1,8 Mio. Menschen stammen nicht aus Europa. Die durchschnittliche Haushaltsgröße beläuft sich 2,18 Personen. Das Zentralamt für Statistik (CBS) rechnet bis 2050 mit einem Wachstum auf knapp über 18 Mio.

Küstenprovinzen: 6 (Zeeland, Zuid-Holland, Noord-Holland, Friesland, Groningen, Flevoland)

Wirtschaft: Die Küstenlandschaft ist hochgradig divers, jedem Quadratmeter kommt eine Nutzung zu. Die Niederlande sind eine Dienstleistungsgesellschaft mit rund 25 % Industrieanteil. Landwirtschaft und Fischerei sind zwar sehr präsent, machen aber nur 2,5 % des Bruttoinlandsproduktes aus. Mit 14 Mio. Besuchern pro Jahr ist der Tourismus in den gesamten Niederlanden ein wichtiger Wirtschaftsfaktor. Quellland Nummer 1 ist mit großem Vorsprung Deutschland: Über vier Mio. Besucher reisen pro Jahr ins Nachbarland.

Kultur: Die Anzahl der Museen belief sich Ende 2014 auf 913. Mit 158 zählt Noord-Holland die meisten, allein Amsterdam besitzt 51 Museen. Rotterdam, Amsterdam und Den Haag verfügen zudem über Residenzorchester.

Strandhütten sind der letzte Schrei. In manchen kann man sogar schlafen.

Geschichte im Überblick

57 v. Chr. Die Römer erobern die Gebiete, die heute die Südhälfte der Niederlande ausmachen. Ihr Territorium erstreckte sich von Castra Herculis (Arnhem) über Traiectum (Utrecht) bis nach Lugdunum Batavorum (beim heutigen Katwijk aan Zee). Maastricht und Nijmegen streiten bis in die Gegenwart um den Titel der ältesten Stadt der Niederlande.

810 Dänische Wikinger erobern die heutigen Westfriesischen Inseln. Später sollten sie bis ins heutige Limburg vordringen.

1000 Unter dem abnehmenden Einfluss Lothringens entsteht neben unabhängigen Grafschaften wie Limburg, Brabant und Geldern auch das Bistum Utrecht.

1200 Mit der Besiedlung der Amstel-Ufer beginnt die Geschichte Amsterdams.

1363–1477 Weite Teile der heutigen Niederlande fallen an Burgund.

Ab 1477 Durch die Ehe von Maria von Burgund und Maximilian I. von Österreich fallen die Niederlande an die Habsburger. Der in Gent geborene Kaiser Karl V. weitet später die Macht bis nach Friesland und Groningen aus.

1556 Nachdem Karl V. abgedankt hat, übernimmt dessen Sohn Phillip II. das Zepter. Im spanischen Valladolid geboren, findet dieser wenig Zugang zu den Niederlanden. Im Gegenteil: Er macht sich durch hohe Abgaben unbeliebt, wird für Hunger verantwortlich gemacht und beginnt mit der Verfolgung der immer zahlreicher werdenden Calvinisten.

1568 Mit der Schlacht von Heiligerlee in der heutigen Provinz Groningen beginnt am 23. Mai der 80-jährige Krieg zwischen den Niederlanden und Spanien.

1572 Wilhelm von Oranien erhält von den Provinzen Holland und Zeeland den Oberbefehl zur Befreiung von den Spaniern. Er konvertiert ein Jahr darauf zum Calvinismus, wird sich aber Zeit seines Lebens für religiöse Toleranz einsetzen.

1581 Die nördlichen Niederlande sagen sich von Spanien los. Drei Jahre später wird Wilhelm von Oranien in Delft ermordet. Sein liberaler Geist bleibt Vorbild für die Niederländer, die ihm bis heute in der Nationalhymne (dem »Wilhelmus«) huldigen.

Ab 1600 Zunächst durch einen Waffenstillstand vom Würgegriff Spaniens losgelöst, werden die Niederlande zu einer führenden Seehandelsmacht. Die Vereinigte Ostindische Kompanie sorgt ab 1602 für einen enormen Wohlstand, 1621 kommen Erlöse der Westindischen Kompanie hinzu. Vor Ort wüten beide ohne Rücksicht auf Verluste. Daheim ist derweil das Goldene Jahrhundert in vollem Gange. Viele Schiffe verlassen die Niederlande aus Amsterdam über die Zuiderzee mit einem Zwischenstopp auf den Wattenmeerinseln. Der wirtschaftliche Reichtum geht mit einer bislang ungekannten kulturellen Blütephase einher. Höhepunkt ist das Jahr 1642, als Rembrandt seine *Nachtwache* vollendet.

1648 Durch den Westfälischen Frieden wird in Münster und Osnabrück der Unabhängigkeitskampf der Niederlande auch formell beendet. Dennoch nimmt wenig später die Macht ab, da England aus bewaffneten Auseinandersetzungen zu See als Sieger hervorgeht und zudem auch wirtschaftlich rasch an Einfluss gewinnt.

1795 Französische Truppen besetzen die Niederlande. Napoleon macht seinen Bruder Louis 1806 zum König von Holland. Als dieser 1810 abdankt, fallen die Niederlande an Frankreich. Nach der Schlacht von Waterloo wird Wilhelm II. von Oranien neuer Herrscher im Vereinigten Königreich der Niederlande, zu denen auch die flämischen Provinzen gehören.

1848 Die Niederlande werden zur Konstitutionellen Monarchie. Die rasante Industrialisierung bringt eine neue Welle des Wohlstands.

1914 Während des Ersten Weltkriegs bleiben die Niederlande neutral.

1932 Der Abschlussdeich wird fertig gestellt. Damit mutiert die einst gefürchtete Zuiderzee zum Süßwassersee. Später werden große Teile als Polder trockengelegt. Die enorme Ingenieursleistung ermöglicht den Bau von Städten wie Lelystad und Almere.

1940 Am 10. Mai beginnt der Überfall der Deutschen auf Rotterdam. Fast die gesamte Stadt wird zerstört, binnen fünf Tagen ist der Widerstand der Niederlande gebrochen. Tiefpunkt wird der Winter 1944/45, der als Hungerwinter in die Geschichte eingeht. Mehr als 20 000 Menschen sterben.

1945 Nach Ende des Zweiten Weltkriegs setzt sich eine Gruppe von 120 SS-Offizieren nach Schiermonnikoog ab, die erst am 11. Juni abgeführt wird.

1953 Bei der großen Flutkatastrophe sterben 1835 Menschen. Besonders stark betroffen ist die Provinz Zeeland, wo man später den Bau von Schutzwällen wie dem Deltawerk veranlasst.

1988 Die Niederlande werden Fußball-Europameister.

1992 Der Vertrag von Maastricht wird unterzeichnet.

2004 Nachdem 2002 der Rechtspopulist Pim Fortuyn das erste Attentat auf einen Politiker seit mehr als 300 Jahren nicht überlebt, wird in Amsterdam der antiislamische Filmemacher Theo van Gogh ermordet.

2013 Königin Beatrix dankt ab, ihr Sohn Willem-Alexander besteigt den Thron.

2014 In weiten Teilen der Niederlande formiert sich Protest gegen die großen Offshore-Windparks, mit deren Hilfe die Energiewende vollzogen werden soll.

EINE WOCHE AN DER KÜSTE

1. TAG

ENTSPANNTE ANKUNFT IN DOMBURG

Das in der Provinz Zeeland gelegene Dorf war im frühen 19. Jahrhundert eine Art Prototyp für den Touristenort der Zukunft. Heute lockt Domburg mit seinen breiten Stränden und dem gemütlichen Dorfkern Besucher vor allem aus Deutschland an. Noch vor 100 Jahren aber waren es die Künstler, die hierhin gekommen sind – wegen des unvergleichlichen Lichts. Zusätzlich zu einem ersten Bad im Meer kann der Besucher sich in der Kunst des Promenierens üben – bei Interesse auch auf den Spuren Piet Mondrians, der hier Inspiration für sein Frühwerk gefunden hat. Übernachtung vor Ort.

2. TAG

DOMBURG–ROTTERDAM (ETWA 100 KILOMETER)

Auf dem Weg nach Norden Zwischenstation bei den Deltawerken und Neeltje Jans. Nach der epochalen Sturmflut von 1953 haben die Niederländer Schutzanlagen von bis dahin ungekannten Ausmaßen angelegt. Die Oosterschelde etwa wird heute durch die Deltawerke von der Nordsee getrennt. Durch den Schutzwall ist das Risiko einer erneuten Sturmflut erheblich gesunken. Im Dokumentationszentrum Neeltje Jans wird die Geschichte nachgezeichnet – aber auch der Nutzen des Wassers erläutert. Auf der Insel Schouwen-Duiveland wartet mit Renesse der nächste Hotspot für Urlauber. Interessanter aber ist Ouddorp auf dem Nachbareiland Goeree-Overflakkee, weil hier Badeort und altniederländische Kultur zusammenfallen. Der Ort ist streng religiös und fest in der Hand der Wiederhergestellten Reformierten Kirche. Übernachtung in einem der coolen Hotels von Rotterdam.

3. TAG

ROTTERDAM–SCHEVENINGEN (ETWA 30 KILOMETER)

Die Hafenstadt entwickelt sich rasant zu einer pulsierenden Metropole mit gewagter Architektur und

einer lebendigen Kulturszene. Eine Hafenrundfahrt ist ebenso Pflichtprogramm wie der Besuch von De Kaap, dem zurzeit spannendsten Stadtteil. Die Fahrt nach Scheveningen dauert nicht länger als eine halbe Stunde. Im einstigen Fischerdorf sind die Möglichkeiten vielfältig: Neben Strand, Meer und Pavillons steht eine Radtour durch die Dünen zur Auswahl. Am Hafen können Foodies zwischen traditionellen Fischlokalen und schicken Yuppie-Restaurants wählen. Auch eine Straßenbahnfahrt ins nahe Zentrum von Den Haag hat nicht zu vernachlässigende Reize. Übernachtung vor Ort.

4. TAG

SCHEVENINGEN–ZANDVOORT (ETWA 60 KILOMETER)

Ein Abstecher in die Universitätsstadt Leiden führt weit zurück in die Vergangenheit. Hier hat Rembrandt das Licht der Welt erblickt und hier ist das Stadtbild mit Grachten und Giebelhäusern noch intakt. Die Anzahl der Touristen aber hält sich in Grenzen, was für intime nostalgische Erlebnisse bürgt. Diese sind in Zandvoort aan Zee eher die Ausnahme. Das Städtchen ist die bevorzugte Kurzurlaubsdestination der Amsterdamer – und bei gutem Wetter entsprechend überlaufen. Ein entscheidender Pluspunkt jedoch ist die Lage am Rande des Nationalparks Zuid-Kennemerland. Hier sind Strand, Dünen und Hinterland noch weitgehend unberührt. Ein Traum.

5. TAG

ZANDVOORT–AMSTERDAM (ETWA 20 KILOMETER)

Bei keinem Roadtrip durch die Niederlande darf Amsterdam fehlen. Die Hauptstadt liegt zwar technisch gesehen nicht direkt am Meer, doch der rege Schiffsverkehr zeugt von einer unmittelbaren Nähe. Die Grachtenrundfahrt mag dem Individualisten leicht kitschig vorkommen, doch lange Gesichter sind bei den Passagieren nie zu sehen. Zu bezaubernd sind die Giebelhäuser des Grachtengürtels, zu melancholisch ist das Licht vor

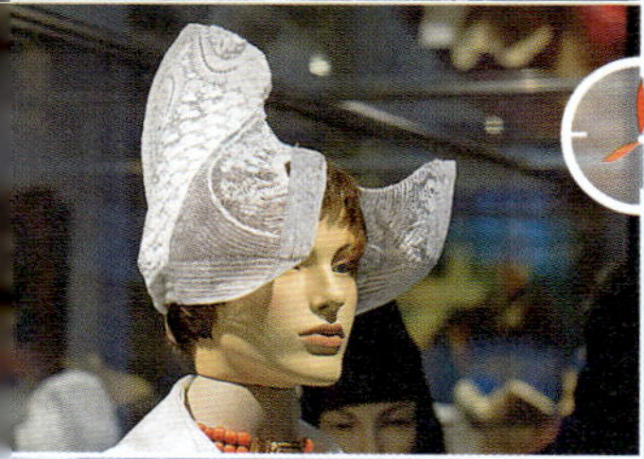

allem in der blauen Stunde. Die Museen genießen zwar zu Recht Weltruf, doch dem Tagesbesucher sei eher ein ziellоser Spaziergang ans Herz gelegt. Die ideale Belohnung für die Mühen des Tages ist ein Kneipenbummel durch den Jordaan. Hier begegnen neugierige Besucher der Seele dieses Gesamtkunstwerks von Stadt – und die ist erstaunlich folkloristisch.

6. TAG

AMSTERDAM–DEN BURG, TEXEL (ETWA 120 KILOMETER ZUZÜGLICH FÄHRE)

Nach so viel kapriziöser Schönheit darf es wieder etwas rustikaler zugehen. Also auf nach Volendam, noch so ein merkwürdiges niederländisches Dorf. Einst am offenen Meer der Zuiderzee gelegen, fristet man nunmehr ein Dasein an einem Binnenmeer, das sich Ijsselmeer nennt. Die Bewohner jedoch sind ungebrochen stolz auf ihre pittoreske Heimat, was sie durch das Tragen althergebrachter Trachten zum Ausdruck bringen. Nach einem Snack aus dem Meer geht es am frühen Nachmittag zur Spitze des Festlands nach Den Helder. Hier wartet die Fähre zur größten niederländischen Wattenmeerinsel: Texel. Schon nach wenigen Minuten manifestiert sich das Inselgefühl, denn alles scheint ruhiger und weiter zu sein. Ein paar Tipps für die Insel im Schnelldurchgang: der malerische Hafen von Oudeschild. Vorgesalzenes Lamm in einem der Restaurants von Den Hoorn, De Koog oder Den Burg. Ein Spaziergang im Naturschutzgebiet De Slufter, in das sich die Nordsee gelegentlich tief eingräbt. Besuch und Besteigung des knallroten Leuchtturms. Und natürlich eine kleine Exkursion zu den beliebtesten Wattbewohnern, den Seehunden.

7. TAG

FAHRRADTOUR DURCH NORD-TEXEL

A Die Dünen von De Koog – Wer sein Velo noch nicht an der Fährstation angemietet hat, holt dies bei einer der vielen Verleihstationen in De Koog nach (z. B. bei Fietsverhuur De Koog, Brink 6, www.fietsverhuurdekoog.nl). Nun wartet

sogleich die schwerste Prüfung: die Erklimmung der ortseigenen Dünen – bei Gegenwind, der in den Niederlanden bekanntlich immer herrscht, eine Herausforderung.

B De Slufter – Nach der Abfahrt von den Dünen den Boodtlaan in Richtung Nordosten nehmen. Später heißt die Straße Ruigendijk. Schräg gegenüber des Maaikeduinweg biegt ein Radweg nach Norden ab (Zanddijk). Am Café-Restaurant »De Slufter« die Räder parken. Von hier führt ein Fußweg in das großartige Naturschutzgebiet.

C Leuchtturm De Cocksdorp – Nun durch die Dünen und vorbei am Landal-Ferienpark immer weiter Richtung Norden fahren. Schon bald ist das nächste Etappenziel nicht mehr zu übersehen: der knallrote Leuchtturm an der Nordspitze Texels. Die Besteigung ermöglicht einen wunderbaren Ausblick. Von hier aus scheint es nur einen Steinwurf bis zur Nachbarinsel Ameland. Auf den Sandbänken zwischen den beiden Eilanden residieren Seehunde, die an Bord des Ausflugsschiffs »De Vriendschap« auch aus der Nähe beim Sonnenbad beobachtet werden können.

D Vlieland Boulevard – Vom Leuchtturm ist es nicht weit zu jener Straße, die im Volksmund als Vlieland Boulevard bezeichnet wird: An der Meerseite verfügt der Deich hier über einen Radweg, der den ungehinderten Blick auf die Nachbarinsel gestattet. Besonders bei schönem Wetter ein herrliches Erlebnis!

E Oudeschild – Über die Deichkrone geht es nun mit Blick auf das Wattenmeer und seine Launen immer weiter in Richtung Süden bis zur der Straße Oostkaap, der Abzweigung nach Oosterend. Das vielleicht schönste Dorf der Insel verzaubert mit engen Gassen und der mittelalterlichen Maartenskerk. Zur Komplettierung der etwa 40 Kilometer langen Tour sind es von hier noch zehn Kilometer zurück zum Ausgangspunkt.

ZEELAND

Seite 32/33: Die Strände Zeelands (hier: Cadzand) gehören zu den schönsten der Niederlande.
Mitte: Beeindruckendes Gotteshaus: die Sint-Willibrordus-Basilika in Hulst
Unten: Idyllischer Strandzugang zum Meer in Cadzand

1 Zeeuws-Vlaanderen
Ganz nah an Flandern

Anders als die übrigen Regionen von Zeeland gehörte Zeeuws-Vlaanderen schon immer zum Festland. Die Nähe zum belgischen Nachbarland merkt man vielerorts: an der Architektur, an der Vorliebe der Einwohner für gutes Essen und an der hohen Anzahl belgischer Touristen. Diese schätzen auch die insgesamt 17 Kilometer langen Strände, die regelmäßig zu den saubersten der Niederlande gekürt werden.

Zeeuws-Vlaanderen war bis 2003 auf dem Landweg nur via Belgien zu erreichen. Fähren verkehrten zwischen der Region und dem Rest Zeelands. Dann wurde der 6,6 Kilometer lange Westerscheldetunnel in Betrieb genommen – seitdem kann man von Vlissingen aus (gegen Maut) mit dem Auto unter der Westerschelde durchfahren und kommt westlich von Terneuzen in Zeeuws-Vlaanderen wieder hervor.

Terneuzen

Die 55 000 Einwohner zählende Stadt selbst hat wenig zu bieten – außer, dass sie als Geburtsort von Kapitän Willem van der Decken gilt, besser bekannt als Wagners Fliegender Holländer. Für Besucher interessant aber sind die Schleusen von Terneuzen, auch »Tor von Flandern« genannt. 70 000 Schiffe passieren diese jährlich – ein Schauspiel, das man sich nicht entgehen lassen sollte.

Festungsstadt Hulst

Ein paar Kilometer südöstlich liegt die Festungsstadt Hulst mit ihren gut erhaltenen Wällen, Boll-

Im Museum leben alte Zeiten wieder auf.

werken und vier Stadttoren. Sehenswert sind das Stadthaus aus dem Jahre 1492 sowie die spätgotische Basilika Sint Willibrordusbasiliek. Die Kirche gilt als eine der schönsten der Niederlande. Hulst nennt sich die »flämischste« Stadt Zeelands und verweist dazu auf die genussfreudige Lebensart ihrer Einwohner – Lästermäuler behaupten, der Beiname rühre von den Massen belgischer Touristen, die über die nahe ehemalige Landesgrenze in die Stadt strömen.

Schlemmen in Sluis

Genuss wird definitiv auch in Sluis gepflegt. Die kleine Ortschaft im Westen Zeeuws-Vlaanderens hat sich unter Feinschmeckern einen Namen gemacht. Denn hier war bis Ende 2013 das Drei-Sterne-Restaurant »Oud Sluis« von Sergio Herman beheimatet. Der Chefkoch beschloss damals auf der Höhe seines Ruhms, das Nobelrestaurant zu schließen und sich anderweitig zu orientieren. Inzwischen hat er ein Restaurant im nahen Cadzand eröffnet. »Pure C«, in den Dünen gelegen, wurde ebenfalls mit einem Michelin-Stern gekrönt. Die früheren Räumlichkeiten des »Oud Sluis« haben Hermans Bruder und dessen Freundin in die hippe

Nicht verpassen

HANDWERKERN ÜBER DIE SCHULTER SCHAUEN

Der kleine Ort Groede liegt direkt am Meer – aber das allein macht ihn nicht zu einem beliebten Ausflugsziel. Groede gilt mit seinen schmalen Gassen und zahlreichen Häusern aus dem 17. Jahrhundert, die vielfach im flämischen Stil gebaut wurden, als eines der schönsten Dörfer Zeelands. Hauptattraktion ist die Straße Slijkstraat: In dem Freilichtmuseum gehen Handwerker ihrer jahrhundertealten Profession nach, es gibt einen altmodischen Barbier, einen Schmied, Geschäfte und sogar eine Brauerei. In der Bäckerei kann man die lokale Spezialität »Paptaart« kaufen, ein mit Pudding gefülltes Gebäck. Die Bewohner von Groede werden wegen ihrer Vorliebe für die Leckerei scherzhaft »Papvreters« (Puddingfresser) genannt.

Museumsdorf Groede.
Informationen unter
www.het-vlaemsche-erfgoed.nl

Oben: Strandvergnügen mit Möwenorchester im zeeländischen Cadzand
Mitte: Das Örtchen Sint Ana ter Muiden hatte bereits im Mittelalter Stadtrechte.
Unten: Das Auge isst mit: Obstbauern im pittoresken Dorf Sluis.

»Eetboetiek« verwandelt: eine Mischung aus Frühstücks- und Lunch-Café mit einem Laden für Lifestyleprodukte. Mit seinen Festungsanlagen und Gässchen ist Sluis ein beliebtes Touristenziel. Dass die Geschäfte dort auch sonntags geöffnet sind, trägt zur Beliebtheit des Ortes bei.

Von Sluis aus gelangt man schnell in das zehn Kilometer entfernte St. Ana ter Muiden. Lediglich 100 Menschen leben hier, das Örtchen hatte aber bereits im Mittelalter Stadtrechte, weshalb es heute um den Titel »Kleinste Stadt der Niederlande« konkurriert. Ebenfalls in der Umgebung von Sluis liegt Aardenburg. Der Ort ist die älteste Siedlung Zeelands. Spuren aus der Römerzeit sind im Archäologischen Museum des Ortes zu bewundern.

Viele Touristen kommen aber in erster Linie wegen der langen Strände nach Zeeuws-Vlaanderen. Diese werden regelmäßig mit der Blauen Flagge ausgezeichnet, dem internationalen Gütesiegel für Wasserqualität und Sauberkeit. Einer der bekannten Badeorte, Cadzand, wurde 2014 gemeinsam mit Domburg aufgrund des Klimas und der Wasserzusammensetzung zum ersten Heilbad der Niederlande ernannt.

GUT ZU WISSEN

HAIFISCHZÄHNE SAMMELN

Uralte Haifischzähne kann man an den Stränden von Zeeuws-Vlaanderen finden. Die besten Plätze sind am Radarturm in Nieuwvliet und an der Zwin-Rinne bei Cadzand. Bei jeder Welle kommen wieder ein paar zum Vorschein. Ein besonderes – und kostenloses – Souvenir! Andere Strandfunde darf man nicht ohne Weiteres mitnehmen, Strandräubern ist nämlich in den Niederlanden verboten. Alles, was gefunden wird, muss man bei der örtlichen Polizei abgeben.

Infos und Adressen

SEHENSWÜRDIGKEITEN

Museum Belfort Sluis. Museum im einzigen Belfort der Niederlande, einem typisch flämischen Glockenturm. Juni–Sep. Mo–Sa 10–16.30 Uhr, So 13–16.30 Uhr; 1. Okt.–31. Mai Mi–So 13–16.30 Uhr, Groote Markt 1, Sluis, Tel. 0117/71 26 04, www.belfortsluis.nl

Portaal van Vlaanderen. Besucherzentrum. Saisonabhängige Öffnungszeiten, Zeevaartweg 11, Terneuzen, Tel. 0115/61 62 68, www.portaalvanvlaanderen.nl

Visserij Museum. Geschichte der Fischerei. Di–Sa 10–17 Uhr, So 14–17 Uhr, Kaai 1–103, Breskens, Tel. 0117/38 36 56, www.museumbreskens.nl

ESSEN UND TRINKEN

Eetboetiek. Tgl. 8–18 Uhr, Mi/Do geschlossen, Beestenmarkt 2, Sluis, Tel. 0117/85 10 06, www.eetboetiek.nl

Frituurke't Zwin. Viel gelobte Frittenbude mit Biopommes. Di–Mi 10–22 Uhr, Do–So 10–20 Uhr, Groote Markt 7, Sluis, Tel. 0117/46 25 16, www.defriteriesluis.nl

Entspanntes Treiben auf dem Beestenmarkt in Sluis

Ausflugsort (nicht nur) für Regentage: das Fischereimuseum Breskens

Resto Bar Pure C. Unregelmäßige Öffnungszeiten, Blvd. de Wielingen 49, Cadzand-Bad, Tel. 0117/39 60 36, www.pure-c.nl

ÜBERNACHTEN

Fletcher Hotel De Dikke Van Dale. Vier-Sterne-Hotel in früherem Kloster. St. Annastraat 46, Sluis, Tel. 0347/75 04 52, www.dikkevandalesluis.nl

Hotel Hulst. Solides Hotel im Zentrum. Van der Maelstedeweg 4, Hulst, Tel. 0114/31 98 30, www.hotelhulst.nl

Noordzee Hotel & Spa. Vier-Sterne-Haus, seit Generationen in Familienbesitz. Noordzeestraat 2, Cadzand, Tel. 0117/39 18 10, www.hotelnoordzee.com

EINKAUFEN

ZLife Cosmetic. Wellnessprodukte aus Zeeland, erhältlich in diversen Fachgeschäften. www.zlife.nl

AKTIVITÄTEN

Catamaranschool de Zeemeeuw. Segelschule. Biezenstraat 20, Eede, Tel. 0117/49 20 73, www.catamaranschooldezeemeeuw.nl

Moio Beach. Verschiedene Strandsportarten. Vlamingpolderweg 3a, Cadzand, Tel. 0117/39 21 80, www.moio.nl

2 Hafenstadt Vlissingen

Seefahrerheimat mit Prachtboulevard

Die etwa 44000 Einwohner zählende Stadt ist geprägt durch ihre drei Häfen: den Industrie-, Fischerei- und Jachthafen. Die Heimat des berühmten Admirals Michiel de Ruyter (1607–1676) bietet mit dem MuZEEum ein Ausstellungshaus, das sich auf unterhaltsame Weise der maritimen Vergangenheit der Region widmet. Von Vlissingen aus geht auch eine Fähre für Fußgänger und Radfahrer nach Zeeuws-Vlaanderen.

Für Touristenführerin Martina Kaestner ist Vlissingen ein Geheimtipp. »Die Stadt ist nicht überlaufen, sie ist ehrlich, sie gibt nicht vor, etwas zu sein, was sie nicht ist.« Und die Deutsche, die seit Jahrzehnten in Zeeland lebt, hat noch einen Grund, warum sie Vlissingen derart schätzt: die Hafenstadt habe den schönsten Boulevard der Niederlande – und den einzigen, auf dem man den ganzen Tag lang in der Sonne flanieren kann. »Nirgends auf der Welt habe ich Hochseeschiffe so dicht am Kai vorbeifahren sehen«, schwärmt Kaestner über den zwei Kilometer langen Boulevard.

Besucher nähern sich der Stadt am besten vom neobarocken Bahnhof (Gratisparkplatz) aus über den alten Hafenkopf, den Groene Boulevard (Grünen Boulevard). Mit Blick auf die zwei Binnenhäfen geht es vorbei am Scheldekwartier. Lange war hier der Sitz der königlichen Schelde-Werft, seit 2007 ist das Areal ein gigantisches Entwicklungsgebiet, das zukünftig ein repräsentables Eingangstor zur Stadt mit modernen Wohnungen, Geschäften und Kultureinrichtungen formen soll.

Mitte: Geprägt von Booten: die hübsche zeeländische Hafenstadt Vlissingen
Unten: Niederländische »gezelligheid«: ein Straßencafé in Vlissingen

Fischereihafen mit Museum

Über den Deich entlang der Westerschelde führt der Weg zum Eingang der alten Häfen. Man passiert die bronzene Skulptur einer Fischerfrau, die sich gegen den Wind zu stemmen scheint und auf die Westerschelde schaut. Von hier aus bietet sich eine gute Sicht auf den Fischerhafen, der von hübschen Häusern mit Cafés und Restaurants gesäumt ist. Das auffälligste unter ihnen ist das Lampsinshuis, ein klassizistisches Stadtpalais, das der Reeder Cornelis Lampsins im Jahre 1641 erbauen ließ. Darin befindet sich seit 2002 ein Teil des MuZEEums, welches das maritime Erbe der Region illustriert. In einer gewagten, aber stimmigen Kombination aus Altbau und neuen Gebäudeteilen kann dem Besucher schon mal etwas schwindelig werden angesichts der Vielzahl an Exponaten und des Sammelsuriums an Geschichten, die das Museum erzählt.

Admiral de Ruyter

Höhepunkt der Ausstellung ist die Abteilung über den berühmtesten Sohn der Stadt, den Seefahrer Michiel Adriaenszoon de Ruyter (1607–1676). Schon mit elf Jahren fuhr er zur See, arbeitete bei der Handelsmarine, auf Walfangschiffen, nahm an Kaperfahrten teil und diente bei der Admiralität von Zeeland. Als er sich mit 45 Jahren mit seiner dritten Frau in Vlissingen zur Ruhe setzen wollte, drohte jedoch Krieg mit England – und de Ruyter ließ sich zurückrufen. Er diente seinem Heimatland noch 24 Jahre lang, schlug die Engländer in drei Seeschlachten, starb nach einer Verwundung 1676 und liegt in der Kirche Nieuwe Kerk in Amsterdam begraben. In Vlissingen erinnert eine gusseiserne Statue am nach ihm benannten Boulevard an den großen Admiral. Wer den Kampf mit den Elementen sucht, kann hier sich bei heftigem Wind auch mal beim Joggen versuchen.

Infos und Adressen

SEHENSWÜRDIGKEITEN

MuZEEum. Mo–Fr 10–17, Sa/So 13–17 Uhr, Nieuwendijk 15, Tel. 0118/41 24 98, www.muzeeum.nl

Kasematten. Alte Festungsanlagen, Teil des MuZEEums

ESSEN UND TRINKEN

De Gevangentoren. Gehobene niederländische Küche (zeeländische Austern!) in historischem Turm am Hafen. Tgl. ab 11 Uhr, Boulevard de Ruyter 1, Tel. 0118/41 14 41, www.restaurantdegevangentoren.nl

De Timmerfabriek. Industriehalle von 1915 mit wechselnden kulinarischen Konzepten, Konzerten und Tanzevents. Koningsweg 37, Tel. 06/29 21 57 50, www.timmerfabriekvlissingen.nl

ÜBERNACHTEN

Hotel De Ruyter. Kleines Hotel mit zehn Zimmern in Laufabstand zu Strand und Ortskern. Coosje Buskenstraat 130, Tel. 0118/41 27 26, www.hotelderuyter.nl

Strandschlafhäuser. Häuschen an verschiedenen Stränden. April–Sep., Tel. 0118/47 03 86, www.slaapstrandhuisje.nl

VERANSTALTUNGEN

Festival »Film by the Sea«. Seit 1999 jedes Jahr im September. www.filmbythesea.nl

INFORMATION

VVV Vlissingen. Di–Sa 9.30–17 Uhr, Mo ab 13 Uhr, Spuistraat 46, Tel. 0118/71 53 20, www.vvvzeeland.nl

Mitte: Fast das gesamte Zentrum Middelburgs steht unter Denkmalschutz.
Unten: Das Stadthaus von Middelburg wurde nach dem Krieg nach alten Plänen wieder aufgebaut.

3 Provinzhauptstadt Middelburg

Hübsche Mogelpackung mit Grachtengürtel

Das knapp 50000 Einwohner zählende Middelburg auf der Halbinsel Walcheren ist die Hauptstadt der Provinz Zeeland. Die mittelalterliche Stadt mit dem weithin sichtbaren, 90,5 Meter hohen Kirchturm »Lange Jan« hat nicht nur zahlreiche Sehenswürdigkeiten, diverse Museen, hübsche Geschäfte, gemütliche Cafés und gute Restaurants zu bieten – sondern auch Grachten, die man bei einer Rundfahrt befahren kann.

Wer sich von den Stränden Zeelands zu einer kurzen Autofahrt ins Landesinnere locken lässt, erlebt in Middelburg ein hübsches Städtchen mit zahlreichen vermeintlich historischen Bauwerken – vermeintlich, weil viele von ihnen Nachbauten sind, da Middelburg im Zweiten Weltkrieg durch ein Bombardement der deutschen Luftwaffe schwer zerstört wurde. Nach dem Krieg entschied man sich, die mittelalterliche Stadt nach alten Plänen wieder aufzubauen. Dies gelang hervorragend, und seit 1975 steht das Zentrum unter Denkmalschutz.

Zu den aufwendigen Repliken, die übrigens nur Fachleute als solche erkennen, gehört das monumentale Alte Rathaus am Markt (ursprünglich aus dem Jahre 1520), wo sich heute die meisten Touristen tummeln. Die Fassade ist mit gotischen Fenstern, rot-weißen Fensterläden, Türmchen und 25 Skulpturen zeeländischer Grafen und Gräfinnen geschmückt. Wer sich an dem beeindrucken-

Auf den Spuren der Oranier in Middelburg

A Ecke Lange Delft/Sint Janstraat – Die Beziehung der Oranier zu der zeeländischen Hauptstadt reicht mehr als 400 Jahre zurück. So war Willem von Oranien (1533–1584) persönlich zugegen, als die Spanier Middelburg im Februar 1574 an die Aufständischen zurückgaben. Lange Zeit hatte er ein Haus auf der Ecke Lange Delft/Sint Janstraat.

B Rouaansekaai/Dwarskaai – Nach der französischen Besatzung kümmerte sich König Willem I. (1772–1843) intensiv um das verarmte Zeeland. So finanzierte er etwa den Bau des Kanals durch Walcheren für 1,1 Millionen Gulden. Auf der Ecke des Rouaansekaai und des Dwarskaai hat man ihm zu Ehren einen Obelisken aufgestellt.

C Abtei – Willem von Oranien stand auch die Abtei als Herberge zur Verfügung. Jener Teil der Abtei heißt noch heute »Prinsenlogement« (Prinzenunterkunft). Bis in die 1990er-Jahre wohnte hier der Sekretär der Königin. Außerdem gab es einen Aufenthaltsraum für die Königsfamilie. Momentan nutzt die Provinz Zeeland den Saal für Empfänge. Bei einer Führung kann man ihn besichtigen.

D Stadthaus – Der Statthalter Willem V. machte im Jahr 1786 von Middelburg aus eine vierwöchige Rundreise durch die Provinz Zeeland. Unter anderem wohnte er dem Stapellauf des Schiffes »Sint Laurens« in der Werft von Middelburg bei. Im Ratssaal des Stadthauses wurden er und sein Gefolge mit einem Diner bewirtet, das aus 66 Gedecken und einem 25-teiligen Dessert bestand.

E Roosevelt Academy – Auch später kamen Mitglieder des niederländischen Königshauses mehrfach nach Middelburg. Die ehemalige Königin Beatrix etwa eröffnete 2004 die Roosevelt Academy, die erste Universität Zeelands. Außerdem besucht sie jedes Jahr die Verleihung des Four Freedoms Award an der Roosevelt Academy.

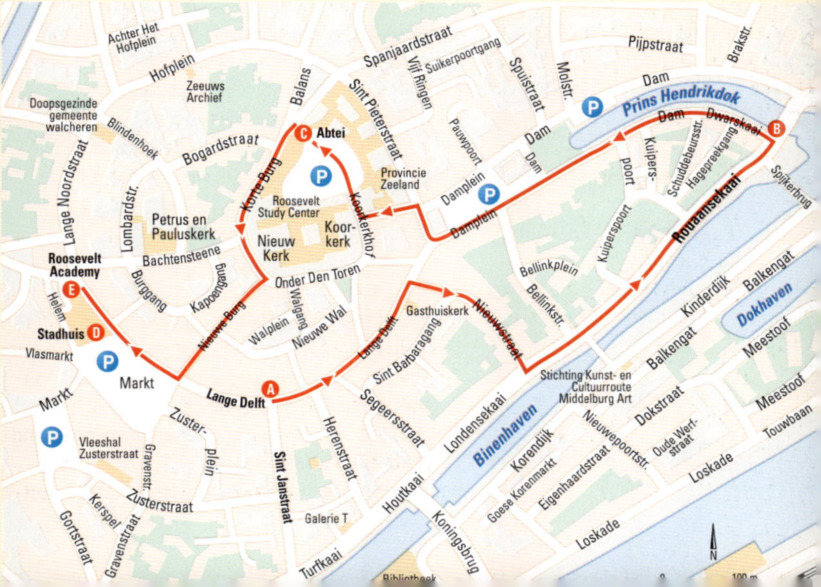

Einfach gut!

KÄSE SEIT GENERATIONEN
Etwas außerhalb des Stadtzentrums von Middelburg befindet sich der Käsebauernhof Schellach. Der Familienbetrieb hat sich einen Namen gemacht. Denn hier können Touristen die komplette Käseproduktion verfolgen: vom Kuhstall, wo die Kühe an einem »Kuh-Karussell« gemolken werden, über die aufwendige Käseherstellung bis hin zum Verkauf im eigenen Hofladen. Neben den klassischen Produkten wie Bauernkäse kreieren die Käsemeister auch saisonale Spezialitäten wie Queller-Käse. Im Hofladen sind außerdem diverse zeeländische Produkte erhältlich. U. a. der Zeeuwse Knop, der Knopf der zeeländischen Tracht, der in Form von Käse, Kuchen und Bonbons eine Renaissance erfährt.

Kaasboerderij Schellach. Mo–Fr 8.30–17.30 Uhr, Sa 8.30–17 Uhr, Prooyenseweg 26, Tel. 0118/61 39 84, www.kaasboerderijschellach.nl

den Gebäude satt gesehen hat, sollte sich nicht gleich in die Fußgängerzone mit ihren üblichen Kettengeschäften begeben, sondern hinter dem Rathaus durch die schmalen, ruhigen Gassen schlendern, immer in Richtung Abtei. Hier kann man noch zeeländischen Alltag jenseits des Touristentrubels erleben und darüber hinaus in die meist sehr stilsicher eingerichteten Altbauten spinksen.

Auch die Abtei ist eine Replik

Einmal angekommen an der Abtei – übrigens ebenfalls ein Nachbau – sollte man quer über den schmucken Innenhof eine rot gestrichene Türe ansteuern. Zu unregelmäßigen Zeiten öffnet sich hier die Pforte zum Kreuzgang des Klosters mit seinem idyllischen Kräutergarten. Wer kein Glück hat und vor verschlossenem Tor steht, muss sich nicht grämen: Das Zeeuws Museum befindet sich ebenfalls auf dem Abtei-Gelände und lohnt einen Besuch. Das modern gestaltete Ausstellungshaus beherbergt mehr als 30 000 Exponate zur Geschichte der Provinz. Hauptattraktion sind wertvolle Wandteppiche, auf denen historische See-

GUT ZU WISSEN

APERITIV MIT FINGERFOOD
Der Borrel ist die niederländische Version des italienischen Aperitivo. Gegen 17 Uhr trifft man sich in Kneipen und Cafés zum geselligen Beisammensein, trinkt ein paar Bierchen oder Wein. Dazu werden »borrel hapjes« gereicht: Fingerfood, vorzugsweise frittiert, aber auch kleine Platten mit Käse, Wurst oder Schinken. Besonders beliebt sind »bitterballen«, frittierte Bällchen, die mit einem Frikassee gefüllt sind. Nahezu jedes Café und jede Kneipe in den Niederlanden haben eine Borrel-Karte.

Regionale Produkte auf dem Wochenmarkt in Middelburg

schlachten dargestellt sind. Aber auch moderne und zeitgenössische Kunst von Piet Mondrian, Jan Toorop, Marinus Boezem, Piet Dieleman und Jan van Munster ist hier zu sehen.

Beste Aussicht vom »Lange Jan«

Nach der Museumsvisite haben Touristen zwei Möglichkeiten, Middelburg näher zu erkunden: Wer gut zu Fuß unterwegs ist, steigt die 207 Stufen hinauf auf das Wahrzeichen der Stadt, jenen Kirchturm, den die Einheimischen liebevoll »Lange Jan« getauft haben. Von dem 90,5 Meter hohen Turm aus hat man beste Aussicht auf Middelburg und kann an klaren Tagen sogar die umliegenden zeeländischen (Halb-)Inseln sehen.

Wer es etwas gemütlicher mag, setzt sich in eines der Ausflugsboote am Grachtenring und lässt sich bei einer Rundfahrt durch die alten Kanäle und durch die Stadtschleuse über Vergangenheit und Gegenwart der mittelalterlichen Stadt aufklären. Oder man begibt sich doch wieder Richtung Markt, wo sich nicht nur die Einkaufsstraßen Lange Delft und Korte Delft befinden, sondern auch die meisten Cafés und Restaurants. Spätestens gegen 17 Uhr treffen sich hier die Einheimischen zum typisch niederländischen Aperitif, dem Borrel.

Infos und Adressen

SEHENSWÜRDIGKEITEN

Lange Jan. Wechselnde Öffnungszeiten, meist Di–Sa 11–16 Uhr, Onder de Toren 1, Tel. 0118/47 10 10, www.langejanmiddelburg.nl

Minimundi. Die Halbinsel Walcheren im Miniaturformat. Mai–Dez., wechselnde Öffnungszeiten, Zep Middelburg, Podium 35, Tel. 0118/47 10 10, www.minimundi.nl

Zeeuws Museum. Di–So 11–17 Uhr, Abdij (plein), Tel. 0118/65 30 00, www.zeeuwsmuseum.nl

ESSEN UND TRINKEN

De Mug. Brauerei mit lokalen Bieren. Di–Sa ab 14 Uhr, Vlasmarkt 54–65, Tel. 0118/61 48 51, www.demug.nl

De Gesplenten Arent. Moderne Küche in historischem Gebäude. Mo–Sa 18–21 Uhr, Vlasmarkt 25–27, Tel. 0118/63 61 22, www.degesplentenarent.nl

ÜBERNACHTEN

B&B Het Poorthuys. Komfortables Bed & Breakfast im Zentrum. Koepoortstraat 10, Tel. 0118/76 40 46, www.bnbpoorthuys.nl

The Roosevelt. Boutique-Hotel im Zentrum. Nieuwe Burg 42, Tel. 0118/43 63 60, www.hoteltheroosevelt.nl

AKTIVITÄTEN

Grachtenrundfahrt. Ende März bis Anfang Nov. tgl. ab 10.30 Uhr, Achter de Houttuinen 39, Tel. 0118/64 32 72, www.rondvaartmiddelburg.nl

Mitte: Mondänes Flair strahlt der Badeort Domburg noch heute aus. **Unten:** Domburg ist vor allem bei deutschen Urlaubern im Sommer sehr beliebt.

4 Mondänes Domburg
Wo Adlige und Künstler kurten

Der älteste Badeort der Provinz Zeeland gibt sich mondän. Er besticht durch alte Villen, einen reizvollen Ortskern, einen breiten Strand und eine prächtige Dünenlandschaft. Die Schönheit des Ortes und seiner Umgebung lockten Künstler wie Mondrian an. Seit Kurzem ist Domburg anerkanntes Heilbad, neben Cadzand das einzige der Niederlande. Kein Wunder, dass das Örtchen viele (deutsche) Touristen anzieht.

Der Legende nach waren es zwei junge Damen, die Anfang des 19. Jahrhunderts die ersten Badegäste Zeelands waren: In speziellen Wagen ließen sich die blassen Adligen an den Strand rollen und tauchten in züchtiger Kleidung ihre Fußspitzen in die Nordsee. Schon bald kamen mehr Touristen, und 1837 wurde der erste Badpavillon auf den Dünen errichtet, der übrigens inzwischen wieder als Strandcafé mit bester Aussicht aufs Meer genutzt wird. Die Tradition als Touristenort spiegelt sich heute in einer Vielzahl unterschiedlichster Unterkünfte, Restaurants und Geschäften wider.

Bäder und Bewegung

Die Kultur als Heilbad begründete der bis in die Gegenwart verehrte und mit einer Statue im Ortskern gewürdigte niederländische Arzt Johann Georg Mezger. Der Mediziner wirkte ab 1886 in Domburg und behandelte seine adligen Patienten mit einer Therapie, die Bäder und Bewegung an frischer Luft einschloss. Er wird als Begründer der modernen Physiotherapie angesehen. Unter seinen Patienten war die rumänische Königin, die

Tief einatmen: Yoga am Strand von Zeeland

unter dem Pseudonym »Carmen Sylva«, Gedichte verfasste und an die eine Villa gleichen Namens hoch auf den Dünen Domburgs erinnert.

Auf Mondrians Spuren

Mit den reichen Adligen kamen die Künstler. Angezogen vom einzigartigen Licht sowie der charakteristischen Landschaft zogen Anfang des 20. Jahrhunderts Jan Toroop (1858–1928) und Piet Mondrian (1872–1944) zeitweise nach Domburg. Mondrian entwickelte hier seinen Stil weiter – weg vom Figurativen und hin zum Abstrakten. Berühmt ist sein Gemälde der Windmühle am Ortsrand von Domburg, die er knallrot vor blauem Hintergrund abbildete. Die restaurierte Mühle ist sonntags von 8 bis 12 Uhr zu besichtigen.

Kunstinteressierte können den Spuren Mondrians folgen: Das Tourismusbüro hat eine Broschüre mit einem Mondrian-Spaziergang herausgegeben. So ist von den Dünen aus noch derselbe Blick zu genießen, den der Künstler 1909 unter dem Titel *Aussicht aufs Meer* verewigte. Auf der Promenade steht die Mondrian-Bank, die in seinen typischen Primärfarben gestrichen ist. Und unbedingt sollte

Einfach gut!

WELLNESS MIT AUSTERN

Seit 2014 ist Domburg anerkanntes Heilbad. Warum also nicht den Urlaub mit einer Kur verbinden? Die Seeluft ist pollenarm und eignet sich deswegen für Allergiker. Die Zusammensetzung des Meerwassers macht es zu »Heilwasser«, das bei Hautkrankheiten, Blutdruckproblemen, Magenbeschwerden und Rheuma hilft. Es gibt diverse Wellness-Einrichtungen. Das neue Spa Domburg im »Badhotel« etwa bietet neben klassischen Anwendungen auch Austern-Fußbäder oder einen »Nordseesturm« in der Erlebnisdusche. Wer seinen Sonnengruß perfektionieren möchte, kann dies auf dem Campingplatz Yogabee Camping. Dort gibt es täglich um 8 Uhr Yogaunterricht; auch auswärtige Gäste sind willkommen.

Spa Domburg. Domburgseweg 1A, Tel. 0118/58 88 88, www.spadomburg.nl
Yogabee Camping. Domburgseweg 48, Tel. 06/25 05 83 78, www.yogabee.nl

Oben: Lohn für die Dünenwanderung ist die Aussicht auf den Badeort Domburg.
Mitte: Zeelands Strände werden regelmäßig für ihre Sauberkeit ausgezeichnet.
Unten: Domburg besticht auch durch seine historischen Häuser.

man zum Naturgebiet De Manteling spazieren: In dem verwunschenen Eichenwald mit den knorrigen Bäumen fand der Künstler Ruhe und Inspiration. Im Kunstmuseum, das etwas versteckt an der Hauptstraße des Zentrums liegt, ist leider kein einziges Original des prominenten Einwohners zu sehen. Dennoch lohnt ein Besuch wegen der liebevoll kuratierten Ausstellungen. Übrigens ist das 1994 eröffnete Museum eine exakte Kopie jenes Ausstellungshauses, in dem Anfang des 20. Jahrhunderts Künstler wie Mondrian und Toorop ihre Werke präsentierten.

Strandleben

Die meisten Touristen aber kommen nach wie vor zum Badeurlaub. Domburg hat einen langen, breiten Strand zu bieten, der regelmäßig zu einem der saubersten der Niederlande gekürt wird. Dies, gepaart mit dem gemütlich kleinen und zugleich lebendigen Zentrum, macht den Ort so attraktiv, dass er in den Sommermonaten oft überlaufen und kein Zimmer mehr zu bekommen ist. Tipp: Im Herbst und Winter ist es auch schön an der rauen Küstenlandschaft. Und alles etwas günstiger als in der Hochsaison.

GUT ZU WISSEN

EIN »BEDANKT« SCHADET NICHT

Domburg ist fest in deutscher Hand. Die Domburger nehmen es gelassen – und begrüßen die ausländischen Gäste meist in deren Muttersprache. Doch hört man: Die Niederländer fänden es ein Gebot der Höflichkeit, die erste Kontaktaufnahme in der Landessprache zu formulieren. Etwa: »Hoi! Spreekt u Duits?« (Hallo, sprechen Sie Deutsch?). Und wer ein »bedankt« hinterherschickt, bekommt seinen »koffie« bestimmt mit einem besonders netten Lächeln serviert.

Infos und Adressen

SEHENSWÜRDIGKEITEN

Galerie Het Noorderlicht. Ausstellungen mit Werken von Künstlern wie Jan Toorop in einer ehemaligen Kirche. Di–So 13–17 Uhr, Noordstraat 13, Tel. 0118/58 41 37

Museum Marie Tak van Poortvliet. März–Nov. Di–So 13–17 Uhr, Ooststraat 10a, Tel. 0118/58 46 18, www.marietakmuseum.nl

Windmühle Weltevreden. Von Mondrian verewigt. So 8–12 Uhr, Roosjesweg 2

ESSEN UND TRINKEN

De Visbar. Moderne Fischküche. Mo–So 11–24 Uhr, Ooststraat 6, Tel. 0118/58 44 34, www.visbardomburg.nl

Het Badpaviljoen. Haus von 1889 mit Aussicht aufs Meer. Mo–So 11–24 Uhr, Badhuisweg 21, Tel. 0118/58 24 05, www.hetbadpaviljoen.nl

't Begin. Hausgemachte Spezialitäten. Mo–So 8.30–21 Uhr, Markt 11, Tel. 0118/58 06 02, www.tbegindomburg.nl

ÜBERNACHTEN

Badhotel Domburg. Elegantes Vier-Sterne-Haus im Ortskern. Domburgseweg 1A, Tel. 0118/58 88 88, www.badhotel.com

Die Mondrian-Bank erinnert an den bedeutendsten Einwohner Domburgs.

Die Galerie Het Noorderlicht zeigt Kunstwerke in einer ehemaligen Kirche.

Stayokay Domburg. Hostel im Schloss Westhove aus dem 13. Jahrhundert. Duinvlietweg 8, Oostkapelle, Tel. 0118/58 12 54, www.stayokay.com

Zee van Tijd. Bed & Breakfast nahe Zentrum und Strand. Patron Wilbert Rosman verwöhnt Gäste mit einem »Meer an Zeit« und auch mal einem Gläschen Wein. Schelpweg 22, Tel. 0118/43 58 99, www.bbzeevantijddomburg.nl

EINKAUFEN

Mondriaanswinkel. Spezialitäten aus Zeeland. Mo–Sa 9–17 Uhr, Weststraat 9, Tel. 0118/58 44 60

AKTIVITÄTEN

Domburgsche Golfclub. Auf den Dünen gelegener Golfplatz von 1914. Schelpweg 26, Tel. 0118/58 61 06, www.domburgschegolfclub.nl

INFORMATION

VVV Zeeland. Mo–Sa 9.30–12.30 und 13–17.30 Uhr, So 11–15 Uhr, Schuitvlotstraat 32, Tel. 0118/58 34 84, www.vvvzeeland.nl

Mitte: Wassersport und Tourismus bestimmen das Leben in Veere.
Unten: Vom regen Handel mit Schottland zeugen die schottischen Häuser in Veere.

5 Hafenstadt Veere

Reiche Stadt mit imposanter Kirche

Man merkt dem malerischen Städtchen Veere noch heute an, dass es im späten 15. Jahrhundert bis zur Hälfte des 16. Jahrhunderts eine bedeutsame, reiche Hafenstadt war. Im Zentrum erinnern schmucke Patrizierhäuser, ein imposantes Rathaus und eine kolossale Kathedrale an diese goldene Zeit. Heute bestimmen Wassersport und Tourismus das Leben rund um den alten backsteinernen Verteidigungsturm Campveerse Toren.

Ein rauschendes Fest. Lange Tafeln im gediegenen Kaminzimmer, mit beidseitigem Blick auf das Veerse Meer. Majestätisch ziehen Schiffe vorbei. So etwa wird es gewesen sein – am 21. Juni 1575. Damals feierten hier die französische Prinzessin Charlotte de Bourbon und Prinz Willem von Oranien, der spätere König der Niederlande, ihre Hochzeit. Heute sieht es im Restaurant »Campveerse Toren« noch fast genauso aus. Der wahrhaft königliche Saal befindet sich in einer über 500 Jahre alten Festung, von einigen Zimmern des Romantikhotels sowie vom Restaurant aus hat man freien Blick auf das Binnengewässer. Das Gemäuer fungierte schon Anno 1440 als Stadtherberge. Und nach den royalen Herrschaften im 16. Jahrhundert folgten noch viele weitere Prominente – Prinz Rainier von Monaco und seine Grazia Patricia dinierten hier beispielsweise am 30. Juni 1958.

Zentrum des Wassersports

Die hohe Promidichte ist nicht das einzig Überraschende an dem kleinen, etwa 5000 Einwohner zählenden und malerisch am Wasser gelegenen Städtchen. Wer vom alten Hafen zum Zentrum bummelt, erkennt rasch, dass Veere vor Jahrhunderten eine bedeutende Handelsstadt war. Wo heute Rundfahrtboote tuckern, legten einst jeden Tag 50, 60 große Seehandelsschiffe an. Vor allem mit Schottland trieben die Geschäftsleute Handel, seit der Herrscher von Veere im Jahre 1444 die Tochter des schottischen Königs heiratete.

Von den Handelsbeziehungen sind am Kai noch die »Schotse Huizen« (schottischen Häuser) erhalten; die beiden Giebelhäuser mit den Nummern 25 und 27 sind inzwischen als Museum zu besichtigen. Den Ruhm im Goldenen Zeitalter der Niederlande bilden in Veere heute noch die prunkvollen Patrizierhäuser und opulent gestalteten öffentlichen Gebäuden wie das spätgotische Rathaus am Marktplatz ab. Letzteres ist heute zum Teil ein Museum, in dem die reiche Historie der Stadt dargestellt ist.

Vom Gotteshaus zum Partyraum

Besonders überraschend aber ist die geradezu überdimensioniert wirkende Kirche, die zu Recht als »Grote Kerk« (Große Kirche) bezeichnet wird. Wer vom hübschen, baumgesäumten Marktplatz mit den diversen – teilweise etwas touristischen – Geschäften, Restaurants und Cafés die Kerkstraat entlanggeht, läuft direkt auf das beeindruckende Bauwerk aus dem 15. Jahrhundert zu.

Das Gotteshaus hat eine wechselvolle Nutzungsgeschichte hinter sich: Nach den Katholiken kamen zunächst die Protestanten; die Kirche diente später aber auch als Krankenhaus, Kaserne, Viehstall, Partyraum und sogar als überdachtes Fußballfeld. Seit den 1970er-Jahren hat sie nunmehr eine kulturelle Funktion und wird als große Bühne für Wechselausstellungen und Konzerte genutzt.

Infos und Adressen

SEHENSWÜRDIGKEITEN

Grote Kerk (Onze Lieve Vrouwekerk). Wechselnde Öffnungszeiten, Oudestraat 26, Tel. 0118/50 18 29

Museum De Schotse Huizen. Tgl. 10–17 Uhr, Kaai 25–27, Tel. 0118/50 17 44, www.museumveere.nl

ESSEN UND TRINKEN

Eeterij Suster Anna. Einfaches (Pfannkuchen-)Restaurant am Markt. Tgl. 11.30–20.30 Uhr, Markt 8, Tel. 0118/50 15 57, www.susteranna.nl

ÜBERNACHTEN

Romantik Hotel Auberge Campveerse Toren. Ausgezeichnetes Hotel mit Restaurant (regionale Spezialitäten). Kaai 2, Tel. 0118/50 12 91, www.campveersetoren.nl

Zeilschool Het Veerse Gat. Segelschule mit komfortablen Holzhäuschen. Polredijk 21, Tel. 0118/50 13 98, www.veersegat.nl

AKTIVITÄTEN

Bootsrundfahrten. Verschiedene Anbieter, z. B. Rondvaart Veere, Mai bis Sep., tgl. 11–17 Uhr, ab Campveerse Toren, Tel. 0118/41 93 67, www.rondvaartveere.nl

Lohnenswert: die Schotse Huizen

6 Einkaufsstadt Goes

Handelszentrum mit Binnenhafen

Das 27 000 Einwohner zählende Städtchen erfüllt eine Zentrumsfunktion auf den zeeländischen Halbinseln Nord- und Südbeveland. Von alters her ist Goes eine Marktstadt – woraus sich vielleicht auch erklärt, dass Einheimische dort immer noch gern zum Shoppen hinfahren. Am hübschesten ist der Ort rund um den Binnenhafen. Hier kann man sich vorstellen, wie Goes im 17. Jahrhundert ausgesehen haben muss.

Zugreisende mögen einen ernüchternden ersten Eindruck von Goes bekommen: der Bahnhof aus grauem Beton, das Hotel mit Bahnhofsgaststätte, an Sonntagen zuweilen verrammelt, die umliegenden Gebäude ziemlich triste Zweckbauten. Man sollte sich davon nicht entmutigen lassen und zügigen Schrittes zum Zentrum gehen.

Dort wartet auf den Besucher ein belebter Marktplatz, auf dem dienstags und samstags ein Wochenmarkt abgehalten wird. Hier liegt auch die Große Kirche (Grote of Maria Magdalenakerk) sowie ein für die Niederlande einzigartiges Stadthaus, da es eine Fassade im Rokokostil aus dem 18. Jahrhundert besitzt. Auch im Ratssaal, der zuweilen zu besichtigen ist, sind noch Rokokoelemente vorhanden. Hier bietet zudem das Lunchcafé »Stadhuis« mit seinem sehenswerten Deckengewölbe ein vornehmes Ambiente für einen »koffie verkeerd«.

Rechts und links des Grote Markt liegen mehrere Einkaufsstraßen. Zwar haben sich auch hier die üblichen Ketten ausgebreitet, aber es gibt in Goes

Mitte: Da kann man nicht genug von sehen: der Stadthafen von Goes.
Unten: Ein stolzer Käsehändler auf dem Wochenmarkt in Goes

auch noch zahlreiche unabhängige Geschäfte in historischen Häusern. Wegen der hohen Zahl individuell geführter Läden und seiner diversen Märkte hat sich Goes als regionale Einkaufsstadt einen Namen gemacht.

Museum im ehemaligen Kloster

Am Markt befindet sich auch das Museum De Bevelanden, das auf drei Etagen die Geschichte der Region Nord- und Südbeveland anschaulich darstellt. Es ist in einem ehemaligen Kloster aus dem 15. Jahrhundert untergebracht, das lange als Waisenhaus genutzt wurde. In der ständigen Ausstellung sind u. a. Exponate aus der Römerzeit und alte zeeländische Kleidertrachten zu sehen; aber auch das in der Provinz allgegenwärtige Thema Überflutung spielt eine Rolle.

Am schönsten ist die Stadt rund um den Binnenhafen nördlich des Großen Marktes. In der Bebauung spiegelt sich der Glanz der alten Handelsstadt des 17. Jahrhunderts wider. Von einigen Restaurants und Cafés entlang der umliegenden Straßen Bierkade, Turfkade, Grote und Kleine Kade kann man das Treiben im Hafen und die schaukelnden Jachten beobachten. Außerdem befindet sich hier mit der Sint Maartensbrug eine weiße Zugbrücke – typisch holländisch!

Ein nostalgisches Vergnügen ist die Fahrt mit dem Dampfzug Stoomtrein Goes-Borsele, der von Goes aus verkehrt. Auf den Holzsitzen der dritten Klasse oder stilvoll auf den Polstern der ersten und zweiten Klasse lassen Passagiere die zeeländische Landschaft an sich vorüberziehen. Von Goes aus fährt die alte Eisenbahn aus den 1930er-Jahren über den Ort Kwadendamme bis zum pittoresken Dorf Hoedekenskerke. An einigen Tagen verkehrt auch der nostalgische Triebwagen.

Infos und Adressen

SEHENSWÜRDIGKEITEN

Historisch Museum De Bevelanden. Mo–Fr 11–17 Uhr, Sa/So 13–17 Uhr, Singelstraat 13, Tel. 0113/64 97 29, www.hmdb.nl

ESSEN UND TRINKEN

Karel V. Exklusives (Fisch-)Restaurant am Jachthafen; günstiges Menü und »Walking Dinner«, bei denen die Gänge an wechselnden Tischen eingenommen werden. Mo–Sa ab 17.30 Uhr, Di–Sa auch 12–15 Uhr, Turfkade 11, Tel. 0113/25 15 55, www.karelvijf.nl

Taart en Tafel. Gemütliche Tee- und Espressobar mit hausgemachten Kuchen und Snacks. Di–Sa 9.30–17.30 Uhr, Vlasmarkt 8, Tel. 0113/21 49 47, www.taartentafel.nl

ÜBERNACHTEN

Hotel Amadore. Im Zentrum, alle Zimmer im rückwärtigen Gebäude, daher ruhig. Bekanntes Grand Café. Grote Markt 28, Tel. 0113/23 23 23, www.amadore.nl

EINKAUFEN

Wochenmarkt. Di 9–16 Uhr, Grote Markt

Flohmarkt. An jedem 1. Sa von Mai–Aug., Molenplein

AKTIVITÄTEN

Stoomtrein Goes Borsele. Fahrplan im Internet. Albert Plesmanweg 23, Tel. 0113/27 07 05, www.destoomtrein.nl

Mitte: Die Muschelkutter bringen das »schwarze Gold« in den Hafen von Yerseke.
Unten: Bei der Auktion begutachten Experten die Schalentiere.
Seite 56/57: Die Provinz Zeeland ist bekannt für Köstlichkeiten aus dem Meer.

7 Muscheldorf Yerseke
Heimat der Meeresbauern

Das Dörfchen Yerseke auf der Halbinsel Zuid-Beveland zählt lediglich 6000 Einwohner. Es hat sich aber als Sitz der weltweit einzigen Muschelauktion international einen Namen gemacht. Seit der zweiten Hälfte des 19. Jahrhunderts werden in den vorgelagerten Gewässern der Oosterschelde Austern und Miesmuscheln gezüchtet. Frischer als in Yerseke kommen die Meeresfrüchte wohl nirgends auf den Tisch.

Geschäftiges Treiben herrscht ab Juli bis Anfang April im Hafen von Yerseke: Männer springen von Kutter zu Kutter, auf denen Berge von Miesmuscheln lagern. Dann eilen sie mit einem kleinen Eimer in der Hand in einen großen, nüchternen Flachbau. Es ist das Gebäude der weltweit einzigen Muschelversteigerung. Hier wird die lebende Ware eingehend von Hand geprüft, bevor sie in die Auktion kommt: Größe, Gewicht, Qualität, sogar der Geschmack wird bewertet. Später in der Auktionshalle sitzen dann die Fischer gespannt in der letzten Reihe hinter den Händlern und verfolgen, was ihre Schiffsladung einbringt. Denn der meistbietende Händler bekommt den Zuschlag für die gesamte Ladung.

Für Jos Steketee war es ein guter Tag: Der Muschelzüchter hat seine rund 130 000 Kilogramm »schwarzes Gold« zu einem Preis von 135,60 Euro pro Muscheltonne (100 Kilogramm) verkauft. Jetzt fährt er die Ladung mit seinem Kutter wieder auf die Oosterschelde – zu den markierten Parzellen des Händlers, der bei der Auktion den Zuschlag bekommen hat. Hier werden die Muscheln »aus-

Im »Hof Welgelegen« gibt es Sterneküche.

gesät«, bis sie in den Handel kommen. Jos Steketee bezeichnet sich deshalb auch als »Bauer des Meeres« – einer von etwa 60 Züchtern in der Region, welche die Muscheln und Austern in der Oosterschelde und im Grevelinger Meer anbauen.

Touristen können das aufwendige Verfahren rund um die Muschelversteigerung nur einmal im Jahr im August beim Muscheltag verfolgen, einem Festwochenende mit Informationen zur Muschelzucht, mit Bootsfahrten und Verkostungen. Yerseke bietet aber auch jenseits des »Mosseldags« das ganze Jahr über die Möglichkeit, in die Kultur der Miesmuschel- und Austernzucht einzutauchen.

Edle Speisen in rustikalem Ambiente

Am besten beginnen Interessierte ihren Besuch in der »Oesterij«: Das Familienunternehmen ist seit 1906 in der Muschelzucht aktiv und präsentiert sich neuerdings als Informationszentrum rund um die Schalentiere. In der dortigen »Proeverij« gibt es Kostproben der »Oesterij«-Produkte. Auf die einfachen Holztische kommen Austern, Muscheln

Einfach gut!

ZUM DINER BEIM »GOOGLE«-BAUERN

Ard van de Kreeke bezeichnet sich selbst als »Google-Bauer«. Gut gelaunt erläutert der Landwirt, er habe sich all sein Wissen über Landwirtschaft angelesen. Ard kam nämlich aus einer ganz anderen Branche. Also googelte er: wie man das Feld bestellt, Gemüse anbaut … Erst kam ein Hofladen, heute zählen Spitzenköche zu seinen Kunden. Touristen können auf dem idyllischen Hof dinieren: jeden ersten Freitag und Samstag im Monat an einer langen Tafel. Im Preis von 59,50 Euro pro Person sind ein Aperitif, eine Hofführung, Amuses, ein Vier-Gänge-Menü, Weinbegleitung und Kaffee oder Tee inklusive. Reservierung erforderlich.

't Hof Welgelegen. Biogemüse und einmal im Monat Vier-Gänge-Menü (nach Anmeldung). Hofladen Do/Sa 10–18 Uhr, Noordweg 402, Middelburg, Tel. 0118/63 34 47, www.thofwelgelegen.nl

Oben: Fangfrische Meeresfrüchte gibt es im Imbiss am Hafen von Yerseke.
Mitte: Auch für Austern ist das Örtchen Yerseke bekannt.
Unten: Im Oosterschelde-Museum geht es um die Austern- und Muschelkultur.

und Hummer in vielfältiger Zubereitung. Während der Verkostung blicken die Gäste auf die umliegenden Austernbrunnen, im Sommer ist eine Terrasse geöffnet. Anschließend kann man an einer Führung durch das Unternehmen oder an einer Bootsfahrt mit Besuch einer Muschelfabrik teilnehmen.

Wer sich darüber hinaus für die Geschichte der Muschel- und Austernkultur interessiert, sollte das kleine Oosterschelde-Museum beim Tourismusbüro VVV auf dem Kirchplatz besuchen. Und natürlich zum Abschluss eines Miesmuscheltages in eines der Restaurants gehen, die für einen kleinen Ort wie Yerseke überraschend zahlreich und überwiegend hochwertig sind.

GUT ZU WISSEN

HUMMER ZUM FESTEN PREIS

Seit seiner Gründung im Jahre 2000 hat es sich der Kreis des Oosterschelde-Hummers (Kring van de Oosterscheldekreeft) zur Aufgabe gemacht, für den zeeländischen Hummer als regionale Spezialität zu werben. So zelebriert der Kreis jedes Jahr im März feierlich den Fang des ersten Hummers und damit den Saisonbeginn. Und zwölf in der Initiative zusammengeschlossene Restaurants bieten in dieser Zeit spezielle Hummermenüs zum Festpreis von 59,50 Euro an (www.oosterscheldekreeft.de).

Infos und Adressen

ESSEN UND TRINKEN

Nolet's Vistro. Bistroküche mit regionalem Fisch und Meeresfrüchten. Mo–Fr 11–15 und 18–21 Uhr, Sa–So 11.30–21 Uhr, Burgemeester Sinkelaan 6, Tel. 0113/57 21 01, www.vistro.nl

Oesterbeurs. Muschel- und Hummermenüs (saisonal). Mi–So 12–14 und 18–21 Uhr, Wijngaardstraat 2, Tel. 0113/57 22 11, www.oesterbeurs.nl

ÜBERNACHTEN

B&B Sint Anna. Vier (behindertengerechte) Zimmer in ehemaliger Kirche. Langeville 37, Tel. 0113/61 20 01, www.sintanna.com

Inter Scaldes. Stilvolles Hotel im Nachbarort; mit einem Michelin-Stern gekröntes Restaurant. Zandweg 2, Kruiningen, Tel. 0113/38 17 53, www.interscaldes.eu

VERANSTALTUNGEN

Mosseldag Yerseke. Jeden 3. Sa im Aug., www.vvvzeeland.nl; www.mosseldagyerseke.nl

Muscheln kommen in Yerseke in mannigfaltigen Variationen auf den Tisch.

AKTIVITÄTEN

Oesterij. Verkostung Mo–So 11–18 Uhr, Führung nach Anmeldung, Havendijk 12, Tel. 0113/76 04 00, www.oesterij.nl

Rundfahrten auf Muschelkutter. April–Okt., Meerpaalweg (Prinses Beatrixhaven), www.marstrand.nl

Menüs mit Meeresfrüchten und Hummer gibt es im Restaurant »De Oesterbeurs«.

ZEELANDS KÜCHE

Meeresgemüse und Hummer

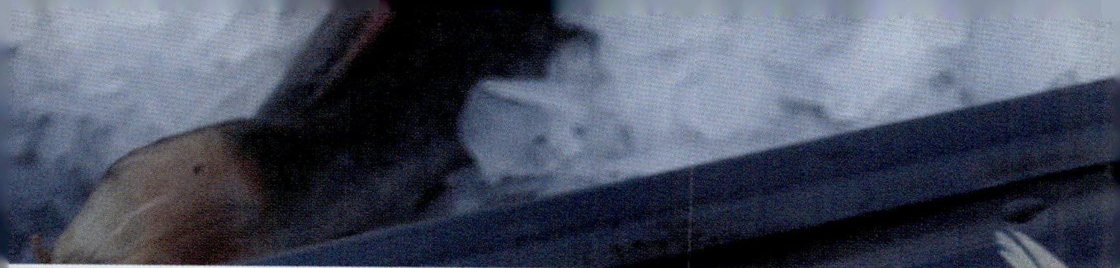

Wenn die Zeeländer von »Zeeuwse Zilte Zaligheden« sprechen, meinen sie damit die salzigen Schätze der See. Meeresfrüchte wie Miesmuscheln oder Austern. Krustentiere wie den Oosterschelde-Hummer. Meeresgemüse wie Strandaster und Queller. Die »salzigen Wonnen« haben Eingang in die Haute Cuisine gefunden – und Zeeland zu der Provinz mit den meisten Sternerestaurants der Niederlande gemacht.

Lamm-Ohren sind durchaus eine Speise, die auch Vegetarier nicht verachten müssen. Bei der zeeländischen Spezialität handelt es sich nämlich um ein Gemüse, das den Namen seiner Form verdankt. Die deutsche Bezeichnung Strandflieder ist weniger irreführend als »lamsoor« und deutet auf den bevorzugten Standort auf dem Deichvorland hin. Das Meeresgemüse schmeckt wie leicht salziger Spinat und wird als Beilage oder Salat angerichtet. Geerntet werden die länglichen grünen Blätter von Mitte März bis Ende Juli. Gegen Ende der Saison blüht der Strandflieder und schmückt das Deichvorland mit margeritenähnlichen Blüten.

Das Meeresgemüse Queller (Niederländisch »Zeekraal«) ist zuweilen auch in deutschen Fischhandlungen erhältlich. Einem grünen Kaktus ohne Stacheln ähnelnd ist es deutlich salziger als Strandflieder. Auch dieses Meeresgemüse gedeiht an den Rändern des Deichvorlandes. Es wird ebenfalls als Beilage zu Fisch und Meeresfrüchten oder auch als Vorspeise und Salat gereicht.

Besonders feiner Hummer

Der Hummer aus der Oosterschelde hat den Ruf, wegen seiner einzigartigen DNA besonders fein und mild im Geschmack zu sein. Denn die zeeländischen Krustentiere leben in der Oosterschelde relativ isoliert, u.a. weil der Wasseraustausch mit der Nordsee gering ist, und damit auch der Nachschub an neuen Hummern. Die Saison für den Oosterschelde-Hummer ist recht kurz: Vom 1. April bis Mitte Juli kommt er in den Restaurants der Provinz auf den Tisch.

In Zeeland gibt es zwei Austernarten: die wilde und die flache Auster. Wilde Austern (»Creuse«) können sowohl roh als auch gegrillt verspeist werden. Flache Austern isst man wegen ihres feinen Aromas fast ausschließlich roh. Miesmuscheln werden in Zeeland seit rund 150 Jahren gezüchtet. Von Herbst bis ins Frühjahr findet man das »schwarze Gold« in den Restaurants der gesamten Provinz – meistens in den typischen schwarzen Töpfen serviert. In manchen Fischerorten werden während der Saison Muscheltouren angeboten. Rund

In Zeeland befinden sich die meisten Sternerestaurants der Niederlande.

Das gibt es zu Hause nicht: Fisch wird in Zeeland oft fangfrisch serviert.

57 Millionen Kilo Miesmuscheln produzieren die Niederlande jedes Jahr und exportieren sie u.a. nach Deutschland. Die Zuchtgebiete in der Oosterschelde und im Wattenmeer sind insgesamt etwa 6000 Hektar groß.

Spitzengastronomie

Die »salzigen Wonnen Zeelands« inspirieren Spitzenköche der Provinz seit Längerem zu kulinarischen Kreationen. Heimische Produkte sind bevorzugt, gekocht wird zuweilen mit Meereswasser. Zeeland führt seit Jahren die Rangliste der Sterneköche in den Niederlanden an. Es gibt hier diverse Restaurants mit Michelinsternen: So schmücken sich etwa »De Kromme Watergang« oder »Inter Scaldes« verlässlich mit den begehrten Auszeichnungen für Spitzengastronomie.

Der »Kreis des Oosterschelde Hummers« bewirbt die zeeländischen Krustentiere.

Mitte: Beeindruckend: Das Sperrwerk an der Oosterschelde riegelt die Nordsee ab (s. auch S. 64).
Unten: Nervenkitzel für Alt und Jung im Deltapark

8 Deltawerke und Neeltje Jans

Dem Wasser so nah

Wohl kaum an einem anderen Ort wird die Beziehung der Niederländer zum Wasser so deutlich wie in den Deltawerken und dem dazugehörigen Wasserpark Neeltje Jans. Man lebt mit dem Wasser und kämpft gleichzeitig dagegen. Nach der verheerenden Sturmflut von 1953, der in den Niederlanden 1835 Menschen zum Opfer fielen, wurde der Bau der Deltawerke beschlossen. Das Sturmflutwehr in der Oosterschelde ist weltweit einzigartig.

Wer auf der Brücke über einem der mächtigen Stahltore der Deltawerke steht und hinunter auf das tosende Wasser blickt, den ergreift Ehrfurcht. Von Menschenhand wurden die Deltawerke mitten in die tobende See erbaut. Mit Toren, die bei Gefahr die Oosterschelde komplett vom Meer abriegeln können, die aber im Normalfall so viel Meereswasser wie möglich durchlassen, um die Zufuhr in den Meeresarm Oosterschelde zu gewährleisten – wodurch dieses eines der saubersten Gewässer Europas ist.

Zudem fungiert die auf dem Wehr errichtete Straße als Verbindung zwischen den (Halb-)Inseln Schouwen-Duiveland und Noord-Beveland. Man kann nur staunen über eines der größten Bauprojekte der Welt, das am 4. Oktober 1986 nach acht Jahren Bauzeit und Gesamtkosten von umgerechnet 2,5 Milliarden Euro durch die damalige Königin Beatrix eröffnet wurde. Noch heute strömen Fachleute aus aller Welt zusammen, um sich das technische Wunderwerk anzusehen und dessen Konstruktion zu studieren.

Ein Wasserspielplatz lockt junge Besucher.

Eine Besonderheit ist auch, dass Touristen die Deltawerke von innen und außen besichtigen können. In einer anschaulich gestalteten Ausstellung werden die Beweggründe für den Bau nach der Sturmflut von 1953 dargestellt. Auch werden die Planungen und die Umsetzung des geradezu wahnwitzig anmutenden Projekts geschildert. Verschiedene Filme ergänzen den interessanten Rundgang. Experten, oftmals pensionierte Ingenieure, bieten Führungen auch in deutscher Sprache an.

Spielerisch im Wasserpark

Während die Deltawerke den Kampf der Niederländer gegen das Wasser eindrucksvoll veranschaulichen, zeigt der Wasserpark Neeltje Jans, wie und wo das nasse Element auch Spaß machen kann. Auf dem an die Deltawerke angrenzenden Gelände befindet sich der Vergnügungspark mit einem Wasserspielplatz, wo junge Besucher ihren eigenen Wasserfall kreieren, den Lauf eines Bachs verlegen, Schleusen bedienen, Wasser mit einer

Nicht verpassen

AB IN DIE ORKANMASCHINE!

Seit 2003 können abenteuerlustige Besucher des Wasserparks Neeltje Jans die Kraft des Windes am eigenen Leibe erfahren. Sobald man das eigenartige, kokonförmige Gebäude betreten hat, muss man sich eine Schutzbrille aufsetzen. Dann geht es ganz langsam los: Ein laues Lüftchen weht, das sich aber innerhalb von Sekunden zu einem tosenden Sturm steigert – bis einem der Wind mit 133 Stundenkilometern um die Ohren pfeift. Ein beeindruckendes Erlebnis, das Jung und Alt die Notwendigkeit für ein Sturmwehr gegen die heranbrausenden Winde veranschaulicht.

Orkanmaschine im Deltapark Neeltje Jans. 28. März–1. Nov. tgl. 10–17 Uhr, Hochsaison 10–18 Uhr, Faelweg 5, Vrouwenpolder, Tel. 0111/ 65 56 55, www.neeltjejans.nl

Oben: Das Aquarium im Deltapark Neeltje Jans gewährt Einblicke in die Unterwasserwelt.
Mitte: Haifütterung im Deltapark Neeltje Jans
Unten: Das Besucherzentrum im Sperrwerk informiert über die Wasserprovinz.

Tretmühle wegpumpen oder einfach nur eine lange Wasserrutsche hinuntergleiten können.

Neben dem Wasserspielplatz gibt es ein Aquarium, einen Orkansimulator sowie Vorführungen mit Robben, Seelöwen und Raubvögeln. Darüber hinaus starten von Neeltje Jans aus Bootstouren auf der Oosterschelde, bei denen die Passagiere zuweilen sogar Schweinswale und Robben sichten können. Gegen einen Aufpreis von 55 Euro pro Person können Kinder ab acht Jahren unter Anleitung eines Trainers mit Seelöwen schwimmen und den Tieren Kunststücke beibringen.

Nicht zuletzt weist eine Muschelausstellung auf die Bedeutung der Meeresfrüchte für Zeeland und die Verwendung der Miesmuscheln in der Küche,

GUT ZU WISSEN

NEELTJE JANS MIT DEM ZEELANDPASS

Mit dem ZeelandPass des örtlichen Tourismusbüros erhalten Touristen Vergünstigungen im Wert von angeblich 400 Euro; auch in Neeltje Jans bekommt man 15 Prozent Rabatt. Voraussetzung für eine echte Ersparnis ist wie bei allen dieser weltweit beliebten Pässe, dass man viele Museen und Attraktionen besucht. Allerdings: Der Pass kostet nur vier Euro. Und ermöglicht zu bestimmten Zeiten die Gratisnutzung des ÖPNV (www.zeelandpas.nl/de).

Leerreich und unterhaltsam zugleich: der Deltapark Neeltje Jans

in der Medizin und sogar in der Kosmetikindustrie hin. Übrigens befindet sich in direkter Nachbarschaft zum Wasserpark das gleichnamige Muschelzuchtunternehmen. Neeltje Jans bewirtschaftet Muschelparzellen in der Oosterschelde und dem Wattenmeer und ist damit der größte Zuchtbetrieb für Hangmuschelkulturen in den Niederlanden.

Man sollte für den Besuch der Deltawerke und des Wasserparks Neeltje Jans, die im Paket zu buchen sind, sicherlich einen halben Tag einplanen. Auch bei schlechtem Wetter zu empfehlen!

Infos und Adressen

SEHENSWÜRDIGKEITEN

Deltapark Neeltje Jans. 28. März bis 1. Nov. tgl. 10–17 Uhr, Hochsaison 10–18 Uhr, Tagestickets Erwachsene 22,50, Kinder 16,50 Euro, Familienticket, Faelweg 5, Vrouwenpolder, Tel. 0111/65 56 55, www.neeltjejans.nl

WASSERSCHUTZ

Die Sturmflut von 1953

Die Seefahrernation verdankte dem Meer nicht nur ihren Reichtum im Goldenen Zeitalter, sondern sie lebt von ihm bis in die heutige Zeit. Aber die Niederländer kämpfen eben auch seit Jahrhunderten gegen das Wasser. Bauen Dämme, Deiche und schwimmende Häuser. Die verheerende Sturmflut von 1953 mit insgesamt 1835 Opfern allein in den Niederlanden führte zu dem bislang größten Wasserschutzprojekt, dem Deltaplan.

Die Springflut überraschte viele Menschen im Schlaf. In der Nacht vom 31. Januar auf den 1. Februar 1953 brachen gegen drei Uhr alle Deiche. Das Wasser bahnte sich unerbittlich seinen Weg. In kürzester Zeit waren an diesem Wochenende weite Teile Zeelands – insbesondere die Regionen Schouwen-Duiveland, Goeree-Overflakkee und Tholen – überschwemmt. Häuser stürzten ein, Bäume knickten um, ganze Dörfer verschwanden. Überall da, wo das Wasser hereinbrach, flüchteten die Menschen zu höher gelegenen Stellen. Zum Deich, auf das Dach ihres Hauses. Dort warteten sie auf das Tageslicht in der Hoffnung, dass der Wasserspiegel sinken würde. So schildert es eindrucksvoll die Dokumentation im Watersnoodmuseum (Sturmflutmuseum) Zeelands.

Doch am nächsten Tag kam die zweite Flut. Und das Wasser stieg noch höher als in der Nacht zuvor. Die Schreckensbilanz der Sturmflut: 1795 Niederländer verloren ihr Leben, weitere 40 Opfer erlagen später den Folgen der Katastrophe. 864 Menschen starben in Zeeland, 677 in Südholland und 247 in der Provinz Nordbrabant. In den anderen Teilen der Niederlande forderte der Sturm sieben Todesopfer. Fast 190 000 Tiere verendeten. Es wurden 3000 Wohnungen und 300 Bauernhöfe vernichtet. Eine 200 000 Hektar große Fläche stand unter Wasser.

Revolutionäres Wasserbauprojekt

Schnell war nach der Sturmflut klar, dass man das Land dauerhaft gegenüber dem Wasser würde schützen müssen. Eine Kommission legte noch im selben Jahr den Deltaplan vor. Der schließlich umgesetzte Plan gilt als eines der revolutionärsten Wasserbauprojekte der Welt mit den Deltawerken als spektakulärstem, heute für Touristen teilweise zugänglichem Bauwerk.

Abgesehen von einer Verstärkung der Küstensicherungen sah der Plan eine Verkürzung der Küstenlinie um 700 Kilometer vor. Die Idee dahinter: je kürzer die Küste, desto einfacher ihre Verteidigung. Die Kommission plante, die Meeresarme im Deltagebiet vollständig abzuschließen und alle Küstensicherungen auf »Deltahöhe« zu bringen: auf den Wasserstand von fünf Metern über dem Amsterdamer Pegel bei Hoek van Hol-

Das Besucherzentrum von Neeltje Jans stimmt auf den Kampf gegen das Wasser ein.

An Modellen kann man das eindrucksvolle Sperrwerk im Kleinformat erleben.

land. Das Überschwemmungsrisiko beläuft sich damit auf 1:4000 pro Jahr für das Deltagebiet und den Norden sowie auf 1:10 000 pro Jahr für das westliche Ballungszentrum der Niederlande, die sogenannte Randstad. Nur der Nieuwe Waterweg und die Westerschelde sollten im Hinblick auf die wirtschaftlichen Interessen von Rotterdam und Antwerpen für die Schifffahrt zugänglich bleiben.

Die Niederländer hatten schon zuvor Erfahrung mit revolutionären Schutzprojekten gemacht: So war 1932 der Abschlussdeich (Afsluitduik) eröffnet worden. Ein 32 Kilometer langer Sperrdamm zwischen Den Oever in der Provinz Nordholland und Zurich bei Harlingen in Friesland, der die Nordsee von der einstigen Zuiderzee trennt. Auch die Trockenlegung des Nordostpolders 1942, in deren Zuge die jüngste niederländische Provinz Flevoland geschaffen wurde, war Teil eines groß angelegten Wasserschutzprojekts.

Die Meereswelt erleben Besucher im Deltawerk Neeltje Jans.

Mitte: Die Jacobuskirche ist das Zentrum des Ringdorfes Renesse. **Unten:** »Glamping« statt Camping: In Zeeland gibt es unterschiedlichste Unterkünfte.

9 Ringdorf Renesse

Badeort zum Faulenzen und Feiern

Die Strände rund um Renesse locken im Sommer derart viele (deutsche) Touristen an, dass man außerhalb der etwa 1600 Einwohner zählenden Ortschaft einen riesigen Parkplatz angelegt hat. Von hier aus verkehren Pendelbusse zur Küste. Auch hat sich Renesse als Partyzentrum mit diversen Clubs etabliert. Im Herbst und Winter aber hat man das typisch zeeländische Ringdorf und die Strände (fast) für sich allein.

Wer an einem Herbstmorgen über den Deich von Renesse stapft und auf den breiten, fast menschenleeren Strand hinunterblickt, kann sich kaum vorstellen, dass hier im Sommer ein Handtuch neben dem anderen liegt. Jetzt tollen nur zwei Hunde ausgelassen in den Wellen – vom 15. September bis zum 15. Mai dürfen sie am Strand ohne Leine laufen. Ein Mountainbiker radelt über den festen Sand. Ein Vater lässt mit seinem Sohn einen Drachen steigen.

Es ist die Jahreszeit, in der Renesse Luft holt von den anstrengenden Sommermonaten, in denen Tausende Touristen – vornehmlich aus Nordrhein-Westfalen – den kleinen Ort und die umliegenden Strände bevölkern. Derart eng ist es dann, dass die Gemeinde ein »Transferium« angelegt hat, einen 900 Stellplätze zählenden Parkplatz am Rande der Ortschaft. Kostenpflichtige Pendlerbusse verkehren zwischen Parkplatz, Zentrum und den Stränden.

Zusätzlich bringen Busse das feierfreudige junge Publikum von den Campingplätzen zu den Clubs

Herrlich zum Faulenzen: der Strand von Renesse

und Kneipen, denn Renesse hat sich in den vergangenen Jahren zum Partyzentrum Zeelands entwickelt. Die Beliebtheit des Badeortes spiegelt sich auch in der Vielzahl an Unterkünften wider. Die Bandbreite reicht von einfachen Campingplätzen über Pensionen und Ferienwohnungen bis hin zu komfortablen Hotels mit aufwendigem Wellnessbereich.

Jacobuskirche als Mittelpunkt

Das Zentrum ist als typisch zeeländisches Ringdorf angelegt: Die Häuschen gruppieren sich um die weithin sichtbare gotische Jacobuskirche aus dem 16. Jahrhundert. Soweit hat man sich auf die Touristen aus dem Nachbarland eingestellt, dass in den Sommermonaten zuweilen sogar Gottesdienste auf Deutsch abgehalten werden. Im Ortskern befinden sich diverse Geschäfte, Restaurants und Kneipen. Außerhalb des Zentrums ist Schloss Moermond sehenswert (13. Jahrhundert), das von einem Schlossgraben umgeben ist. Bei der verheerenden Sturmflut von 1953 wurde es schwer beschädigt. Heute befindet sich in dem Schloss ein Kongresszentrum, die Orangerie ist ein Hotel.

Geheimtipp

GLAMPING STATT CAMPING

Wer sich schon mal nach einer Nacht auf der Isomatte mit Rückenschmerzen zur öffentlichen Toilette gequält hat, sollte es vielleicht einmal mit »Glamping« versuchen: Diese luxuriöse Art des Campings verbindet naturnahes Zelten mit dem Komfort eines Hotels. Im Ferienpark »De Zeeuwse Kust« bei Renesse stehen Strand-Lodges zur Verfügung, die Glamping ermöglichen – mit Betten, eigenem Bad und voll ausgestatteter Küche. Trotzdem haben Urlauber das Gefühl, in einem Zelt zu nächtigen – dank rustikalem Ambiente und Zeltdach. Zum Strand sind es nur ein paar Schritte über den Deich. Zudem haben die Gäste Zugang zum Hallenbad und können im gemütlichen »Strand Café Dok« gute, regionale Küche genießen.

De Zeeuwse Kust. Ostern bis Herbst, Helleweg 8, Tel. 0111/46 82 82, www.strandparkdezeeuwsekust.nl

Oben: Beste Aussichten: typisch niederländischer Strandpavillon in Renesse
Mitte: Der Strand von Renesse ist vor allem bei Deutschen beliebt.
Unten: Auf zwei Rädern dem Wind trotzen – auch das gehört zu Renesse.

Die meisten Touristen kommen zum Badeurlaub nach Renesse. Die breiten, sauberen Sandstrände laden zum Sonnen und Müßiggang ein. Strandpavillons bieten Kulinarisches für jeden Geschmack – von einfachen dicken Fritten bis hin zu zeeländischem Hummer. Neben den üblichen Wasserportarten werden (insbesondere im Herbst und Winter) auch neumodische Aktivitäten wie Drachensteigen mit einem Lenkdrachen oder »Golffrisbee« angeboten: Bei Letzterem gilt es, eine Frisbee in ein Strandkörbchen »einzulochen«.

Zouten en Zoeten Haard

Reizvoll zum Wandern und Radfahren ist die Dünenlandschaft. Östlich des Zentrums befindet sich das Naturgebiet Zouten en Zoeten Haard (Herd für Salziges und Süßes). An den Außenrändern ist das Gebiet zugänglich. Der Name verweist auf die See und die Bauern, die auf dem Terrain früher ihr Vieh weiden ließen und Flachs rösteten. Im Frühjahr und Sommer blühen Orchideen und gelbe Schwertlinien. Auch seltene Vögel kann man beobachten: Uferschnepfen und Löffelenten beispielsweise rasten hier vor Beginn der Brutsaison.

GUT ZU WISSEN

OFFENES WLAN

Nicht nur die jüngeren Touristen wird es freuen, dass es seit einiger Zeit in der Provinz Zeeland freies WLAN gibt. An mehr als 175 touristischen Orten kann man sich kostenlos über Hotspots ins Internet einwählen. Allein in Renesse gibt es vier dieser Hotspots. Bis 1 Mbit ist die Nutzung gratis, eine schnellere Übertragungsrate lässt sich kostenpflichtig buchen. Eine Liste der Orte mit frei zugänglichem WLAN findet man auf der Internetseite des Tourismusbüros Zeeland (www.vvvzeeland.nl/de/wifi).

Infos und Adressen

SEHENSWÜRDIGKEITEN

Jacobskirche. Gottesdienste So 9.30 Uhr. Lange Reke 7

ESSEN UND TRINKEN

Grand Café Helder. Am Rande der Dünen gelegenes Café-Restaurant mit regionaler Küche. Mo–Fr ab 17 Uhr, Sa–So ab 12 Uhr, Mi geschlossen, Hogezoom 139, Tel. 0111/46 22 46, www.grandcafehelder.nl

Het Wapen van Zeeland. Lokal im Zentrum mit großer Pfannkuchenauswahl. Tgl. ab 10, So ab 11 Uhr, Korte Reke 1, Tel. 0111/46 12 10, www.hetwapenvanzeeland.nl

Strandpavillon Our Seaside. Aussicht aufs Meer, während der Hummersaison spezielles Menü. Tgl. 10.30–21.30 Uhr, Dünenübergang Kijkduin, Rampweg 11, Tel. 0111/46 21 00, www.ourseaside.nl

ÜBERNACHTEN

Badhotel Renesse. Charmantes Hotel zwischen Ort und Dünen. Laone 2–6, Tel. 0111/46 25 00, www.badhotelrenesse.nl

De Zeeuwse Stromen. Hundefreundliche Herberge in den Dünen. Duinwekken 5, Tel. 0111/46 20 40, www.zeeuwsestromen.nl

Tulpen wie Sand am Meer: So könnte ein Blumengeschäft in Zeeland heißen.

Charmante Läden: Das Zentrum von Renesse eignet sich auch für Shopper.

Pension Zeerust. Pension im ehemaligen Haus des Leuchtturmwächters. Rampweg 1, Tel. 0111/46 13 90, www.pcrzeerust.nl

AUSGEHEN

Club Four. Größter Tanzclub im Zentrum. In der Nähe auch das »Pinky« und »Trinity«. Juli/Aug. tgl. ab 22 Uhr, Hogezoom 169, www.club-four.nl

AKTIVITÄTEN

De Witte Boulevard Duikcentrum. Tauchzentrum. Hogezoom 149, Tel. 0111/46 12 38, www.duikgemakzeeland.nl

De Zeeuwse Gasten. Gruppenaktivitäten wie Powerkiten und Golffrisbee. Strand vor dem Pavillon »Our Seaside«, Rampweg 11, Tel. 0111/45 00 45, www.dezeeuwsegasten.nl

Fietsverhuur Transferium. Fahrradverleih am Großparkplatz. Roelandsweg 1, Tel. 0111/46 11 11, www.fietsverhuur-fietsenwinkel.nl

INFORMATION

VVV Renesse. Tgl. 9–17 Uhr, in der Nebensaison nur Mo, Fr/Sa, Roelandsweg 5a, Tel. 0111/46 34 46, www.vvvzeeland.nl

Mitte: Lädt zum Verweilen ein: der idyllische Havenplein in Zierikzee.
Unten: Zeugt von historischer Seemacht: der alte Hafen von Zierikzee.

10 Historisches Zierikzee

Denkmalgeschützt, aber nicht museal

Die an der Oosterschelde gelegene Stadt ist durch ihren »Dicken Turm« weithin sichtbar. So nennen die Einheimischen den Kirchturm aus dem Jahre 1454. Wer sich in das Zentrum des knapp 11 000 Einwohner zählenden Zierikzees begibt, stolpert geradezu über altertümliche Bauwerke: Fast 600 historische Kulturdenkmäler stehen hier – von Patrizierhäusern über Torbauten bis hin zum ältesten Wohngebäude Zeelands.

Der deutsche Fernsehkoch Alfons Schuhbeck war auch einmal mit an Bord, als eine kleine Flotte im Frühjahr von Zierikzee aus auf die Oosterschelde hinausfuhr: In einem rituellen Akt wird seit einigen Jahren der erste Hummer der Saison aus dem Wasser gezogen. Erst danach tischen Restaurants das Schalentier auf. Bei der Rückkehr in den Hafen dürfte sich den Passagieren ein ähnlich prächtiges Bild geboten haben wie den Fischern Jahrhunderte zuvor. Denn Zierikzee ist bestens erhalten geblieben und mit seinen rund 600 historischen Bauwerken eine der schönsten Städte Zeelands. Einzigartig in den Niederlanden ist, dass der Ort noch drei Stadttore vorweisen kann.

Die Silhouette Zierikzees wird vom 62 Meter hohen Sint-Lievens-Kirchturm beherrscht. Der 1454 begonnene Bau wurde immer wieder unterbrochen – und nie erreichte der »Dicke Turm« jene anfangs geplanten 130 Meter Höhe. Dennoch bietet er eine gute Aussicht auf die Stadt und die Umgebung. Die Kirche übrigens, für die der Turm einst erbaut wurde, ist im Jahre 1832 abgebrannt.

Die Altstadt – gar nicht museal

Einmal wieder hinabgestiegen sollten Touristen gar nicht erst den Versuch unternehmen, die Baudenkmäler abzuklappern. Besser, man bummelt durch den Ort, dessen mittelalterliches Straßensystem fast unverändert erhalten ist. Zierikzee ist nämlich alles andere als museal: Es gibt lebendige Cafés, populäre Restaurants und jede Menge Geschäfte. Ein Highlight ist donnerstags zwischen 9 und 16 Uhr der große Wochenmarkt auf dem Platz Havenplein. Hier kann man sich eine typisch zeeländische Spezialität wie einen »Bolus« (eine Art Zuckerschnecke) oder ein mit Aal gefülltes Brötchen gönnen. Untermalt wird die Kulisse vom ältesten noch funktionierenden Glockenspiel der Niederlande auf dem Stadthausturm – manchmal spielt der Carilloneur sogar Popsongs.

Aus den historischen Gebäuden im Zentrum sticht das schmucke Kaufmannshaus Huis de Haene in der Meelstraat heraus. Es stammt aus der ersten Hälfte des 14. Jahrhunderts und gilt als ältestes Wohngebäude der Stadt. In dem Haus befindet sich heute eine Buchhandlung. Auch der mittelalterliche Hafen zeugt von der reichen Geschichte. Heute ist er ein Museum mit alten Schiffen; angeschlossen ist eine Museumswerft.

Nach dem Hafenbesuch kann man entweder über den Deich bummeln und mit etwas Glück zuweilen Schweinswale oder Seehunde beobachten. Alternativ bietet sich das nicht weit entfernte Cameramuseum an. Das Ausstellungshaus hat zunächst einmal nicht viel mit Zeeland zu tun, erzählt es doch die Geschichte der Fotografie. Jedoch können sich Besucher nach Anmeldung und gegen einen kleinen Aufpreis in einem altmodischen Atelier in zeeländischer Tracht ablichten lassen – und sich so ein besonderes Urlaubsmitbringsel aus Zierikzee sichern.

Infos und Adressen

SEHENSWÜRDIGKEITEN

Cameramuseum. Di–So 13–17 Uhr, Visstraat 12, Tel. 0111/41 26 94, www.cameramuseum.nl

Museumhaven Zeeland. April–Mitte Sep. Di–Sa 13–16.30 Uhr, Vissersdijk 2 und aan de Oude Haven, Tel. 06/52 16 66 21, www.museumhavenzeeland.nl

Sint Lievens Monstertoren. April–Okt. Di–Sa 10–17 Uhr, Juli/Aug. auch Mo, Kerkplein 1, Tel. 0111/41 09 40

ESSEN UND TRINKEN

Brasserie Maritime. Moderne Fischküche am Hafen. Tgl. ab 12 Uhr, im Winter Mo geschlossen, Nieuwe Haven 21, Tel. 0111/41 21 56, www.brasseriemaritime.nl

ÜBERNACHTEN

De Wildeman van Zierikzee. Historisches Gebäude mit zwölf Zimmern im Zentrum, Restaurant. Havenplein 25, Tel. 0111/45 13 78, www.dewildemanvanzierikzee.nl

EINKAUFEN

Markt. Do 9–16 Uhr, Havenplein

VERANSTALTUNGEN

Hafentage Zierikzee. Fest mit Rundfahrten, Musik und Markt. Ende August, www.havendagenzierikzee.nl

INFORMATION

VVV Zierikzee. Mo 13–17 Uhr, Di–Sa 9–17 Uhr; Nieuwe Haven 7, Tel. 0111/41 09 40, www.vvvzeeland.nl

Mitte: So stellt man sich Holland vor: Windmühle auf Schouwen-Duiveland.
Unten: Ein Zelt zu Füßen der Dünen: So lässt es sich leben in Westenschouwen.

11 Halbinsel Schouwen-Duiveland

Leben mit und Kampf gegen das Wasser

Schouwen-Duiveland ist die nördlichste »Insel« der Provinz Zeeland. Tatsächlich ist die mitten im Meer liegende Region aber eine Halbinsel – denn sie ist inzwischen mit den früheren Inseln Goeree-Overflakkee und Noord-Beveland verbunden. Mit rund 80 Kilometern Küstenlinie war Schouwen-Duiveland von der Sturmflut 1953 schwer getroffen. Heute ist die Gegend eines der beliebtesten Urlaubsziele.

Einheimische verwenden noch gerne die Bezeichnung »Inselreich« für die Provinz Zeeland. Das stimmt nur bedingt. Denn wer auf die Landkarte schaut, erkennt zwar immer noch die ehemaligen Eilande. Doch nach mehreren Sturmfluten haben die Niederländer ihre überwiegend unter dem Meeresspiegel liegende Provinz abgesichert.

Als Folge der verheerenden Sturmflut, die 1835 Menschenleben forderte, entstand der Deltaplan, ein System aus Schleusen, Deichen und Dämmen – und die ehemaligen Inseln wurden durch dieses Abschottungssystem miteinander verbunden. Auch Schouwen-Duivenland, einst einsam in der Nordsee gelegen und während der Sturmflut komplett überflutet, wurde im Zuge des Deltaplans mit den umliegenden Inseln verknüpft.

Heute ist die Insel mit dem Auto leicht zu erreichen und zu einer beliebten Tourismusdestination aufgestiegen. Urlauber schätzen diesen Teil Zeelands für seine breiten, langen Strände mit ihren

Edle Tropfen gibt es Weingut De Kleine Schorre.

charakteristischen Holzpfählen, die als Wellenbrecher fungieren. Die Insel ist ländlich geprägt mit der reizvollen Stadt Zierikzee als Hauptort (s. S. 72). Besonders attraktiv, aber deshalb in den Sommermonaten auch sehr gut besucht, ist die Gegend im Westen der Halbinsel. Hier liegt ein riesiges Wald- und Dünengebiet, und die breite Küste ist weitestgehend unbebaut. Hier befinden sich aber auch der trubelige Badeort Renesse (s. S. 68) und das etwas gediegenere Burgh-Haamstede.

Pfannkuchenmühle und Familienbäckerei

Letzterer Ort, ein kleines Doppeldorf mit etwa 4000 Einwohnern und einem Schloss in Privatbesitz, hat gleich zwei Attraktionen für Leckermäuler zu bieten: zum einen die Pfannkuchenmühle De Graanhalm, wo die Familie Landegent köstliche Pfannkuchen mit selbst gemahlenem Mehl backt – und wo man im Sommer mit Blick auf die alte Windmühle auf der Terrasse speisen kann. Zum anderen die Bäckerei Sonnemans, ebenfalls ein Familienbetrieb, in der Harry und Mathieu Sonne-

Geheimtipp

WEIN AUS ZEELAND

Es war im Wortsinne eine Schnapsidee: Beim geselligen Beisammensein mit Freunden beschloss der junge Bauer Johan van de Velde, statt Kartoffeln künftig Wein anzubauen. Er ging in die Lehre bei einem luxemburgischen Winzer und gründete 2001 in der Nähe des kleinen zeeländischen Ortes Dreischor seinen »Weingarten«. Inzwischen baut er dort auf zehn Hektar die Rebsorten Pinot Gris, Pinot Blanc, Rivaner und Auxerrois an – mit solchem Erfolg, dass nicht nur regionale Gastronomen seine Tropfen in ihren Restaurants ausschenken, sondern zuweilen sogar die Fluggesellschaft KLM in ihrer Businessclass. Besucher können den zeeländischen Wein bei Verkostungen probieren und im Hofladen kaufen.

Vineyard De Kleine Schorre. Hofladen Mo–Sa 9–17.30 Uhr, Zuiddijk 4, Dreischor, Tel. 0111/40 15 50, www.dekleineschorre.nl

MIT RAD UND FÄHRE

Geheimtipp

Bevor die Inseln Zeelands durch Brücken und Sturmwehre miteinander verbunden wurden, nutzte man Fähren, um von einem Eiland zum nächsten zu gelangen. Hunderte dieser Boote, zuweilen auch privat betrieben, verkehrten auf den Gewässern. Einige dieser Fähren wurden jüngst für Radtouristen und Wanderer reaktiviert: Unter dem Titel »Rondje met een pondje« (Ründchen mit einer Fähre) sind die Boote in ein dichtes Rad- und Wanderwegenetz eingebunden. So können beispielsweise Radfahrer in den Sommermonaten mit dem Velo Schouwen-Duiveland erkunden und dann mit der Fähre nach Sophiahaven in Noord-Beveland übersetzen. Allerdings ist der Betrieb wetterabhängig, man sollte sich also vorab informieren.

Rondje-Pontje-Fahrradtouren. Eine Broschüre mit den Fährverbindungen ist in den Tourismusbüros des VVV Zeeland erhältlich. www.rondjepontje.nl

mans neben Trödel und Antiquitäten ihre Spezialität verkaufen: die zeeländische Zuckerschnecke »Bolus«. Angeblich soll es hier die besten Bolussen der gesamten Provinz geben.

Wer sich mit Pfannkuchen oder Gebäck gestärkt hat, kann sich zum Plompe Toren an der Küste der Oosterschelde aufmachen. Der spätgotische Turm ist 23 Meter hoch und das letzte Überbleibsel des Dorfes Koudekerke, das Ende des 16. Jahrhundert in den Wellen der damals noch ungesicherten Oosterschelde versank. Das Bauwerk beherbergt gegenwärtig ein Informationszentrum über die Geschichte und die Natur der Region. Auch bietet sich vom Turm eine schöne Aussicht auf die Umgebung.

Faul am Strand zu liegen mag den einen genug sein – andere möchten sich im Urlaub austoben. Und auch für diese Touristen bietet Schouwen-Duiveland mannigfaltige Möglichkeiten. Insbesondere zwischen Brouwershaven und Brouwersdam haben sich diverse Wassersportanbieter niedergelassen. Denn das Grevelingenmeer – das größte salzige Binnengewässer Europas – ist nicht nur sehr sauber, sondern auch relativ geschützt. Rund um die ehemaligen Fischerdörfer gibt es Jachthäfen, Sportfischerboote, Tauch- und Windsurfschulen. Im Wassersportzentrum Brouwersdam können Wagemutige in einem Neoprenanzug eine vier Meter hohe Schanze hinunterrutschen – wer sich das traut, probiert anschließend die doppelt so hohe Wasserrutsche aus.

Bewegendes Sturmflutmuseum

Ist die Nordsee heute vor allem Quell von Vergnügungen verschiedenster Art, bedeutete sie einst auch Bedrohung und Gefahr für die Menschen in

Zeeland. Die Ereignisse während der verheerenden Sturmflut am 1. Februar 1953 und deren Folgen erzählt auf anrührende Weise das Watersnoodmuseum (Sturmflutmuseum) in Ouwerkerk. Von den 1835 Todesopfern stammte rund ein Drittel von Schouwen-Duivenland. Das Museum ist in vier Caissons eingerichtet, riesigen Senkkästen aus Beton, die beim Bau des Deiches genutzt wurden und schließlich als nationales Denkmal fungierten.

Fotos, Zeitungsausschnitte, Film- und Radioaufnahmen, aber auch Installationen veranschaulichen, wie es zur Katastrophe kam, was in der verhängnisvollen Nacht passierte, was die Folgen und was die Konsequenzen waren. Besonders berührend sind sicherlich die persönlichen Geschichten, die in Caisson 2 erzählt werden. Hier gibt man den Opfern der Sturmflut eine Stimme.

Das Museum liegt mitten in einem Gebiet, in dem bis in die Gegenwart noch Spuren der Sturmflut zu sehen sind. Spuren in Form von Wasserläufen, denn rund um Ouwerkerk hat sich nach der Überflutung ein System von Rinnsalen geformt, das gemeinsam mit einem neu angelegten Wald von der Forstbehörde bewirtschaftet wird und Wanderern offen steht. In dem Ringdorf Ouwerkerk sind weitere Hinweise auf die Naturkatastrophe zu finden: Die zahlreichen skandinavisch anmutenden Holzhäuser waren Geschenke der Norweger an diejenigen Zeeländer, die nach der Flut obdachlos geworden waren.

Vielfältige Gastronomie

Direkt gegenüber dem Museum liegt die Brasserie »De Vierbannen«. Hier führt Wouter Kik Regie, einer der jüngsten Chefköche der Niederlande. In seinem Lokal mit bester Aussicht auf die Oosterschelde serviert Kik moderne Gerichte aus regio-

Oben: »Lekker«! Die Pfannkuchenmühle in Burgh-Haamstede
Unten: Gut essen kann man überall in Zeeland – auch an einfachen Foodtrucks.

Oben: Ein geselliger Nachmittag in Burgh-Haamstede
Mitte: Welch eine Kulisse: historische Gebäude im Örtchen Bruinisse
Unten: Perfekt für Familien: die breiten Strände von Zeeland

nalen Zutaten wie zeeländische Muscheln oder das Meeresgemüse Strandaster. Dazu gibt es auch Tropfen zeeländischer Provenienz vom Weingarten »De kleine Schorre«.

Überhaupt scheinen sich die Gastronomen auf Schouwen-Duiveland in jüngster Zeit ganz besonders den kulinarischen Schätzen ihrer Provinz verschrieben zu haben. Denn im nur wenige Kilometer entfernten Fischerdorf Bruinisse befindet sich mit der Brasserie »De Vluchthaven« ein weiteres Restaurant mit kreativer Küche. Ausschließlich Bioprodukte serviert der unangepasste Chef Dick Pieter Arkenbout. Um seinen Ansprüchen zu genügen, sollten Fisch und Meeresfrüchte direkt aus dem Hafen vor seiner Tür kommen – was auch für die einheimischen Fischer von Nutzen ist.

GUT ZU WISSEN

LEINEN LOS FÜR HUNDE AM STRAND

Die Niederlande sind generell ein hundefreundliches Reiseland. An vielen Stränden darf man Hunde das ganze Jahr über (angeleint) mitbringen. In Zeeland sind die Vierbeiner an vielen Stränden vom 15. September bis zum 15. April auch unangeleint willkommen. Zudem gibt es in zahlreichen Strandpavillons Wassernäpfe für die Vierbeiner. Über die jeweiligen Strände und ihre Vorschriften erkundigt man sich am besten bei den lokalen Tourismusbüros.

Infos und Adressen

SEHENSWÜRDIGKEITEN

Plompe Toren. Tgl. 9–18 Uhr, Koudekerkseweg 12, Burgh-Haamstede, www.plompetoren.nl

Watersnoodmuseum. 1. April–1. Nov. tgl. 10–17 Uhr, sonst Mo geschlossen, Weg van de Buitenlandse Pers 5, Ouwerkerk, Tel. 0111/64 43 82, www.watersnoodmuseum.nl

ÜBERNACHTEN

Grand Hotel Ter Duin. Modernes Vier-Sterne-Haus im Dünengebiet. Hogeweg 55, Burgh-Haamstede, Tel. 0111/65 52 00, www.grandhotelterduin.de

Hostellerie Schuddebeurs. Kleines Landhotel in einem Waldgebiet mit gutem Restaurant. Donkereweg 35, Schuddebeurs, Tel. 0111/41 56 51, www.schuddebeurs.nl

Ferienhaus De Haan. Wohnen in einer Windmühle von 1724. Brouwershaven, www.traum-ferienwohnungen.de/100352.htm

ESSEN UND TRINKEN

Brasserie Vluchthaven. 28. März–1. Okt. Mi–So ab 12 Uhr, Zijpe 1, Bruinisse, Tel. 0111/48 12 28, www.devluchthaven.nl

De Vierbannen. Mi–So ab 12 Uhr, Weg van de Buitenlandse Pers 3, Ouwerkerk, Tel. 0111/64 75 47, www.devierbannen.nl

Geschützt und dennoch windig: Zeeland ist ein beliebtes Revier für Surfer.

Das Watersnoodmuseum veranschaulicht auf beeindruckende Weise die Sturmflut von 1953.

Pannekoekenmolen De Graanhalm. Pfannkuchenmühle. April–Okt. 12–20 Uhr, Burghseweg 53, Burgh-Haamstede, Tel. 0111/65 24 15, www.pannekoekenmolen.nl

EINKAUFEN

Bäckerei Sonnemans. Mo–Sa 8–18 Uhr, in der Hochsaison auch So geöffnet, Hogeweg 13, Burgh-Haamstede, Tel. 0111/65 14 29

VERANSTALTUNGEN

Visserijdagen Bruinisse. Fischereifest im Hafen von Bruinisse. Mitte Juli, www.visserijdagen-bruinisse.nl

AKTIVITÄTEN

Zeil- & Surfcenter Brouwersdam. Segel- und Surfschule. Wasserrutsche tgl. 13–17 Uhr, Ossenhoek 1 (Kabbelaarsbank), Ouddorp, Tel. 0111/67 14 80, www.brouwersdam.nl

Klimbos Zeeuwse Helden. Moderner Kletterpark. März–Nov. unterschiedliche Öffnungszeiten, Kraaijensteinweg 140, Westenschouwen, Tel. 0111/45 00 45, www.klimboswesterschouwen.nl

de Doelen
RBS

ZUID-HOLLAND

Seite 80/81: Rotterdam ist der aufregende Gegenentwurf zur idyllischen holländischen Stadt.
Mitte: Pittoreskes Ouddorp
Unten: Verbindungsachse zwischen zwei Inseln mit Premiumstrand: Brouwersdam

12 Goeree-Overflakkee

Vor Rotterdams Hafen

Technisch gesehen gehört Goeree-Overflakkee zur Provinz Zuid-Holland. Tatsächlich sind die Hafenanlagen von Rotterdam nicht weit weg. Vom Lebensgefühl aber fühlt sich die im weiten Rheindelta gelegene Insel an, als sei sie ein Teil Zeelands. Dörfer wie Ouddorp sind sehr traditionell – und das betrifft nicht nur das Ortsbild, sondern auch die ungewöhnlich orthodoxe Gesinnung der Bewohner.

Mit seinen weitläufigen Stränden beansprucht Ouddorp einen Großteil der Touristen für sich, die sich vor allem aus Deutschland auf die Insel Goeree-Overflakkee begeben. Wer hier hinkommt, stört sich nicht an Zivilisationsspuren, denn die Hafenanlagen von Rotterdam sind recht deutlich zu erkennen. Trotz der Nähe zu der Metropole kann sich der Aufenthalt in Ouddorp so anfühlen, als sei man auf einem anderen Kontinent gelandet.

Tradition großgeschrieben

Besonders offensichtlich wird dies an Sonntagvormittagen: Während sich mancher Urlauber auf die Suche nach frischen Backwaren oder gedruckter Lektüre macht, versammeln sich im Ortskern die Mitglieder der Wiederhergestellten Reformierten Kirche zum Gottesdienst. Dabei handelt es sich um eine orthodoxe Glaubensgemeinschaft, die sich vom Zusammenschluss der anderen reformierten Kirchen abgespalten hat. Die theologische Nähe zu Luther war für die rund 55000 Mitglieder eine nicht mehr akzeptable Abkehr vom strengen Calvinismus.

Ouddorp vereint Traditionalisten und Touristen.

Zum Gottesdienst in Tracht

So geschieht es nun, dass in Ouddorp während des sonntäglichen Gottesdienstes aus der ersten Bibelübersetzung ins Niederländische gelesen wird. Dazu sind die Teilnehmer angehalten, »passende Kleidung« zu tragen. In der Praxis bedeutet dies, dass Frauen nur mit Kopfbedeckung teilnehmen dürfen. Zudem werden traditionelle Trachten ausgeführt. Wenn sich die lokale Bevölkerung – rund 60 Prozent gehört der Kirche an – mit den in Shorts gekleideten Urlaubern vermischt, kann das zu einem durchaus bizarren Anblick führen.

An der Mischung allerdings scheint niemand Anstoß zu nehmen. Auch der sonntägliche Aufenthalt in den Strandpavillons und Sport sind kein Problem, obwohl beides aus Sicht der Kirchen-Hardliner eine Sünde ist. Wassersportler zieht es vor allem auf das Grevelingenmeer, das die natürliche Grenze zum wirklichen Zeeland bildet. Die einstige Meeresbucht wurde 1971 durch den Bau eines Deiches zum Binnensee »degradiert«. Diesen

Geheimtipp

EINZIGE STADT UND SCHÖNSTES DORF

Goedereede (sicherer Hafen) ist die einzige Siedlung auf Goeree-Overflakkee, die Stadtrechte besitzt. Im 15. und 16. Jahrhundert erlangte der Ort als Handelszentrum einigen Reichtum. Der einstige Glanz ist bis heute am kleinen Markt abzulesen, der nicht nur von einem Kanal begrenzt, sondern auch von entzückenden Giebelhäuschen flankiert wird. Die zunehmende Versandung bereitete dem Handel ein schleichendes Ende, 1953 wurde der Ort ganz von der Nordsee abgetrennt. Als Trost bleibt die unumstrittene Erkenntnis, das Goedereede mit heute 2000 Einwohnern wohl das schönste Dorf der Insel ist. Berühmtester Einwohner ist der einzige Papst, den die Niederlande je gestellt haben: Hadrian VI. war von 1492 bis 1507 Pastor von Goedereede und Ouddorp. In seinem ehemaligen Wohnhaus befindet sich heute das Hotel »Gouden Leeuw«.

Oben: Hier lebt das maritime Holland: der Stadthafen von Middelharnis.
Unten: Das alte Rathaus von Middelharnis ist ein verträumtes Relikt aus der Vergangenheit.

vermeintlichen Makel aber hat das Grevelingenmeer aufgefangen, indem es sich nun als saubersten und mit einer Fläche von 140 Quadratkilometern zugleich größten Salzwasserbinnensee Europas verkauft. Hier wird gesurft, gesegelt und getaucht. Zentrale Anlaufstelle ist die beachtlich große Marina Port Zélande.

Östlich von Ouddorp gibt sich die Insel in mehrfacher Hinsicht entspannter, wobei der Landwirtschaft eine tragende Rolle zukommt. Die weitläufige Insel ist mit weniger als 50 000 Einwohnern auch heute noch dünn bevölkert, was an der Flutkatastrophe von 1953 liegen mag, als neben Schouwen-Duiveland auch Goeree-Overflakkee unter Wasser stand.

Oberzentrum der Insel ist Middelharnis, das gemeinsam mit Sommelsdijk ein Zwillingsdorf bildet. Erstgenannter Ort verfügt über einen hübschen Binnenhafen, an dessen Ufern Bausubstanz aus dem 17. und 18. Jahrhundert den Augen schmeichelt. Besonders hübsch ist die Voorstraat, die nach zeeländischem Vorbild ins Zentrum des Ortes führt. Am Kopfende thront mit dem winzigen Rathaus ein klassizistisches Schmuckkästchen.

GUT ZU WISSEN

TEIL DER DELTAWERKE

Die Haringvloetsluizen sind ein wichtiger Bestandteil des Haringvloetdam. Das zwischen 1956 und 1970 errichtete und 4,5 Kilometer lange Bauwerk verbindet Goeree-Overflakkee mit dem Festland. Vor allem bietet der Damm als Teil der Deltawerke (s. S. 60) dem flutanfälligen Hinterland Schutz. Der Schleusenabschnitt ist rund einen Kilometer lang und verfügt über 17 Öffnungen. Für die Schifffahrt wurde bei Stellendam eine Sonderschleuse eingerichtet.

Infos und Adressen

SEHENSWÜRDIGKEITEN

Haringvlietsluizen. Gewaltige Schleusenanlage, mit deren Hilfe die Binnengewässer Haringsvliet und Hollandsch Diep vor Fluten geschützt werden. Beim neuen Restaurant »Zoet of Zout« in Stellendam soll ein Dokumentationszentrum entstehen. Haringvlietplein 3, Stellendam, www.beleefdedeltaroute.nl

ESSEN UND TRINKEN

Brasserie 't Vingerling. Saisonal wechselnde Gerichte in einem gemütlich eingerichteten Bau am Binnenhafen. Tgl. ab 17 Uhr, Okt.–Mai So/Mo geschlossen, Vingerling 23, Middelharnins, Tel. 0187/48 33 33, www.brassereivingeling.nl

Strandtent Iloon. Rustikaler Pavillon mit origineller Karte: Snacks und Getränke können mit Reservierung als »High tea« und »High beer« bestellt werden. Tgl. 10–23 Uhr, Nov.–April ab 12 Uhr, Groenedijk 34A, Ouddorp, Tel. 0187/68 27 25, www.strandtentiloon.nl

ÜBERNACHTEN

De Gouden Leeuw. Kleines Hotel in einem Haus aus dem 15. Jahrhundert, in dem der einzige niederländische Papst (Hadrian VI.) lebte. Nach ihm ist ein Zimmer benannt. Markt 11, Goedereede, Tel. 0187/49 13 71, www.hotelgoudenleeuw.net

»Gezellig«: ein Getränk in der Abendsonne von Ouddorp

Auch in stürmischen Zeiten ist der Jachthafen von Brouwersdam gut geschützt.

Hotel Duinzicht. Moderne Zimmer in einem komplett renovierten Haus. Ein Wanderweg führt binnen fünf Minuten zum Strand. Oude Nieuwlandseweg 13, Ouddorp, Tel. 0187/68 00 00, www.fletcherhotelduinzicht.nl

AKTIVITÄTEN

Kitesurfzentrum't Gorsje. Action vom Kitesurfen bis zum Blocarting (Strandsegeln) auf jenem Strand, der landesweit angeblich die meisten Sonnenstunden abbekommt. Brouwersdam 2, Ouddorp, Tel. 0187/68 46 12, www.tgorsje.nl

Marina Port Zélande. Ausgangspunkt für Exkursionen aller Art auf das Grevelingenmeer. Kabbelaarsbank 5.01, Ouddorp, Tel. 0111/67 19 20, www.mpz.nl

INFORMATION

VVV Goeree-Overflakkee. Mo–Fr 9–17 Uhr, Sa 9–16 Uhr, Bosweg 2, Ouddorp, Tel. 0187/68 17 89, www.vvvgoeree-overflakkee.nl

13 Futuristisches Rotterdam

Die innovativste Stadt der Niederlande

Harte Arbeit, ein großer Hafen und die erste Skyline der Niederlande. Das waren lange Zeit die auffälligsten Merkmale Rotterdams. Neben Schönheiten wie Delft, Haarlem oder Utrecht schien die Stadt stets etwas blass – und gegenüber Amsterdam hegte man an der Maasmündung einen regelrechten Minderwertigkeitskomplex. Das hat sich gründlich geändert: Rotterdam ist die spannendste Stadt der Niederlande.

In Rotterdam ist alles anders. Definieren sich die allermeisten Städte über ihre Sehenswürdigkeiten, so ist es an der Maas die Telefonvorwahl, die identifikationsstiftenden Charakter hat: »010« ist das gängigste Synonym für die Hafenstadt. Am wichtigsten dabei ist die Abgrenzung von »020«. Hinter diesen drei Zahlen nämlich verbirgt sich Amsterdam – und auf die Hauptstädter ist man hier nicht gut zu sprechen. In Rotterdam, so ein gängiges Klischee, wird das Geld erarbeitet, das in Amsterdam ausgegeben wird. Die Rivalität kulminiert, wenn die Mannschaft von Ajax Amsterdam im legendären Stadion De Kuip zu Gast ist, der Heimstatt von Feyenoord Rotterdam.

Tatsächlich könnten die Unterschiede zwischen den beiden mit Abstand größten Städten des Landes kaum eklatanter sein. Dabei mag es reiner Zufall sein, dass sich die Telefonvorwahl Rotterdams aus jenen Ziffern zusammensetzt, die für die Digitalisierung stehen. De facto war die Stadt die ers-

Mitte: Die Kubuswohnungen von Piet Blom sind zu einem Wahrzeichen geworden.
Unten: Auch die Börse von Rotterdam bietet schon mal einen Platz an der Sonne.

UNECSO-Welterbe: die ehemalige Fabrik Van Nelle

te des Landes, die in der City ein kostenloses WLAN angeboten hat. Wolkenkratzer schießen allerorten in die Höhe. Was nicht mehr gefällt, wird ohne Sentimentalität abgerissen. Man ist experimentierfreudig und voller Tatendrang – ein Umfeld, das immer mehr Kreative zu schätzen wissen.

Vintage-Läden und legendäre Partys

Doch auch für Touristen ist Rotterdam ein Gegenentwurf zu den vielen niederländischen Küstenstädten, die mit ihren historischen Stadtkernen punkten. Die Museumslandschaft ist dicht und innovativ. Wer zum Einkaufen kommt, findet neben den allgegenwärtigen Ketten der Fußgängerzonen auch ein vielfältiges Angebot an Alternativen – von Vintage-Klamotten bis zu ganzen Straßen mit vielen eigentümergeführten Geschäften. Die gastronomische Vielfalt ist enorm, die Fachpublikationen überschlagen sich förmlich mit Lob. Darüber hinaus ist die Partyszene legendär. Unter Kennern wird Rotterdam daher schon seit einigen Jahren als eine der künftigen Destinationen für einen Stadturlaub gehandelt. Davon abgesehen haben die Rotterdamer offenbar einen guten Rie-

Nicht verpassen

FUNKTIONALISMUS IN VOLLENDUNG

Aus allen architektonischen Kostbarkeiten Rotterdams ragt eine heraus: die ehemalige Tabakfabrik von Van Nelle im Nordwesten der Stadt. Der Bau, zwischen 1927 und 1930 von Cees van der Leeuw entworfen, wurde 2014 zum wichtigsten Industriemonument der Niederlande erklärt und von der Unesco in den Adelsstand des Weltkulturerbes gehoben. Seine Besonderheit liegt nicht nur in der klaren, funktionalen Struktur, sondern in der bewussten Entscheidung für die bestmöglichen Arbeitsbedingungen. Die bis 1995 genutzten Räume sind lichtdurchflutet und durch ein ausgeklügeltes Belüftungssystem wohltemperiert. Heute fungiert die Van-Nelle-Fabrik als Kreativ- und Start-up-Zentrum. Am Wochenende organisiert Urban Guides Führungen.

Van-Nelle-Fabrik. Sa/So 10.30 Uhr (Treffpunkt beim Pförtner), Van-Nelleweg 1, www.urbanguides.nl

Einfach gut!

NOSTALGISCHE ZEITREISE
Nach einer ebenso bewegten wie erfolgreichen Laufbahn befindet sich die 1959 vom Stapel gelaufene »SS Rotterdam« seit 2009 als multifunktionale Touristenattraktion im Vorruhestand. Als Hotel ist sie wegen der im Retrostil gehaltenen Kabinen ein Erfolg. Allerdings läuft beim Personal nicht immer alles rund – und die Innenkabinen sollte man bei der Buchung meiden. Als Restaurant und Bar mit Sonnendeck erfreut das ehrwürdige Schiff Einheimische und Touristen gleichermaßen. Und auch als schwimmendes Museum ist es reizvoll (SS für »steam ship«), da es Einblicke in die Funktionsweise eines Dampfschiffes gibt. Wer Glück hat, kann an Bord seinen Audio-Guide ausschalten, weil ein ehemaliges Besatzungsmitglied als ehrenamtlicher Führer das Wort ergreift.

SS Rotterdam. 3E Katendrechtshoofd 25, Tel. 010/297 30 90, www.ssrotterdam.nl

cher für Trends und Ikonen: Spektakulärstes Beispiel ist die Markthalle im Stadtteil Blaak.

Als spannendste Straße Rotterdams wird die Witte de Withstraat gehandelt. Auf nur 400 Metern über dem Meeresspiegel führt diese vom Museumspark zu einem der vielen Hafenbecken, in diesem Fall dem Leuvehaven. Hier befinden sich Trendboutiquen (wie z. B. von Marlies Dekkers), Galerien, das extravagante »King Kong Hostel« (Nr. 74), die renommierte Kunsthalle Witte de With (Nr. 50) für zeitgenössische Strömungen und das abgefahrene Institut für avantgardistische Erholung WORM (Postadresse Boomgaardstraat 71) in unmittelbarer Nachbarschaft. Aktuelles Aushängeschild des WORM ist die deutsch eingefärbte »Wunderbar« im Souterrain.

Auch sonst wird es in der Witte de Withstraat nicht so schnell langweilig. Eine weltweit erscheinende Publikation etwa hat die Bar »De Witte Aap« (Nr. 78) kurzerhand zur besten Bar des Planeten erklärt, weshalb es nunmehr ausgesprochen schwierig ist, in dem eher unauffälligen Lokal einen Platz zu ergattern. Das aber scheint der Preis dafür zu sein, dass die Stadt langsam prominent wird.

Sechs Museen auf engem Raum

Von der Witte de Withstraat bietet sich ein schöner Blick auf den Museumspark, der den geografischen Fixpunkt inmitten von sechs Museen bildet. Zur absoluten Spitzengruppe der Niederlande zählt das Boijmans Van Beuningen, das seinen Namen den beiden stiftenden Sammlern entliehen hat. Allein der *Turmbau zu Babel* von Pieter Brueghel dem Älteren lohnt den Ticketkauf. Doch auch viele weitere Granden der niederländischen Kunstgeschichte (Rembrandt, Van Gogh) machen ihre Aufwartung.

Shopping-Tour durch Rotterdam

A Schiekade – Keine Einkaufsmeile, wohl aber mit Groos (Nr. 203) Standort eines Warenhauses, das viel vom Charakter Rotterdams in sich trägt. Seien es Klamotten oder Möbel: Alle Produkte, die hier verkauft werden, stammen von Designern aus der Stadt.

B Lijnbaan – Über das Hofplein rechts in die Straße Weena. Hier nimmt zur Rechten die Lijnbaan ihren Lauf. Die erste Fußgängerzone der Welt war in den 1950er- und 1960er-Jahren der Inbegriff der Modernität. Die Geschäfte beschränken sich heute überwiegend auf Ketten und Modelabels für den breiten Geschmack.

C Van Oldebarneveltstraat – Wo die Gleise der Straßenbahn die Lijnbaan kreuzen, nach rechts in die Van Oldebarneveltstraat abbiegen. Hier haben sich ein paar originelle Läden angesiedelt – unter anderem der Konzept-Store SHPPR mit innovativen Modelabels (Nr. 113). Zomers Bloemen (Nr. 144) gilt als einer der schönsten Blumenläden der Stadt.

D Witte de Withstraat – Durch den Mauritsweg links ab bis zur Witte de Withstraat. Rotterdams vielseitigste und amüsanteste Straße taugt für alle Zwecke, Damen gehen gern zu Betsy Palmer Schuhe kaufen (Nr. 9A), Dessous etc. stehen im Flagship-Store der Rotterdamer Designerin Marlies Dekkers zur Auswahl (Nr. 2).

E Beursplein – Über Schiedamsedijk und Coolsingel nach links bis zum Beursplein. Hier einen Blick nach unten werfen, denn auf durchaus sehenswerte Weise bahnt sich eine mit Springbrunnen und anderen Auffälligkeiten verzierte Einkaufsstraße ihren Weg unter der viel befahrenen Straße hindurch.

F Meent – Die nächste Straße rechts ist mit dem Meent eine der geschäftigsten der Stadt. Schuhe niederländischer Machart bietet Van Lier (Postadresse Coolsingel 46). Weiter im Osten lockt das »Dudok« mit dem besten Apfelkuchen von Rotterdam. In dem Café im Bauhausstil treffen sich Kultur-Freaks ebenso wie Geschäftsleute. Dahinter wird die Einkaufslandschaft immer bunter.

G Pannekoekenstraat – Weiter bis zur Pannekoekenstraat. Der Name (Pfannkuchenstraße) ist kein Produkt der Fantasie. Die Straße ist Heimat einiger hübscher Läden, von Inneneinrichtung (Depot, Nr. 66A) bis zu eleganten Kleidern (Objet Trouvé, Nr. 44A).

H Markthalle – Nach links über den Nieuwemarkt zum Botersloot, in dem sich weitere kettenunabhängige Trendsetter befinden. Nun ist es nicht mehr weit zur Markthalle, wo der anstrengende Einkaufstag mit vielfältigen Speisen ausklingen kann. Bei schönem Wetter natürlich auf der Dachterrasse!

Nicht verpassen

SPRITZTOUR AUF DEM WASSER

Manchmal muss ein bisschen Luxus sein. Und nichts ist in Rotterdam glamouröser, als sich mit dem Wassertaxi von einem Ort zum anderen bringen zu lassen. Die schwarzgelben Maastaxis verkehren zwischen den Windmühlen in Kinderdijk im Osten bis nach Vlaardingen im Westen, wobei ihnen mehr als 50 Haltepunkte zur Verfügung stehen. Sie können telefonisch jederzeit vorbestellt werden. Auf dem Wasser geht es anständig zur Sache, denn die Gefährte erreichen maximal 55 Stundenkilometer. Je nach Modell können sie zwischen acht und zwölf Passagieren befördern. Darüber hinaus existiert ein Fährdienst von Veer- und Leuvehaven zum Hotel »New York«. Ganz billig ist der Spaß nicht: Vom Leuvehaven bei der Erasmusbrücke bis zum Euromast kostet die Fahrt für vier Personen 24,40 Euro.

Watertaxi Rotterdam.
Tel. 010/403 03 03,
www.watertaxirotterdam.nl

Von hier aus ist es nicht weit zum Veerhaven, wo mit dem Wereldmuseum ein tonangebendes Völkerkundemuseum beheimatet ist. Das Hafenbecken ist üppig von gastronomischen Betrieben umgeben, das Flussufer ein hübscher Ort, um den Weg in den Rotterdam Stadtpark fortzusetzen. Hier gedeihen im Frühling prächtig leuchtende Blumenfelder, die von der Aussichtsplattform des nahen Euromast besonders schön anzusehen sind.

Von den Modernisierern vergessen

Ganz im Westen, als wollte die Stadt das Viertel so gut wie möglich vor Besuchern verstecken, wechselt Rotterdam dann doch noch seine Identität. Als hätten die Stadtentwickler diesen Flecken bei ihrem Modernisierungsfeldzug vergessen, darf sich der Delfshaven ganz wie ein Stückchen »altes Holland« geben. Hier, an der einstigen Wasserstraße nach Delft, wo im frühen 17. Jahrhundert die Pilgrim Fathers nach ihrem Exil in den Niederlanden ihren Weg nach Amerika antraten, wird das Wasser von Holzbrücken überspannt. An den Ufern stehen schmale Häuser mit kunstvollen Giebeln, ja sogar eine Windmühle darf zum musealen Idyll beitragen.

Am Nordende des historischen Hafenbeckens holt eine bemerkenswert lebendige Magistrale den Besucher rasch zurück in die Realität: der Nieuwe Binnenweg. An dieser West-Ost-Verbindung gibt sich Rotterdam als kosmopolitische Hafenstadt. Die ganze Welt scheint hier vertreten mit ihren Waren und Speisen, in Geschäften und Restaurants, die oft mit frischen Ideen an das kreative Selbstverständnis der Stadt anschließen. Ob tropische Früchte, afrikanische Gewürze, surinamische Snacks oder Backwaren aus dem Vlaamsch Broodhuys – hier ist alles vorhanden.

Futuristisches Rotterdam

Integration und Zusammenhalt jedenfalls funktionieren hier deutlich besser als im Süden der Stadt. Aus Charlois und Feijenoord hat sich die Mittelklasse inzwischen weitgehend zurückgezogen. Die bevölkerungsreichen Viertel bieten wenig Perspektive und kaum Sehenswürdigkeiten. Auch angesichts aller Lobeshymnen auf die Energie und Kreativität Rotterdams sollte dies nicht außer Acht gelassen werden.

Kaum besser sieht es im Afrikaanderwijk aus, das so etwas wie den Übergang von der wohlhabenden City in die vergessenen Stadtviertel markiert. Hier allerdings sollten alle Kids, Studenten und Junggebliebenen wenigstens einmal hinkommen, denn mit dem Maassilo steht hier ein ausgemusterter Getreidespeicher aus dem Jahr 1906. In dem Bau mit seinem grauen, leicht brachialen Erscheinungsbild befindet sich ein gleichnamiger Club, dessen kleinerer Schwesterclub den Namen »Factory 010« trägt. Auch hier findet sich also die Telefonvorwahl wieder. Und es wird weiter am Mythos gearbeitet: Neben der Markthalle eröffnet demnächst das RIF010. Ein Wasserbecken ohne sichtbaren Nutzen wird zu einer Surfanlage umgebaut – mit anderthalb Meter hohen Wellen.

GUT ZU WISSEN

VERHEERENDER LUFTANGRIFF

Stellen Sie Einheimischen bloß nicht die Frage, was denn mit der alten Bausubstanz von Rotterdam passiert ist. Fast die komplette Innenstadt wurde während des Zweiten Weltkriegs von den Deutschen zerstört: Am 14. Mai 1940 flog die deutsche Luftwaffe einen vernichtenden Angriff auf die Stadt. Ab 13.30 Uhr wurden binnen 15 Minuten mehr als 22 000 Wohnungen in der 600 Jahre alten City zerstört. Geschätzte 900 Menschen fanden den Tod, 80 000 wurden obdachlos.

Oben: Nur der Delfshaven erinnert daran, dass auch Rotterdam mal eine alte Stadt war.
Mitte: Wie die Stadt, so die Museen: die modernistische Kunsthalle von Rem Koolhaas
Unten: Klassischer ist es im Museum Boijmans van Beuningen.

Infos und Adressen

Der Euromast war einmal ein Wahrzeichen. Heute seilen Wagemutige sich hier ab.

SEHENSWÜRDIGKEITEN

Euromast. Aussichtsturm anlässlich der Floriade 1960 errichtet. Neben einem Restaurant wurde oben auch eine Hotelsuite mit Panoramablick eingerichtet. Hasardeure lassen sich vom Turm abseilen. Tgl. 10–22 Uhr, Parkhaven 20, Tel. 010/436 48 11, www.euromast.nl

Het Nieuwe Instituut. Einst firmierte das Haus als nationales Architekturinstitut. Dann hat es die Messlatte höher gelegt, um nunmehr soziale, kulturelle und ökonomische Veränderungen zu veranschaulichen. Di–Sa 10–17 Uhr, So 11–17 Uhr, Museumpark 25, Tel. 010/440 12 00, www.hetnieuweinstituut.nl

Kubuswoningen. Museumswürfel in dem experimentellen Baukomplex von Piet Blom. Tgl. 11–17 Uhr, Overblaak 70, Tel. 010/414 22 85, www.kubuswoning.nl

Kunsthal. Kunsthalle für Wechselausstellungen ohne eigene Sammlung. Auch der Bau des Office for Metropolitan Architecture (Rem Koolhaas) ist sehenswert. 2013 wurden hier sieben hochwertige Gemälde u. a. von Picasso und Monet gestohlen. Di–Sa 10–17 Uhr, So 12–17 Uhr, Museumpark, Westzeedijk 341, www.kunsthal.nl

Museumpark. Weitläufiger Park, der bereits 1927 angelegt wurde. Heute wird er von sechs Museen umgeben. Zwischen Westzeedijk, Westseesingel und der Straße Museumpark

Museum Boijmans Van Beuningen. Umfassender Überblick über die niederländische und europäische Kunstgeschichte vom Mittelalter über Rembrandt und Van Gogh bis zu Dutch Design. Eine Institution! Di–So 11–17 Uhr. Museumpark 18, Tel. 010/441 94 00, www.boijmans.nl

Wereldmuseum. Völkerkundemuseum mit beeindruckender Sammlung in reizvoller Lage an der Maas. Di–So 10.30–17.30 Uhr, Willemskade 22–25, Tel. 010/270 71 72, www.wereldmuseum.nl

ESSEN UND TRINKEN

Bazar. Solide orientalische Gerichte in passendem Ambiente. Hier gehen die Rotterdamer hin. Tgl. 8–24 Uhr, Fr/Sa bis 1 Uhr, Witte de Withstraat 16, Tel. 010/206 51 51, www.hotelbazar.nl

Dudok. In der Ära vor den Smartphones sollen Künstler und Intellektuelle in Cafés wie dem »Dudok« gesessen haben. Der Apfelkuchen ist über die Stadtgrenzen hinaus bekannt. 8–23 Uhr, Fr/Sa bis 1 Uhr, Meent 88, www.dudok.nl

FG Restaurant. Kochkunst auf höchstem Niveau. Sowohl fürs Auge, als auch für den Gaumen – und für das Portemonnaie. »FG« sind die Initialen des Patrons François Geurds. Di–Sa 12–14.30 und 18.30–21.30 Uhr, Lloydstraat 204, Tel. 010/425 05 20, www.fgrestaurant.nl

Parkheuvel. Eine kulinarische Institution in den Niederlanden, die nach unruhigen Zeiten zu alter Form zurückgefunden hat. Mo–Fr 12–15 und Mo–Sa 18.30–22 Uhr, Heuvellaan 21, Tel. 010/436 05 30, www.parkheuvel.nl

Schmidt Zeevis. Vom kleinen Familienbetrieb ist die Firma binnen 100 Jahren zum Lieferanten für Feinschmeckerrestaurants im ganzen Land aufgestiegen. Im Ladenlokal trifft sich samstags die Schickeria. Mo–Do 9–18 Uhr, Fr 8–18 Uhr,

Sa 8–17 Uhr, Matlingeweg 333, Tel. 010/214 06 73, www.schmidtzeevis.nl

Wereldmuseum. Aus dem Nichts zu einem Michelinstern – ein erstaunlicher Werdegang für ein Museumsrestaurant mit mediterranem Einschlag. Di–So 12–14 und 18–21.30 Uhr, Willemskade 25, Tel. 010/270 71 85, www.wereldmuseum.nl

ÜBERNACHTEN

Mainport. Moderne Luxusherberge mit teils spektakulären Aussichten. Einige Zimmer verfügen über eine eigene Sauna. Leuvehaven 77, Tel. 010/217 57 57, www.mainporthotel.com

Stroom. Designerhotel in einem ehemaligen E-Werk. Vor allem die auf zwei Etagen verteilten Studios haben Charme. Etwas außerhalb im Lloyd-Quartier. Lloydstraat 1, Tel. 010/221 40 60, www.stroomrotterdam.nl

Suite Hotel Pincoffs. Im einstigen Zollamt aus dem Jahr 1879 hat ein schickes Designerhotel eröffnet. Es ist benannt nach dem Unternehmer Lodewijk Pincoffs (1827–1911). Mit Blick auf die Maas. Stieltjesstraat 34, Tel. 010/297 45 00, www.hotelpincoffs.nl

AUSGEHEN

Rotown. Konzertsaal mit interessantem Programm. Die Außengastronomie ist bei den Einheimischen sehr populär. Nieuwe Binnenweg 19, Tel. 010/436 26 69, www.rotown.nl

Wunderbar. Im Souterrain des Instituts für avantgardistische Erholung (WORM) befindet sich diese Bar, die zaghaft den Qualitäten des lange verachteten Nachbarlandes zu huldigen beginnt. Di–Fr 17–1 Uhr, Sa/So 14–1 Uhr, Boomgaardsstraat 71, Tel. 010/476 78 32, www.worm.org

EINKAUFEN

Nieuwe Binnenweg. Etwas abseits der City entwickelt sich diese Straße zu einem Hotspot für neue Geschäfte und Cafés.

Plaatboef. Paradies für Vinyl-Liebhaber mit vielen Grabbelkisten. Mo 12–18 Uhr, Di–Do, Sa 10–18 Uhr, Fr 10–21 Uhr, So 12–17 Uhr, Nieuwe Binnenweg 81A, www.plaatboef.nl

Very Cherry. Vintage-Klamotten für Damen. 10–17.30 Uhr, So 13–17 Uhr, Botersloot 52A, Tel. 010/214 33 33, www.verycherry.nl

Witte de Withstraat. Eine der spannendsten Straßen Rotterdams

VERANSTALTUNGEN

Motel Mozaique. Stilsicher programmiertes Indie-Festival im April. www.motelmozaique.nl

North Sea Jazz Festival. Das vielleicht immer noch wichtigste europäische Jazzfestival (im Juli). www.northseajazz.com

Wereldhavendagen. Spektakel am 1. Septemberwochenende, das den Status Rotterdams als Welthafen facettenreich zelebriert. www.wereldhavendagen.nl

INFORMATION

Rotterdam Welcome Card. Freie Nutzung des Nahverkehrs und 25 Prozent auf den Eintritt bei 50 Attraktionen für 10–17.50 Euro. Online bestellbar. www.rotterdamwelcomecard.com

VVV. Tgl. 9.30–18 Uhr, Coolsingel 195–197, www.rotterdam.info

Die Lijnbaan: die erste Fußgängerzone der Welt

14 Kop van Zuid/ De Kaap

Das spannendste Viertel der Niederlande

Mitte: Das Tor zum Süden: Die formschöne Erasmusbrücke führt zum Kop van Zuid.
Unten: Das populäre Hotel »New York« war einst die letzte Station europäischer Emigranten.

Nach dem Bau der Erasmusbrücke hat Rotterdam seinen Süden entdeckt. Zuerst schoss auf der Halbinsel Kop van Zuid ein Wolkenkratzer nach dem anderen in die Höhe. In den einstigen Lagerhallen nistete sich das Partyvolk ein. Vor ein paar Jahren dann genügte eine weitere Fußgängerbrücke über den Rijnhaven, damit auch die lokale Bevölkerung die berüchtigte Halbinsel De Kaap in die Arme geschlossen hat.

Bis vor wenigen Jahren war De Kaap ein Ort, wohin sich allenfalls Seemänner verirrt haben. Nach Katendrecht, wie der vollständige Name der Halbinsel lautet, kamen sie, um ihre Tätowierungen aufzufrischen. Oder, um nach einer langen Seereise in einer Kaschemme oder bei einer Prostituierten zu landen. Wer auf der Halbinsel wohnte, die zum Stadtteil Feijenoord gehört, wurde mitleidig angesehen.

2009 dann kam die »SS Rotterdam« nach Hause. Der Ozeanriese außer Dienst sollte an der Spitze von Katendrecht zu einer Touristenattraktion werden (s. Autorentipp S. 88). Das erste Signal für einen städtebaulichen Aufbruch kam also noch vom Wasser. Die Gäste des Hotelschiffs allerdings konnten lediglich mit dem Wassertaxi in die Stadt fahren – oder sie mussten den wenig attraktiven Weg entlang der Maaskade in Kauf nehmen. Eine Brücke zur nahen Nachbarhalbinsel Kop van Zuid musste her.

Craft-Bier und Kaffeeröster

Schon als die Pläne bekannt wurden, haben sich die ersten Kreativen in De Kaap niedergelassen. Bald darauf wurde das zentrale Deliplein saniert. Kleine Geschäfte, Restaurants und Cafés sind seitdem in die umliegenden Häuser eingezogen. Anschließend wurde den Lagerhallen am Rijnhaven neues Leben eingehaucht. Im loftigem Ambiente der Fenix Food Factory residieren nun allerlei hippe Läden: die Craft-Bierproduzenten von Kaapse Brouwers etwa oder die Kaffeerösterei Stielman. Es ist eine unprätentiöse Alternative zur eher kommerziellen Markthalle auf der anderen Seite der Maas. Gegenüber der Food Factory gehen in der »Posse Espressobar« bärtige Männer mit selbstverliebtem Gesichtsausdruck und Frauen mit Model-Allüren ein und aus. Für Auge und Gaumen also wird einiges geboten. Höhepunkt eines jeden Jahres ist die Nacht van De Kaap, wenn das Viertel seine Vergangenheit feiert – mit Shanty-Chören, Schlagern und viel sentimentaler Folklore.

Ein wenig sentimental kann man auch auf der Nachbarhalbinsel werden. Hier, an der Westspitze des Kop van Zuid, wird das prächtige Hotel »New York« mittlerweile von zwei Wolkenkratzern eingerahmt. Doch die Erinnerung bleibt: Der mit Art-déco-Elementen versehene Bau war lange Jahre Hauptsitz der Holland-Amerika Lijn. Für unzählige Menschen, die sich auf die Suche nach einem besseren Leben in Übersee gemacht haben, war das Gebäude die letzte Station auf dem europäischen Kontinent. Heute kommen Hotelgäste von weither, doch das Restaurant ist auch bei den Einheimischen sehr angesagt. Einen Blick ist gleichfalls der Barbier wert, der in stilechtem Retro-Ambiente seine Kundschaft verhätschelt. Überall auf der Halbinsel warten Fotomotive: die Kontraste zwischen Alt und Neu, die Maas mit der Skyline von Rotterdam oder auch die Erasmusbrücke.

Infos und Adressen

ESSEN UND TRINKEN

De Matroos en het Meisje. Menüs (drei bis sechs Gänge) in altholländischem Ambiente. Di–So ab 18 Uhr, Delistraat 52, Tel. 010/215 27 64, www.dematroosenhetmeisje.nl

Fenix Food Factory. Ehemalige Lagerhalle mit allerlei gastronomischen Betrieben und Geschäften. Mi–So 10–23 Uhr, Veerlaan 19D, www.fenixfoodfactory.nl

Kaapse Brouwers. Craft-Beer in Lagerhallenatmosphäre. Mi–So 12–23 Uhr, Veerlaan 19D, Tel. 010/218 08 53, www.kaapsebrouwers.nl

Posse Espressobar. Stilvolle Kaffeebar in ehemaliger Lagerhalle. Sehr angesagt! Fr/Mo 12–22 Uhr, Sa 11–22 Uhr, So 11–18 Uhr, Veerlaan 13, Tel. 010/737 18 15, www.posse.nl

ÜBERNACHTEN

Hotel New York. Nostalgische Location im ehemaligen Hauptquartier der Holland-America Lijn. Koninginnehoofd 1, Tel. 010/439 05 00, www.hotelnewyork.nl

Nhow. Designerhotel im Hochhaus von Rem Koolhaas mit Blick auf die Erasmusbrücke. Wilhelminakade 137, Tel. 010/206 76 00, www.nhow-rotterdam.com

VERANSTALTUNGEN

Nacht van de Kaap. 1. Septemberwochenende, www.denachtvandekaap.nl

ARCHITEKTUR:
Modern und innovativ

Haifischflosse oder ein Segel? Der Hauptbahnhof lässt Interpretationsspielraum.

Lange Jahre kamen Reisende an einem Bahnhof mit klaren Formen und Glasfassade an. Betont modern hat sich Rotterdam gegeben, nachdem die Stadt im Zweiten Weltkrieg fast vollständig zerstört worden war. Das ist seit 2014 vorbei: Die alte Centraal Station wurde abgerissen und durch eine neue Halle ersetzt. Seitdem kommen Bahnfahrer an einem Terminal an, dessen Form einer riesigen Fischflosse ähnelt. Die neue Visitenkarte besagt nun: Die Metropole ist nicht mehr nur modern, sondern geradezu futuristisch.

Der Blick nach vorn ist an der Maas nichts Neues. So wurde 1949 nur einen Steinwurf von Centraal entfernt mit dem Bau der Lijnbaan begonnen, die vier Jahre später als erste autofreie Einkaufspromenade der Welt eröffnet werden konnte. Die Anlieferung der Waren erfolgte über Parallelstraßen. Ein weiteres Kuriosum sind die Kubus-Wohnungen, die der Architekt Piet Blom hier Ende der 1970er-Jahre errichtet hat. Die Idee basierte auf dem romantischen Gedanken Le Corbusiers, den Wohnraum auf Säulen zu bauen, damit der Raum darunter eine öffentlich zugängliche Fläche bleibt. Durchgesetzt freilich hat sich das Modell nicht. Dafür sind heute einige der Würfel für das Publikum geöffnet - zwischenzeitlich nämlich hat hier eine Dependance der Jugendherbergskette Stayokay den Betrieb aufgenommen.

Der erste Wolkenkratzer Europas

Schräg gegenüber, an der anderen Seite des alten Hafenbeckens (Oude Haven), steht bis heute der Beweis, dass der Fortschrittsglaube bereits im 19. Jahrhundert geboren wurde: 1898 wurde hier das prächtig restaurierte Witte Huis fertig gestellt, ein 43 Meter hohes Art-Nouveau-Gebäude, das je nach Definition als erster Wolkenkratzer Europas gehandelt wird.

Gleichwohl nimmt sich das Weiße Haus geradezu zierlich aus gegen Rotterdams neueste Attraktion: die bewohnbare Markthalle, die 2015 ebenfalls in Blaak fertig gestellt wurde. Der Bau ist 40 Meter hoch, was zehn großzügigen Geschosshöhen entspricht, 120 Meter lang und 70 Meter breit. In den Außenwänden befinden sich Apartments, während die Innenwände mit verspielten Lebensmittelmotiven Appetit machen. Der Plan geht mühelos auf, denn an den 96 Ständen ist in diesem Fanal des Hedonismus von baskischen Pinchos über sizilianische Pizza bis zum frischen Fang der lokalen Größe Schmidt Zeevis (bei FFF) alles vorhanden. Rotterdam, ein Fest fürs Leben!

Die Idee einer überdachten Schlemmerhalle kam an der Maas einer kleinen Revolution gleich. Während das Konzept

Modernes Monument: Das Witte Huis markierte einst einen Superlativ.

im sonnigen Süden Europas schon seit Jahrhunderten weit verbreitet ist, mussten die Markthändler im regnerischen und zuweilen stürmischen Rotterdam stets draußen ausharren. Und darin liegt auch der kleine Denkfehler, zu dem das Konstrukt verleitet, denn die teuren Mieten kann sich der gewöhnliche Marktbeschicker nicht leisten. Die Folge: medienkompatible Selbstvermarkter wie Jamie Oliver lassen an den Ständen ihre Waren verkaufen. Einfache Fischhändler, vor deren Buden sich die Miesmuscheln meterhoch türmen, müssen weiter vor der Tür ihre Geschäfte machen. Vielleicht geht die Hoffnung der Verantwortlichen ja tatsächlich in Erfüllung, dass beide dauerhaft nebeneinander existieren können.

Bis zur Fertigstellung der Markthalle war die Erasmusbrücke das inoffizielle Wahrzeichen der Stadt. Das seinerseits erst 1996 in Betrieb genommene Bauwerk fasziniert durch seinen angewinkelten Pylon, der 139 Meter in den Himmel ragt. Die von Ben van Berkel entworfene Brücke verbindet die City mit dem Trendviertel Kop van Zuid, wo sich der immer noch bekannteste Architekt der Stadt gerade verewigt hat: Rem Koolhaas.

Eine verrutschte Containerladung

Der Komplex heißt schlicht »De Rotterdam« und er besteht aus mehreren 150 Meter hohen Türmen, deren Körper je-

Am Maasufer: das Ei des Kolumbus und andere Kleinigkeiten

Gewagte Konstruktion: das Unilever-Gebäude in Feijenoord

doch leicht gegeneinander versetzt sind. »Wie bei einem Containerschiff, bei dem die Ladung durch den Seegang ins Rutschen gebracht wurde«, lautet eine der lyrischeren Deutungen. In dem massiven Komplex befindet sich die gewaltige Zahl von mehr als 7500 Räumen. Der 97 Meter hohe KPN-Tower von Renzo Piano wirkt daneben wie ein Spielzeug.

Mit all den Projekten hat sich Rotterdam die Reputation erarbeitet, eine Spielwiese für experimentierfreudige Architekten zu sein. Wie ein 2015 lancierter Plan offenbart, ist kein Ende absehbar: Auf halber Strecke von der Erasmusbrücke zum altehrwürdigen Aussichtsturm Euromast könnte bis 2025 ein Bauwerk entstehen, das alles Vorhandene abermals in den Schatten stellen würde: ein bewohnbares Windrad, das mehr Energie erzeugt, als die in ihm untergebrachten Wohnungen und Hotelzimmer beanspruchen. Die Idee geht auf den ortsansässigen Baumeister Duzan Doepel zurück, dem ein 176 Meter hohes Bauwerk vorschwebt, das ganz im Stile der Markthalle das Potenzial zu einer genuinen Sehenswürdigkeit besitzt. Sollte sich der Entwurf als realisierbar erweisen, wird sich die Stadt diese Gelegenheit sicherlich nicht entgehen lassen. So wie sie es beim neuen Bahnhofsgebäude vorgemacht hat.

Information

Urban Guides bietet Architekturtouren durch die Stadt zu verschiedenen Themen an, die von Architekten oder Studenten begleitet werden. Sie dauern zwischen 1,5 und 2,5 Stunden (www.urbanguides.nl).

Mitte: Im Hafen von Rotterdam wird das Geld verdient, das in Amsterdam ausgegeben wird. **Unten:** Was es mit diesem Bonmot auf sich hat, erfahren die Teilnehmer einer Rundfahrt.

15 Rotterdam Hafen

Minikreuzfahrt nicht nur für Technikfreaks

Lange Zeit galt Rotterdam als der größte Hafen der Welt. Bis heute rangiert er in der Spitzengruppe. Verschiedene Rundfahrten ermöglichen die Erkundung. Weil sich unterwegs viele Sehenswürdigkeiten aneinanderreihen, haben die Touren eher den Charakter einer Minikreuzfahrt, als dass sie nur Technik-Freaks ansprechen. Vor allem bei schönem Wetter sind sie ein Erlebnis für Jung und Alt.

Während der Welthafentage steht Rotterdam Kopf: In der ganzen Stadt herrscht Volksfeststimmung mit nautischen Elementen. Schiffe und Hafenanlagen können besichtigt werden. Beim Internationalen Shanty-Festival treten Chöre mit einem Faible für Seemannslieder auf. Und zum krönenden Abschluss stoßen Lotsenschiffe oder Schlepper am Abend dramatisch illuminierte Fontänen aus.

Bis zu einer halben Million Menschen kommen am zweiten Septemberwochenende, um dem innerstädtischen Schaulaufen beizuwohnen. Doch auch ohne dieses Spektakel ist der Rotterdamer Hafen ein erstaunliches Paralleluniversum. Lange Zeit hat der Komplex mit Singapur um den Titel des weltweit bedeutendsten gekämpft. Heute scheint dieser Wettstreit verloren, doch das Frachtaufkommen ist immer noch das vierthöchste des Planeten, in Europa reicht es für Rang eins.

Zügelloses Wachstum

All dies hat Rotterdam seiner Lage am Ausgang des Rhein-Maas-Deltas zu verdanken, denn über die beiden mächtigen Ströme und die anschließenden Kanäle ist fast ganz Mitteleuropa erreichbar. Die Ausmaße der Anlagen sind gewaltig. So beträgt die Gesamtoberfläche rund 12 500 Hektar oder umgerechnet 17 500 Fußballfelder. In Ost-West-Richtung erstrecken sich die Hafenbecken über fast 40 Kilometer – genug für mehr als 70 000 direkte und 200 000 indirekte Arbeitsplätze. Das zügellose Wachstum des Hafens hat den Niederländern einiges an Kreativität und Ingenieurskunst abverlangt, denn die westlichsten Areale (Maasvlakte 1 und 2) wurden als künstliche Inseln in der Nordsee errichtet und 1973 respektive 2014 in Betrieb genommen.

Das alles wäre für Besucher wohl nur mäßig interessant, wenn es nicht die Rundfahrten von Spido gäbe. Das Unternehmen bietet mit seiner Flotte von vier Ausflugsschiffen das gesamte Jahr über Touren durch die Hafenanlagen an, der Ableger befindet sich direkt neben der Erasmusbrücke. Die Standardtour dauert 75 Minuten. Sobald das Schiff losgemacht hat, wechseln sich die Fotomotive rasant ab: am Südufer die Wolkenkratzer des Kop van Zuid, dazwischen die Art-Nouveau-Fassade des Hotel »New York«, dahinter der zum Hotelschiff umfunktionierte Ozeanriese »SS Rotterdam«. Am Nordufer passiert das Boot derweil den Euromast, das Lloyd-Kwartier und den malerischen Delfshaven. Eine Windmühle schließlich markiert den Übergang zur Nachbarstadt Schiedam.

Hier ruhen die ersten Ozeanriesen an den Docks, um mithilfe gigantischer Hafenkräne ihrer Containerladung entledigt zu werden. An dieser Stelle macht die Standardtour kehrt. Eine auf 150 Minuten angelegte XXL-Tour erkundet die Weiten des Hafens noch deutlich intensiver. Diese Variante wird im Juli und August angeboten, an Samstagen auch abends.

Einfach gut!

AUSFLUG IM AMPHIBIENBUS

Seit einigen Jahren existiert eine Alternative zur konventionellen Hafenrundfahrt. Das funktioniert in etwa wie folgt: Als Passagier steigt man zunächst in einen zitronengelben Bus. Nachdem dieser ein paar unverdächtige Kurven durch die Stadt gezogen hat, nimmt er unvermittelter Dinge Anlauf, um sich mit einigem Elan eine Rampe hinunterzustürzen. Nun setzt der Bus seine Reise in der Maas fort – die Wasserlinie knapp unterhalb der Fensterscheiben –, zwischen Wassertaxis, Ausflugsbooten und Frachtern hindurch. Die Exkursion im Amphibienbus trägt den passenden Namen Splash Tours – und sie macht Spaß.

Splash Tours. Saisonal unterschiedliche Abfahrtszeiten, Abfahrt: Parkhaven 9 (Nähe Euromast), Tel. 010/436 94 91, www.splashtours.nl
Spido. Saisonal unterschiedliche Abfahrtszeiten, Abfahrt: Willemsplein 85, Tel. 010/275 99 91, www.spido.nl

Vom Containerschiff bis zum Lastkahn gibt es Schiffe jeder Größe zu entdecken.

Mitte: Der Blick von der Nieuwe Kerk beweist, dass jede Stufe die Mühe wert ist.
Unten: In dem Sakralbauwerk befindet sich die Grabstätte von Wilhelm von Oranien.

16 Delft

Bilderbuchstadt mit Schieflagen

Das »alte Holland« – kaum irgendwo ist es lebendiger als in Delft. Eine reiche Historie, imposante Bauwerke, die nahezu makellos erhaltene Altstadt mit Grachten und Giebelhäusern, dazu lebendige Märkte. Moderne Impulse setzt die Wissenschaft, die gleichzeitig Garant für eine junge Bevölkerung ist. All dies vereint die Stadt an der Schie auf überschaubarer Größe. Ein Traum für einen Tag oder für einen Kurztrip.

Die Oude Kerk führt ein riskantes Dasein: Sie ist so schief, wie es die physikalischen Gesetze eben noch tolerieren. »Oude Jan«, wie die Einheimischen den Sakralbau aus dem Jahr 1240 zärtlich anreden, ist jedoch nicht nur ein architektonisches Monument und ein physikalisches Kuriosum: Die Kirche ist zugleich die letzte Ruhestätte des berühmtesten Sohns der Stadt – Johannes (oder auch Jan) Vermeer (1632–1675), Meister des Lichts und rätselhafter Maler.

Nur einen Steinwurf entfernt wacht das Gegenstück zur Alten Kirche über den historischen Mittelpunkt der Stadt, den Marktplatz. Der Bau mag Nieuwe Kerk heißen, das »Neu« aber ist in diesem Falle sehr relativ, denn mit den Arbeiten wurde bereits 1351 begonnen, der überraschend gerade und stolze 109 Meter hohe Turm 1496 vollendet. Nach Erklimmen der 376 Stufen eröffnet sich Besuchern auf der Aussichtplattform in 85 Metern Höhe ein formidables Panorama: An klaren Tagen reicht der Blick im Süden bis zum Rotterdamer Hafen, gen Norden ist die Skyline von Den Haag

Weltberühmt sind die Delfter Fayencen.

und manchmal gar der Flughafen Schiphol auszumachen. Im Jahr 1584 hat die Historie der Nieuwe Kerk eine unerwartete Wendung genommen: Am 10. Juli wurde in Delft Wilhelm von Oranien ermordet. Den Führer des Aufstandes gegen die Spanier und Vater der Nation setzte man in der Nieuwe Kerk bei – so wurde das Gotteshaus zur Grabkirche des niederländischen Königshauses. Bis heute finden die Oranier hier ihre letzte Ruhe.

Doch es sind keineswegs nur die Kirchen, die der Stadt ihre unverwechselbar holländische Aura verleihen. Wenn es donnerstags auf dem Markt nach frischen Stroopwafels duftet, die Käsehändler ihre Ware anpreisen und die Einheimischen Kibbeling (frittierte Fischnuggets), oder besser noch: Hollandse Nieuwe (frischen Matjes) verzehren, wähnt man sich unweigerlich in einer anderen Zeit.

Fantasien und Katastrophen

Die Gassen, in deren Mitte oftmals eine Gracht träge vor sich hinfließt, beflügeln die nostalgischen Fantasien weiter, die formschönen Giebelhäuser an den Ufern tun ihr Übriges. Ganz so alt,

Nicht verpassen

SEIT 1653 EINE INSTITUTION

Kacheln, die einen Schlittschuhläufer zeigen. Tulpenvasen von bizarrer Gestalt. Ganze Geschirrlinien und sogar ein Duplikat von Rembrandts Nachtwache. All dies finden Besucher bei De Porceleyne Fles. Die Königliche Delfter Porzellanmanufaktur ist seit 1653 eine Institution in den Niederlanden – kaum ein Produkt hat derart zur Klischeebildung beigetragen und zur Nachahmung inspiriert. Zum Besuch gehört auch ein Rundgang durch die Produktionsstätten, in denen Künstler nach althergebrachten Methoden bis heute das Delfter Blau herstellen. Je nach Laune möchten sie dabei ungestört sein, oder sie geben sich auskunftsfreudig. Ein Erlebnis nicht nur für Nostalgiker.

De Porceleyne Fles. Tgl. 9–17 Uhr, Nov./Dez. So 12–17 Uhr, Rotterdamseweg 196, Tel. 015/25 12 03, www.royaldelft.nl

Nicht verpassen

AUF DEM WASSER
Delft ist wie gemacht für eine Tour auf dem Wasser – und die Möglichkeiten sind vielfältig. Neben der klassischen Rundfahrt bietet sich für kleine Gruppen eine schöne Alternative an: die Flüsterboote von Canal Hopper, die stundenweise mit Skipper vermietet werden. Bis zu acht Personen können sich darin gemächlich über die Kanäle durch die Stadt navigieren lassen. Um den Ausflug noch ein wenig exklusiver zu machen, wird auch Catering an Bord angeboten. Die Flasche Wein etwa kostet zehn Euro. Wer fachkundige Informationen wünscht, bestellt für 25 Euro einen »gids«, der über alles Bescheid weiß.

Canal Hopper Delft. Reservierung online. Hooikade 13 (Bacinol 2), www.canalhopperdelft.nl; die klassische »Rondvaart«. April–Okt. 11–17 Uhr zur vollen Stunde, Rederij Brands, Koornmarkt 113, Tel. 015/212 63 85, rondvaartdelft.nl

wie sie scheinen, sind die Bauwerke allerdings nicht: Aus der ersten Blüteperiode der Stadt, die vom 13. bis 15. Jahrhundert andauerte, sind nur wenige erhalten: 1536 schlug zunächst der Blitz in den Turm der Neuen Kirche ein, was einen Großbrand zur Folge hatte. 1637 dann explodierten in einem Magazin 40 Tonnen Schwarzpulver. Bis heute gilt dies als eine der verheerendsten Katastrophen in der Geschichte der Niederlande – weite Teile Delfts wurden verwüstet.

Nachdem die gesamten Niederlande schwer unter dem 80-jährigen Krieg (1568–1648) gelitten hatten, war zum Zeitpunkt der Explosion bereits das sogenannte Goldene Jahrhundert angebrochen. Beflügelt durch den Asienhandel der Niederländischen Ostindien-Kompanie begannen Delfter Geschäftsleute in Umkehrung heutiger Gepflogenheiten damit, einen Importschlager aus China zunächst nachzuahmen und später weiterzuentwickeln: das Porzellan. Damit war die Grundlage für das Delfter Blau gelegt – und als die künstlerisch begabten Handwerker Erfolg damit hatten, Nutzgegenstände und Kacheln mit Windmühlen, Klompen und anderen Motiven aus der Heimat zu verzieren, war eine niederländische Ikone geboren.

Gezelligheid unter Platanen

1842 wurde die Technische Universität gegründet, die zu einer der bedeutendsten des Landes, ja ganz Europas aufsteigen sollte. Die Präsenz der Hochschule wirkt sich bis in die Gegenwart positiv auf das Stadtbild aus: Cafés und Kneipen sind zahlreich und meist von Studenten bevölkert. Am schönsten ist es an einem lauen Abend auf den Booten am Koornmarkt, die in den Sommermonaten zu schwimmenden Biergärten umfunktioniert werden. »Gezellig« sagen die Niederländer in die-

Spaziergang durch Delft

Das Zentrum von Delft ist kompakt und voller Sehenswürdigkeiten. Ideale Voraussetzungen für einen Stadtspaziergang.

A Bahnhofsvorplatz – Start des Rundgangs. Nach mehr als 150 Jahren auf einem hochgelegten Bahndamm halten die Züge seit 2015 unterirdisch – eine erhebliche Geräuschreduzierung.

B Oude Delft – Drei große Grachten verlaufen in Nord-Süd-Richtung. Oude Delft bietet bei der Annäherung von Süden den besten Blick auf die Oude Kerk.

C Oude Kerk – Das altehrwürdige Bauwerk steht an einem ansehnlichen Platz, dem Geestkerkhof. »Oude Jan« hinterlässt dort auch kulinarische Spuren – das Restaurant »Vieux Jean« gilt als bestes (und teuerstes) der Stadt.

D Rietveld – Durch die Choorstraat zum Rietveld – ein Traum von einer Gracht.

E Schie – Der Fluss macht einen Schlenker um die Innenstadt, um später in Rotterdams ältestes erhaltenes Viertel zu münden: Delfshaven.

F Beestenmarkt – Delfts größter Biergarten: Elf Lokale flankieren den einstigen Tiermarkt. Zuweilen sorgen Musikfestivals für Stimmung.

G Nieuwe Kerk – Der Kirchturm ist mit 109 Metern der zweithöchste der Niederlande. Der Aufstieg ist anstrengend, wird aber mit einem schönen Ausblick belohnt.

H Vermeer Centrum – In der St.-Lucas-Gilde ist das Dokumentationszentrum über den berühmtesten Delfter aller Zeiten untergebracht.

I Stadhuis – Das Rathaus. Der heutige Renaissancebau stammt aus dem Jahr 1629.

J Koornmarkt – Kleine Brücken und diverse Baudenkmäler säumen die Gracht.

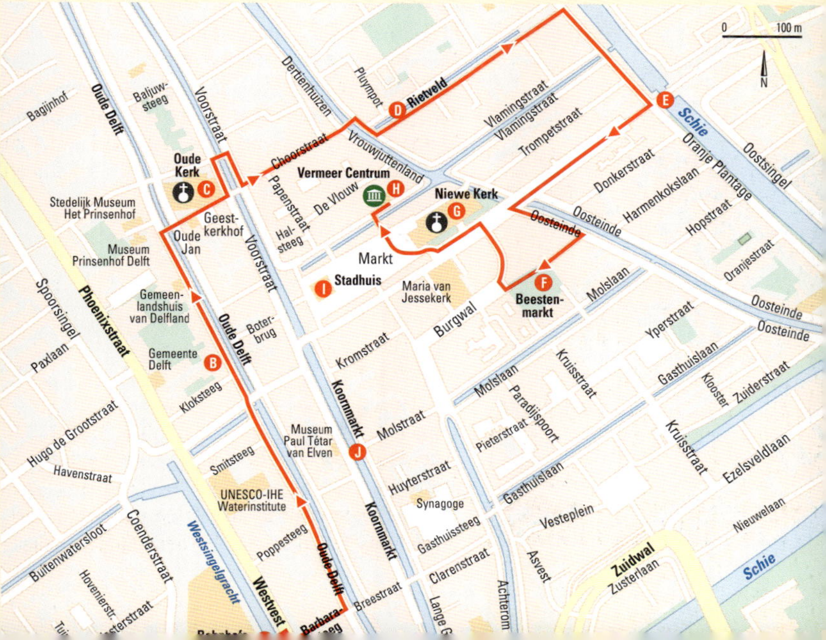

Oben: Noch ein Venedig des Nordens? Ein Rundgang durch Delft lädt zu Vergleichen ein.
Mitte: Gerade Linien sucht man in der verwinkelten Stadt vergebens.
Unten: Die Fenster der Oude Kerk erzählen Geschichten aus vergangenen Zeiten.

sen Augenblicken, wenn sie an schönen Orten gemütlich beisammensitzen. Auch der Beestenmarkt fällt ohne Einschränkung in diese Kategorie, er wird von elf Kneipen und Restaurants gesäumt! Die längste Zeit mögen die calvinistisch geprägten Niederländer auf Sparsamkeit bedacht gewesen sein. Mittlerweile sind viele zum Hedonismus übergelaufen.

Eine Tugend aber lässt sich Delft ganz gewiss nicht absprechen: seine Beschaulichkeit. Obwohl 2014 in der Stadt mehr als 100 000 Einwohner gezählt wurden und sie seitdem als die kleinste Großstadt der Niederlande gilt. Ihr Werdegang ist am besten an einem heute recht unauffälligen Ort veranschaulicht: bei den Parkbänken der Hertog Govertkade, wo es sich die Leute gern bequem machen. Nicht alle jedoch wissen, dass Jan Vermeer exakt hier gestanden hat, als er sein *Gezicht op Delft* gemalt hat. Wie genau er seine Heimatstadt auf Leinwand gebannt hat, erläutern die Tafeln im Vermeer Centrum. Die beiden Stadttore, die auf dem Gemälde zu sehen sind, mögen längst dem Erdboden gleichgemacht sein. Geblieben ist das Licht, das Vermeer zu seinen Großtaten inspiriert hat.

GUT ZU WISSEN

VERMEER AUF DER SPUR

Einen Vermeer werden Besucher in Delft vergeblich suchen. Die nur 37 erhaltenen Bilder des Meisters sind in alle Welt verstreut. So dient das Vermeer Centrum allein der Dokumentation: Wie hat der Maler gelebt? Welcher Mittel hat er sich bedient, um wie keiner zuvor das Licht auf Leinwand zu bannen? Dies ist nicht spektakulär, aber aufschlussreich. Das Dokumentationszentrum ist im Bau der St.-Lucas-Gilde untergebracht, wo Vermeer der Malerzunft vorstand.

Infos und Adressen

SEHENSWÜRDIGKEITEN

Nieuwe Kerk. April–Okt. Mo–Sa 9–18 Uhr, Feb.–März 10–17 Uhr, sonst 11–16 Uhr, Markt 80, www.oudeennieuwekerkdelft.nl

Oude Kerk. Tickets sind in beiden Kirchen erhältlich und gelten für beide Häuser, die Öffnungszeiten sind identisch, Heilige Geestkerkhof 24

Science Centre Delft. Schaukasten der TU mit Beispielen für aktuelle Forschungsprojekte. Di–Fr 10–17 Uhr, Sa/So ab 11 Uhr, Mijnbouwstraat 120, Tel. 015/27 85 200, www.sciencecentre.tudelft.nl

Vermeer Centrum. Tgl. 10–17 Uhr, Voldersgracht 21, Tel. 015/213 05 88, www.vermeerdelft.nl

ESSEN UND TRINKEN

Kobus Kuch. Café mit Wohnzimmeratmosphäre, in dem jährlich mehr als 60 000 Stücke allergieverträglichen Apfelkuchens verkauft werden. Im Sommer lockt die Terrasse auf dem Beestenmarkt. Tgl. 9.30–1 Uhr, Fr/Sa bis 2 Uhr, Beestenmarkt 1, Tel. 015/212 42 80, www.kobuskuch.nl

Les Copains. Die erste Adresse für Fisch und Meeresfrüchte, gediegenes Ambiente. Mi–So 18–22 Uhr, Breestraat 8, Tel. 015/214 40 83, www.lescopains.nl

ÜBERNACHTEN

Hotel Vermeer. Zentral gelegenes Traditionshaus mit familiärer Atmosphäre. Molslaan 18–22, Tel. 015/212 64 66, www.hotelvermeer.nl

Soul Inn Bed & Breakfast. Aparte Unterkunft mit 70er-Jahreflair etwas außerhalb des Zentrums. Willemstraat 55, Tel. 015/212 02 78, www.soul-inn.nl

EINKAUFEN

Markt. Großer Markt mit 150 Ständen. Do 9–17 Uhr, Marktplein; Kleiner Markt mit 45 Ständen, Sa 9–17 Uhr, Brabantse Turfmarkt

INFORMATION

Touristeninformation Delft. April–Okt. So/Mo 10–16 Uhr, Di–Sa 10–17 Uhr; Nov.–März Mo 12–16 Uhr, Di–Sa 10–16 Uhr, So 11–15 Uhr, Kerkstraat 3, Tel. 015/215 40 51, www.delft.nl/Touristen

Kein echtes Gemälde, aber ein authentisches Gebäude: das Vermeer Centrum

Mitte: Hinter den Dünen eine andere Welt: Der Strand von Monster ist herrlich unaufgeregt.
Unten: Von der Nähe zur Stadt ist bei einem kühlen Drink im Pavillon nichts zu merken.

17 Monster

Unauffälliges Dorf mit auffälligem Namen

Das Städtchen im Westland ist heute ein unscheinbarer Wohnort, der eher zufällig am Strand zu liegen scheint. Durch seine sichere Distanz zu Rotterdam und Den Haag ist der wunderbar breite Sandstrand nicht so überlaufen, wie andernorts. Nachdem das Terrain eines rummeligen Campingplatzes mit trinkfreudiger Klientel der Natur zurückgegeben wurde, finden fast nur noch Niederländer den Weg hierher.

Das Ortschild mag für Heiterkeit sorgen und als beliebtes Fotomotiv dienen. Doch der Name Monster ist leicht erklärbar: Das Wort ist aus dem lateinischen »Monasterium« hervorgegangen – einst befand sich hier unweit der Küste ein Wallfahrtsort. Heute gehört der Ort mit seinen 17000 Einwohnern zur Gemeinde Westland, die sich zwischen Maassluis, Den Haag und der Küste ausbreitet. Die gesamte Region ist eine Art künstliche Kornkammer, denn auf jedem freien Quadratmeter scheint ein Gewächshaus zu stehen – Inbegriff für niederländischen Erfindungsreichtum und Geschäftssinn.

Die Bebauung macht erst kurz vor Beginn der Dünenlandschaften Halt. Noch zwischen Ort und Deich befinden sich letzte Zuchtanstalten für diverse Gemüsesorten. Bald aber erfolgt der Aufstieg auf die Erhebungen, die hier nicht mehr als haushoch sind. Dahinter: eine launische Brandung, salzige Luft, makelloser Sandstrand – und Ruhe vor der Zivilisation. Fast zumindest, denn obwohl sich am Horizont die Hafeneinfahrt von Hoek van Holland und manchmal auch der Pier von Scheveningen abzeichnen, befinden sich beide in sicherer Entfernung.

Wellenreiten und Dünenwandern

So ganz der Natur überlassen die Niederländer ihre Badelandschaft aber nicht, schließlich wurde die Kultur der Strandpavillons in der jüngeren Vergangenheit nicht umsonst immer weiter vorangetrieben. Neuerdings dürfen diese ihr Dasein auf hölzernen Stelzen sogar in der kalten Jahreszeit fristen. Bei »The Coast« zeigt man, wie das heutzutage geht: mit luftiger Architektur, loungigem Ambiente, jährlich wechselnder Speisekarte und dem kleinen Einmaleins der Gegenwartsgastronomie: lokal, fair, bio und frisch.

Wer sich als Sportler beweisen möchte, geht golfsurfen. Dies freilich ist keine Betätigung, die in Monster erfunden wurde. Vielmehr handelt es sich um das niederländische Wort für Wellenreiten. Bei Westbeach können sich Anfänger mit Neoprenanzug und Board ausstatten lassen – und los geht das Experiment. Mit Lehrer, auf Wunsch aber auch ohne. Herrlich verträumt ist dagegen eine andere Beschäftigung: Wandern durch die Dünen. Von Scheveningen bis nach Hoek van Holland sind diese vollständig intakt, als natürlicher Schutzwall vor der mitunter ruppigen Nordsee, aber auch als Naturschutzgebiet, in dem sich Bibernellrose und Sanddorn wohlfühlen.

De Vier Winden

So unaufgeregt Monster sein und so sehr man ausschließlich den Strand aufsuchen mag, eine Sehenswürdigkeit wartet dann doch in dem Ort: die makellos erhaltende Windmühle De Vier Winden. Das Bauwerk stammt aus dem Jahr 1882, besitzt drei Mahlsteine und ist gelegentlich in Betrieb. Ein schönes, aber in den Niederlanden letztlich unauffälliges Wahrzeichen für einen Ort, der am liebsten gar nicht wahrgenommen werden möchte.

Infos und Adressen

SEHENSWÜRDIGKEITEN

Korenmolen De Vier Winden. Mit Verkauf verschiedener Mehle. Geöffnet, wenn die Mühle in Betrieb ist, Haagweg 2, www.devierwindenmonster.nl

ESSEN UND TRINKEN

The Coast. Mo–Fr ab 11 Uhr, Sa ab 10 Uhr, So ab 9.30 Uhr, Küche bis 19.30 Uhr, Molenslag Nordseite, Tel. 0174/28 03 31, www.thecoast.nl

ÜBERNACHTEN

Hotel Elzenduin. Das einzige Hotel von Monster liegt im Ortsteil Ter Heijde am Strand und gehört nun zur Kette Fletcher. Strandweg 18, Heijde, Tel. 0174/21 42 00, www.hotelelzenduin.nl

AKTIVITÄTEN

Surfschool Westbeach. Wellenreiten und Surfen. In der Saison tgl. 10–21 Uhr, Strand (Molenslag 12), Tel. 06/15 48 95 18, www.westbeach.nl

INFORMATION

VVV Westland. Mo 13–17.30 Uhr, Di–Do 9–17.30 Uhr, Fr 9–21 Uhr, Sa 9.30–17 Uhr, Wilhelminaplein 11–12, Naaldwijk, www.vvvwestland.nl

Jedem Dorf seine Windmühle – das gilt auch für Monster.

Mitte: Einklang von Vergangenheit und Gegenwart: Hofvijver, Mauritshuis und Hochhäuser
Unten: Vermeers »Mädchen mit dem Perlenohrring« muss jeder einmal gesehen haben.

18 Den Haag

Chronisch unterschätzte Minimetropole

Während Rotterdam die harte Arbeiterstadt zu mimen pflegt und Amsterdam sich selbstverliebt im eigenen Glanz sonnt, wurde dem Regierungssitz lange Zeit nachgesagt, ein wenig langweilig und behäbig zu sein. Doch Den Haag ist lange nicht mehr nur eine Stadt für Beamte und Diplomaten. Durch ihre vielen Grünflächen und die Lage direkt am Meer hat sie sich zu einem begehrten Wohnsitz mit viel Kultur gemausert.

Der Hofvijver im Zentrum von Den Haag verkörpert so etwas wie das idealtypische Holland: Im Süden wird das Gewässer von den Mauern des Binnenhofs begrenzt, einer Schlossanlage mit Ursprüngen im 13. Jahrhundert. In dem verwinkelten Komplex mit seinen vielen Türmchen, Erkern und Portalen residiert schon seit Jahrhunderten das holländische beziehungsweise niederländische Parlament. Allerdings sind es nicht nur die malerische Umgebung, die Tradition und die Kontinuität, die zu diesem Idealbild der Niederlande beitragen: Bis heute nämlich kommen viele Politiker mit dem Fahrrad zur Arbeit. Ohne Bodyguards und erst recht ohne Limousine. »Gewoon doen« heißt dieser Habitus bei unseren Nachbarn – »normal sein«.

Der Binnenhof ist nicht das einzige bedeutende Gebäude am Hofvijver: Direkt daneben befindet sich mit dem Mauritshuis eines der weltweit wichtigsten Museen für die Kunst des Goldenen Jahrhunderts. Unumstrittener Superstar der Königlichen Gemäldegalerie ist *Das Mädchen mit dem Perlenohrring* von Jan Vermeer (1632–1675), dicht gefolgt vom *Distelfink* Carel Fabritius' (1622–1654), der jüngst im gleichnamigen Roman der amerikanischen Schriftstellerin Donna Tartt zu neuem Ruhm gekommen ist.

Vergangenheit und Gegenwart dicht beieinander

Den vielleicht schönsten Blick auf das Ensemble bietet die Nordwestecke des Weihers. Von hier aus aber sieht der Betrachter auch, wie hinter der mittelalterlichen Beschaulichkeit die Skyline des modernen Den Haag emporragt. Über Jahrhunderte hinweg ist die Stadt rund um den Hofvijver in alle Richtungen gewachsen. Dabei ist der Norden besonders gediegen geraten. In den repräsentativen Herrenhäusern und Stadtpalästen aus dem 18. und 19. Jahrhundert sind Botschaften, Museen und ein elegantes Hotel untergebracht. Der L-förmige Lange Voorhout ist dazu mit stattlichen Linden bewachsen und gilt als Vorbild für den Berliner Prachtboulevard Unter den Linden.

Dort, wo das »Hotel des Indes« einen Hauch von kolonialzeitlicher Dekadenz verbreitet, nimmt mit dem Denneweg die vielleicht gemütlichste Straße Den Haags ihren Lauf. Hier wechseln sich eigentümergeführte Boutiquen, gute Restaurants (»Dekxels«) und »Bruin Cafés« ab, die volkstümliche Kneipenvariante, auf deren Tischen auch heute noch so mancher Perserteppich ruht. Etwas eleganter gibt sich in wenigen 100 Metern Entfernung das Noordeinde. Die Straße war einst Bestandteil einer der alten Verbindungsstraße von Delft nach Scheveningen (eine Strecke, die heute in Form einer Straßenbahnlinie ein zweites Leben führt), ehe sie vor gut 100 Jahren zu einer vornehmen Geschäftsstraße mit vielen Art-Nouveau-Gebäuden wurde.

Einfach gut!

EIN GRANDHOTEL ALTEN STILS

Über die vornehmen Markisen, das feierliche Portal und das livrierte Personal bis hin zum plüschigen Interieur, Marmor-Orgien und ausladenden Kandelabern besitzt das »Hotel des Indes« alles, was an die großen Zeiten des elitären Reisens erinnert. Seit 1881 nächtigten in dem Palais aus dem Jahr 1858 unter anderem der Komponist Igor Strawinski, die Spionin Mata Hari, Winston Churchill, Theodore Roosevelt oder François Mitterand. Schon 1900 konnte das Hotel allen Gästen ein individuell nutzbares Telefon anbieten. Gleichwohl wurde an der Zukunftsfähigkeit des Hauses gezweifelt, denn 2004 nahm man die letzte umfassende Renovierung zum Anlass, dem bis dato dreigeschossigen Haus ein viertes Stockwerk aufzusetzen. Mittlerweile zählt das Hotel zur Starwood-Gruppe.

Hotel des Indes. Lange Voorhout 54–56, Tel. 070/361 23 45, www.hoteldesindes.nl

Escher ist ein Meister der optischen Täuschung.

Nicht verpassen

AUS FISCH WIRD GANS

Fast jeder kennt die genialischen Grafiken, auf denen sich die dargestellten Objekte bei längerem Hinsehen in andere verwandeln. Nur Experten allerdings kennen den Namen des Künstlers, der dahintersteckt: M. C. Escher (1898–1972). In einem Stadtpalais am Lange Voorhout werden in der Dauerausstellung 150 Arbeiten des Ingenieurssohns nicht nur gezeigt, sondern in einen biografischen und gesellschaftlichen Zusammenhang gestellt. Dabei erfährt der Besucher ganz nebenbei, dass das Betätigungsfeld des Künstlers weit über seine bekanntesten Werke hinausgeht. Auch wenn das nicht so wäre, wäre allein das Palais einen Besuch wert – es handelt es sich um den ehemaligen Winterpalast der Königinnenmutter Emma von Waldeck-Pyrmont.

Escher in Het Paleis. Di–So 11–17 Uhr, Lange Voorhout 74, Tel. 070/427 77 30, www.escherinhetpaleis.nl

Noblesse am Noordeinde

Die Noblesse freilich steht in direktem Zusammenhang mit der Nähe zum Paleis Noordeinde, der Arbeitsresidenz der Königsfamilie. Sollte seine Majestät König Willem-Alexander gerade vor Ort sein, wird dies in Gestalt wehender Fahnen mitgeteilt. Bemerkenswert ist auch hier, dass der Palast zwar eingezäunt ist, gleichzeitig aber ein organischer Bestandteil der Stadt zu sein scheint. Orchestriert wird dies von der einfachen Tatsache, dass der im englischen Stil gehaltene, großzügige Palastgarten öffentlich zugänglich ist und von der Bevölkerung dankbar als Refugium angenommen wird.

Das meistfotografierte Gebäude allerdings ist nicht die königliche Residenz, sondern der Friedenspalast. Der Neorenaissancebau mit seinem 80 Meter hohen Belfried beherbergt den Internationalen Gerichtshof – die einzige hochrangige UN-Organisation, die nicht in New York ansässig ist. Im Besucherzentrum, das zu guten Teilen vom amerikanischen Industriellen Andrew Carnegie finanziert wurde, befindet sich eine Dauerausstellung, die den Werten der Friedensbewegung gewidmet ist.

Spaziergang durch Den Haag

A Hofvijver – Nach einem Blick in den Innenhof des niederländischen Parlamentsgebäudes steht eine Umrundung des Hofvijvers (Hofweihers) an.

B Lange Voorhout – Unter Linden hindurch führt der Weg vorbei an Patrizierhäusern und Stadtpalais zum »Hotel des Indes«.

C Denneweg – Den Haags vielleicht schönste Straße lohnt es sich über die Hooistraat gleich wieder nach rechts zu verlassen, denn die Hooigracht und Prinsengracht wecken an dieser Stelle dank kleiner Brücken und viel Wasser Erinnerungen an Amsterdam.

D Spekstraat – Durch die Spekstraat zurück zum Denneweg, wo holländische Gemütlichkeit und hochwertiger Einzelhandel zusammentreffen.

E Panorama Mesdag – Vorbei an der Mauritskade mit ihren strahlend weißen Villen zur Zeestraat, wo man nach wenigen Schritten auf eines der bemerkenswerten Artefakte des Landes strifft: Mit einer Leinwandfläche von 120 mal 14 Meter ist das 360-Grad-Gemälde des Künstlers Hendrik Willem Mesdag aus dem Jahre 1881 das größte der Niederlande. Gezeigt wird Scheveningen, als es noch ein Fischerdorf war.

F Vredespalais – Über Zeestraat und Scheveningsweg zum Vredespalais, dem im Stil der Neorenaissance gehaltenen Domizil des Internationalen Gerichtshofs.

G Anna Paulownaplein – Durch die Anna Paulownastraat zum Plein. Einige Cafés und Restaurants sorgen für »gezelligheid«.

H Noordeinde – Links über den Hogewal bis zum Noordeinde. Die Serie der Art-Nouveau-Bauten wird jäh vom Paleis Noordeinde unterbrochen, hier hat König Willem-Alexander sein Arbeitszimmer.

I Haagse Passage – Die Einkaufsgalerie aus dem Jahr 1885 gehört zu den 100 wichtigsten Monumenten des Landes.

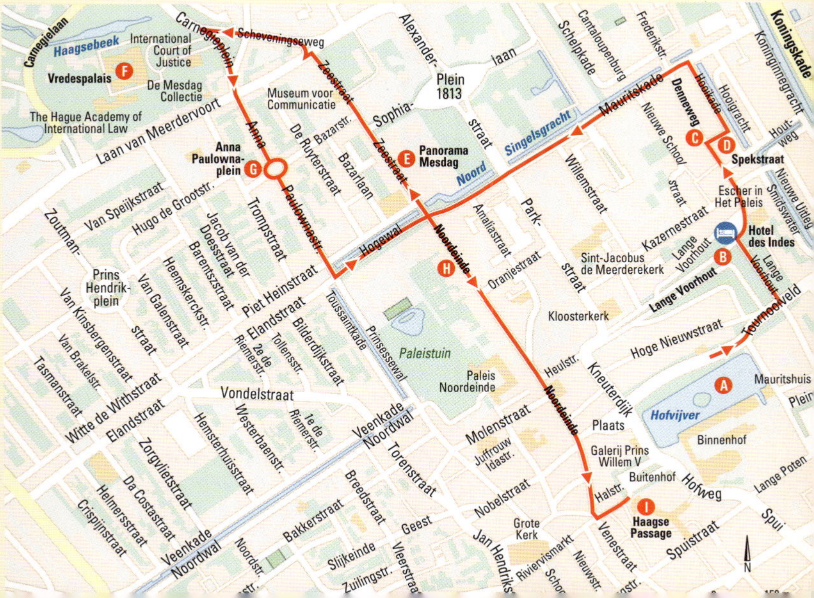

DER GRÖSSTE MARKT DER NIEDERLANDE

Kouseband ist eine Spezialität, auf die viele Menschen surinamischen Ursprungs auch in den Niederlanden nicht verzichten möchten. Wann immer ihnen nach den Spargelbohnen zumute ist, können sie sich sicher sein, dass diese auf dem Haagse Markt erhältlich sind. Mit rund 540 Ständen und durchschnittlich 40 000 Besuchern ist es der größte und vielseitigste Markt der Niederlande – einige Stimmen behaupten sogar Europas. Von orientalischen Gewürzen über tropische Früchte bis hin zu fangfrischem Fisch ist alles zu haben. Neben Lebensmitteln werden – thematisch geordnet – auch Kleidung, Haushaltswaren und Einrichtungsgegenstände angeboten. Der multikulturelle Handelsplatz ist ein Erlebnis – auch ohne konkreten Einkaufswunsch!

Haagse Markt. Mo, Mi, Fr/Sa 9–17 Uhr, Herman Costerstraat, www.dehaagsmarkt.nl

Geheimtipp

Versteckte Wohnanlagen

Kaum sichtbar, aber als Fotomotiv genauso tauglich, sind die Hofjes. Mehr als 700 dieser versteckten Wohnanlagen wurden im ausgehenden Mittelalter in Den Haag angelegt, 1895 hatte rund ein Viertel der Bevölkerung das Privileg, in einem der urbanen Rückzugsorte zu leben. Bei Weitem nicht alle Anlagen waren damals dem ursprünglichen Gedanken verpflichtet, den Armen, Kranken und Hilfsbedürftigen ein Zuhause zu bieten. Heute sind noch 115 Hofjes (die Zählweisen variieren) auf dem Stadtgebiet erhalten. Die meisten von ihnen sind zugänglich, doch nur wenige weisen in Form eines Schildes auf ihre Reize hin. Wozu unnötig Leute anlocken? Zu den schönsten gehört das Hofje van Nieuwkoop – mit 62 Wohneinheiten das größte der Niederlande ist.

Die Stadt mit ihren heute 515 000 Einwohnern hat noch mehr Gesichter, als nur das mittelalterliche und das gediegen-vornehme. Dazu gehören die vielen Grünflächen, von denen zwei bis an die City heranreichen: das Malieveld mit dem Haagse Bosch und die Scheveningse Bosjes. Letztere werden im Westen mit dem Statenkwartier von einem der schönsten Wohngebiete mit vielen Art-Nouveau-Villen eingerahmt. Im Osten derweil wartet mit Madurodam ein Evergreen für Familien: In der Freiluftanlage stehen die wichtigsten Bauten der Niederlande im Kleinformat – vom Königspalast bis zum Rotterdamer Hafen. Je nach Geschmack lautet das Urteil »altmodisch« oder auch »zeitlos«, recht charmant ist Madurodam in jedem Fall.

Hagenaren und Hagenezen

Und dann wäre da noch ein Riss, der sich in Den Haag durch die gesamte Gesellschaft zieht. So nennt sich mit einigem Stolz der eine Teil der Einwohner »Hagenaren«, der anderen hingegen legt

Wert auf die Bezeichnung »Hagenezen«. Für beide Bevölkerungsgruppen, die eine bürgerlich, die andere eher proletarisch, diente der quer durch die Stadt verlaufende Laan van Meerdervoort lange Zeit als eine Art inoffizielle Demarkationslinie. Diese hat sich heute ein wenig verlagert. Doch es bleibt dabei, dass der Süden und Südosten kaum Anbindung an die anderen Stadtteile finden. Dabei hat eine zunehmende Verwandlung der einstigen Arbeiterviertel in multikulturelle Viertel stattgefunden. Im sogenannten Schilderswijk etwa leben heute bemerkenswerte 91 Prozent Menschen mit Migrationshintergrund.

Größte Attraktion jener Stadtteile, in die sich kaum ein Tourist verirrt, ist der Haagse Markt in der Herman Costerstraat (siehe Autorentipp). Ganz in der Nähe befindet sich ein Viertel, das in der Stadt kaum jemand erwartet: Chinatown. Säuberlich mit den charakteristischen Portalen markiert, die man auch aus anderen Städten kennt, wechseln sich asiatische Restaurants und Geschäfte ab. Vom Stadturlauber mit Entdeckungsdrang bis zum Sightseeing besitzt Den Haag also für jeden etwas. Und über die Badeorte Scheveningen und Kijkduin haben wir dabei noch gar nicht gesprochen.

GUT ZU WISSEN

SICHTBARE MONARCHIE

Die Niederlande mögen als fortschrittlich gelten, dies aber steht ihrer Treue zum Königshaus nicht im Wege. Sichtbar wird das am 27. April, wenn das Land den Geburtstag von Willem-Alexander feiert (Koningsdag). Wichtiger jedoch ist der Prinsjesdag: Zur Eröffnung des politischen Jahres hält der König am dritten Dienstag im September zunächst eine Thronrede zur Lage der Nation, anschließend fährt die königliche Familie in ihrer goldenen Kutsche durch Den Haag.

Oben: Im Vredespaleis befindet sich der Internationale Gerichtshof.
Mitte: Alles im Kleinformat: Die Miniaturstadt Madurodam ist nicht nur für Kinder ein Spaß.
Unten: Der königliche Arbeitspalast ist ein Stadtpalast. Der Garten steht Besuchern offen.

Infos und Adressen

Kneipen und Restaurants säumen den Denneweg, eine der schönsten Straßen Den Haags.

SEHENSWÜRDIGKEITEN

Chinatown. Zwischen Amsterdamse Veerkade und Wagenstraat bis zu Gedempte Gracht und Spui

Gemeentemuseum. Museum für moderne und zeitgenössische Kunst mit der weltweit größten Sammlung der Werke Piet Mondrians in einem kongenialen Bau von Hendrik Petrus Berlage. Di–So 11–17 Uhr, Stadhouderslaan 41, Tel. 070/338 11 11, www.gemeentemuseum.nl

Mauritshuis. Königliche Gemäldegalerie mit repräsentativer Sammlung niederländischer und flämischer Meister, untergebracht in einem Stadtpalais aus dem 17. Jahrhundert, das jüngst feinfühlig erweitert wurde. Tgl. 10–18 Uhr, Mo ab 13 Uhr, Do bis 20 Uhr, Plein 29, Tel. 070/302 34 56, www.mauritshuis.nl

Oude Stadhuis. Renaissancebau (1565) mit entzückend ausgefertigten Giebeln und einem achteckigen Turm, in dem seit 2011 wieder die Glocken ertönen, um den Arbeitstag ein- und auszuläuten. Zu feierlichen Anlässen wird der Bau weiterhin von der Stadt genutzt. Dagelijkse Groenmarkt 1

Panorama Mesdag. Das größte Gemälde der Niederlande verändert sich regelmäßig dank des changierenden Lichts. Zeestraat 65, Tel. 070/310 66 65, www.panorama-mesdag.nl

Plein. Zentraler Platz, welcher der Stadt in unmittelbarer Nachbarschaft zum Binnenhof eine Grandezza vom Schlage der Place du Vosges in Paris verleihen sollte. Die Besucher der vielen Cafés können den Blick auf das Unterhaus (Tweede Kamer) genießen.

Vredespaleis. Zusätzlich zum Besucherzentrum werden an ausgesuchten Wochenenden auch Führungen durch den Friedenspalast angeboten. Di–So 10–17 Uhr, Carnegieplein 2, Tel. 070/302 42 42, www.vredespaleis.nl

ESSEN UND TRINKEN

De Boterwaag. Gemütliche Kneipe in einem Bau aus dem 17. Jahrhundert. Tgl. 10–1 Uhr, Grote Markt 8A, Tel. 070/365 96 86, www.gmdh.nl/boterwaag

Dekxels. Fusionküche, die asiatische und mediterrane Einflüsse zu spannenden Kompositionen formt. Die Portionen kommen in Tapas-Größe. Tgl. ab 17.30 Uhr, Denneweg 130, Tel. 070/365 97 88, www.dekxels.nl

It Rains Fishes. Chic designtes Fischrestaurant mit Gerichten nach französischer Schule und verhaltener Experimentierbereitschaft. Mo–Sa ab 18 Uhr, Noordeinde 123, Tel. 070/365 25 98, www.itrainsfishes.nl

The Raffles. Den Haag gilt als Hochburg indonesischer Kochkunst. »The Raffles« zelebriert dies seit einem Vierteljahrhundert auf höchstem Niveau – und mit exklusiver Weinbegleitung. Di–Sa 17.30–22 Uhr, Javastraat 63, Tel. 070/345 85 87, www.restaurantraffles.nl

Wox. Moderne asiatisch-europäische Fusionsküche mit leichtem regionalen Einschlag und verlässlich exzellenter Weinkarte. Beliebt bei BNers (bekannte Niederländer) und Politikern.

Di–Sa 12–15 und 18–22 Uhr (Sa nur Dinner), Lange Voorhout 51, Tel. 070/365 37 54, www.wox.nl

ÜBERNACHTEN

Carlton Ambassador. Boutique-Hotel im Zeeledenkwartier mit verspieltem Interieur, das zwischen Neobarock und Anspielungen auf niederländische Design-Ikonen changiert. Sophialaan 2, Tel. 070/363 03 63, www.carlton.nl

Hotel Court Garden. Modern, schlicht und nach ökologischen Maßstäben betrieben. Gegen kleinen Aufpreis mit sonntäglichem »late check-out«. Laan van Meerdervoort 96, Tel. 070/311 40 01, www.hotelcourtgarden.nl

Parkhotel Den Haag. Stadthotel mit elegantem Foyer und zweckmäßigen Zimmern. Aus einigen blickt man auf das Paleis Noordeinde. Molenstraat 25, Tel. 070/362 43 71, www.parkhoteldenhaag.nl

AUSGEHEN

Paard Van Troje. Renommierte Popbühne, Club und Café in einem. Prinsegracht 12, Tel. 070/750 34 34, www.paard.nl

The Penthouse & Sky Bar. Im 42. Stockwerk des 132 Meter hohen Haagse Toren befindet sich das höchste Restaurant der Niederlande mit angeschlossener Bar. Der Wolkenkratzer ist nach dem Flat Iron Building in New York modelliert. Tgl. 12–23 Uhr, Rijswijkse Plein 786, Tel. 070/305 10 00, www.thepenthouse.nl

EINKAUFEN

De Bijenkorf. Imposante Niederlassung der führenden Kaufhauskette. Das Backsteingebäude weist Stilelemente von Art Nouveau und Amsterdamer Schule auf. Mo–Sa 10–19 Uhr, Do bis 21 Uhr, So 12–18 Uhr, Wagenstraat 32, www.bijenkorf.nl

De Passage. Denkmalgeschützte Einkaufsgalerie (1885). Mo 12–18 Uhr, Di–Sa 10–18 Uhr (Do bis 21 Uhr), So 12–17 Uhr, zwischen Gravenstraat und Grote Marktstraat, www.depassage.nl

Spuistraat. Gemeinsam mit Vlamingstraat und Venestraat bildet die Spuistraat die Fußgängerzone, deren städtebauliches Highlight der Haagsche Bluf ist, ein kleines Einkaufszentrum mit dem ein oder anderen architektonischen Kunstgriff und Geschäften von Aveda bis Mango. www.haagschebluf.com

VERANSTALTUNGEN

Crossing Border. Kulturfestival für Literatur und Popmusik. Mitte November, www.crossingborderfestival.nl

Den Haag Sculptuur. Jährlich wechselnde Skulpturenausstellung – hochwertig, innovativ und amüsant. Juli/August, Lange Voorhout 15, Tel. 070/346 94 86, www.beeldenaanzee.nl

Parkpop. Mit jährlich 200 000 Besuchern eines der größten kostenlosen Popfestivals Europas. Ende Juni, www.parkpop.nl

AKTIVITÄTEN

Hoftrammm. Straßenbahn mit Oldtimer-Charakter, die zum fahrenden Restaurant umgebaut wurde. Die Tour dauert 135 Minuten. Abfahrt: Grote Kerk, www.hoftrammm.nl

INFORMATION

VVV Den Haag. Mo 12–20 Uhr, Di–Fr 10–20 Uhr, Sa/So 10–17 Uhr, Spui 68, Tel. 070/361 88 60, www.denhaag.com

Den Haag verfügt über zwei Seebäder – und über einen stattlichen Stadtwald.

Mitte: Zukunft ungewiss: Am berühmten Pier nagt immer wieder der Zahn der Zeit.
Unten: Skulpturen mit maritimen Anklängen dominieren den frisch umgebauten Boulevard.

19 Scheveningen
Ein Seebad in stetigem Wandel

Der Name des Seebads ist klangvoll, aber für deutsche Zungen nur schwer auszusprechen. Dabei gehen die Meinungen über Scheveningen auseinander: Wegen seiner fragwürdigen Bebauung war der Stadtteil von Den Haag bei Urlaubern lange Zeit etwas aus der Mode geraten. Weil der Ort ungeahnt vielseitige Möglichkeiten bietet, feiert er ein Comeback – und ist ideal für ein Wochenende am Meer.

Nach seiner Eröffnung 1961 stand der Pier von Scheveningen für den unerschütterlichen Glanz des bekanntesten Seebades des Landes. Solch eine kühne Konstruktion, die es mit der unberechenbaren Nordsee aufnehmen konnte, gab es nur hier. Bis zur Jahrtausendwende aber ließ die Faszination immer weiter nach. Erst sollte ein Spielcasino für neue Gäste sorgen, später gaben ein Feuer und fortschreitender Verfall dem einst so kapriziösen Bauwerk den Rest. 2013 folgte der Konkurs, ein Flügel des Piers sackte gar ab.

Aufbruchstimmung

Seit Mitte 2015 nun ist er wieder geöffnet. Burger und Wein, Food Trucks und Craft-Beer sollen ein junges Publikum anziehen. Ob das Experiment Erfolg hat, wird die Zeit zeigen. Gleichwohl herrscht in Scheveningen wieder eine gewisse Aufbruchstimmung: Mit großem Aufwand wurde der Boulevard neu gestaltet und bietet zugleich einen besseren Schutz vor schweren Fluten. Er verläuft nun in Anlehnung an die historische Küstenform wellenförmig und ist mit Skulpturen verziert.

Das altehrwürdige Kurhaus von Scheveningen

Ein Monument im Wandel

Auch das legendäre Kurhaus hat unlängst eine Metamorphose durchgemacht. Nachdem das Hotel lange Zeit unter der Führung der deutschen Luxuskette Steigenberger gestanden hat, versucht sich seit 2015 der niederländische Konkurrent Amrâth daran, es wieder an seine ursprüngliche Bestimmung heranzuführen – also der gesellschaftliche Dreh- und Angelpunkt zu sein.

Knapp drei Kilometer weiter in Richtung Südwesten lebt ein altertümliches Stück Holland. Auf der Kaimauer der Hafeneinfahrt harren bei Wind und Wetter Angler aus. Im Hafen werden immer noch die Fänge der heimischen Fischereiflotte sortiert und verarbeitet – oder direkt an den Mann gebracht. Einheimische und Touristen finden gleichermaßen den Weg in die vielen Restaurants, die modernen Ansprüchen gerecht werden (»Harbour Club«), aber auch den Wunsch nach Traditionellem befriedigen (»Havenrestaurant Weduwe van der Toorn«). Außerdem wären da noch die vielen Strandpavillons, die auch in Scheveningen den Sprung in die Gegenwart geschafft haben. Willkommen in der Welt der Bio-Bitterballen!

Geheimtipp

SKULPTUREN IN DEN DÜNEN

Hoch oben auf einer Düne steht mitten in Scheveningen eines der überraschendsten Museen des Landes: Beelden aan Zee. Der niederländische Architekt Wim Quist hat das Haus 1994 aus sandfarbenen Materialien (Beton, Granit, Buchenholz) errichtet, wobei sich von außen nicht erschließt, dass sich in den Gemäuern ein Pavillon befindet. Diesen hat König Willem I. 1826 errichten lassen, um seiner kränkelnden Gemahlin Wilhelmina zu neuen Kräften zu verhelfen. Das beeindruckende Museum ist auf Skulpturen spezialisiert, die aus der Zeit nach dem Zweiten Weltkrieg stammen. Zur Sammlung zählen Werke von Granden wie William Turnbull, aber auch die subversiven Arbeiten des Ateliers Van Lieshout aus Rotterdam.

Museum Beelden aan Zee. Di–So 10–17 Uhr, Harteveldstraat 1, Tel. 070/358 58 57, www.beeldenaanzee.nl

Oben: Hollands Vorzeigestrand: In Scheveningen geht es auch ums Gesehenwerden.
Mitte: Auf dem Boulevard gehört das Flanieren zum guten Ton.
Unten: Die Strandpavillons verbreiten tropisches Flair – wenn das Wetter mitmacht.

Körperliche Reize im Fokus

Natürlich wird in Scheveningen auch dem klassischen Sonnenbad gefrönt. Bei blendendem Wetter ist der 2010 um 50 Meter verbreiterte Strand zwischen Pier und Hafeneinfahrt so voll wie an der Adria. Wer es ruhiger mag, steuert lieber die Strände vor den Dünengebieten an, die sich jenseits des Boulevards bis nach Katwijk im Nordosten und nach Kijkduin im Südwesten erstrecken. Letztgenannter Ort übrigens ist das zweite Strandbad, das zum Stadtgebiet von Den Haag gehört. Unter dem Strich also ist es die Vielseitigkeit, die Scheveningen aus heutiger Sicht attraktiv macht – wobei die Straßenbahnverbindung ins Zentrum von Den Haag noch gar keine Erwähnung gefunden hat.

GUT ZU WISSEN

MAHLZEIT MIT TÜCKEN

In der jüngeren Vergangenheit hat in Scheveningen eine besonders perfide Form des Diebstahls zugenommen: der Mundraub. Dabei allerdings sind es keineswegs Menschen, die es auf die Nahrung ihrer Artgenossen abgesehen haben. Vielmehr werden immer mehr Seemöwen dabei ertappt, wie sie Urlaubern auf dreiste Weise den soeben gekauften Fisch zu rauben versuchen. Wer seinen »Hollandse Nieuwe« also selber verspeisen möchte, sollte auf der Hut sein.

Infos und Adressen

SEHENSWÜRDIGKEITEN

Pier. Tgl. 10–22 Uhr, Tel. 06/10 38 68 59, www.pierscheveningen.com

Sprookjesbeelden Aan Zee. Auf dem Boulevard stehen in der Nähe des Museums Beelden Aan Zee 23 Märchenfiguren verschiedener Größe, die der amerikanische Bildhauer Tom Otterness geschaffen hat. Besonders schön ist eine nationale Ikone: der riesige »Heringesser«.
www.sprookjesbeeldenaanzee.nl

ESSEN UND TRINKEN

Buena Vista Beach Club. Nachhaltigster Strandpavillon der Niederlande. Die Sonnenpanelen tun der Gemütlichkeit keinen Abbruch.
Mo–Do 9–1 Uhr, Fr/Sa 9–2 Uhr, So 8–1 Uhr, Strandweg 18, Tel. 070/350 08 13, www.buenavistabeachclub.nl

Catch by Simonis. Von Sushi über Austern bis zu frischen (Nordsee-)Fisch wird in diesem ultramodernen Restaurant mit Blick auf den Hafen alles serviert, was das Meer zu bieten hat.
Tgl. 10–1 Uhr, Dr. Lelykade 43, Tel. 070/338 76 09, www.catch-bysimonis.nl

»Een broodje haring« – das finden die Niederländer immer »heerlijk«.

Nach der Renovierung dient der Pier als Modeobjekt: Hier gibt es nun Street Food.

Mero. Frischer Fisch ohne viel Schnickschnack im Industrieambiente mit Blick auf den Hafen. Wechselnde Karte. Di–So 17–21.30 Uhr, Sa/So ab 14 Uhr, Vissershavenweg 61E, Tel. 070/352 36 00, www.merovis.nl

ÜBERNACHTEN

Grand Hotel Amrâth Kurhaus. Nobelhotel in einer dreiflügeligen Bauikone mit reicher Historie und herrlicher Aussicht. Im Saal sind schon Marlene Dietrich und die Rolling Stones aufgetreten. Gevers Deynootplein 30, Tel. 070/416 26 30, www.amrathkurhaus.com

Hotel Andante. Denkmalgeschützte Villa und funktionaler Bau auf der Rückseite einer (bebauten) Düne. Seinpostduin 22–24,
Tel. 070/262 93 33, www.andantehotel.nl

AKTIVITÄTEN

Omniversum. Für verregnete Tage: Kinosaal mit riesiger Rundumleinwand. Tgl. ab 10 Uhr, President Kennedylaan 5, Tel. 0900/666 48 37, www.omniversum.nl

INFORMATION

www.denhaag.com/de/scheveningen

Mitte: Wer auf Sand joggt, macht es sich nicht einfach.
Unten: Die Royals kommen einmal pro Jahr zum Ortstermin auf den Strand ihres Wohnortes.
Seite 124/125: Die besten Dinge im Leben sind kostenlos. Das suggeriert der Strand von Monster.

20 Wassenaar

Königliches Refugium mit Küstenzugang

International ist Wassenaar wohl am bekanntesten für das Abkommen zur Regulierung des Exports von Rüstungsgütern. Deutsche dürften derweil vor allem mit dem Vergnügungspark Duinrell vertraut sein. In den Niederlanden hingegen genoss der Vorort von Den Haag lange Zeit die Reputation als bevorzugtes Domizil des Geldadels. Mittlerweile bereichert sogar die Königsfamilie die Liste der Einwohner.

Viele Angelegenheiten werden in den Niederlanden mit einer gehörigen Portion Pragmatismus behandelt. Davon profitieren auch Königin Maxima, König Willem-Alexander und die drei Töchter Amalia, Alexia und Ariane. Die Familie nämlich wird über weite Strecken des Jahres von den Medien in Ruhe gelassen. Dafür aber hat sie sich verpflichtet, im Sechsmonatsturnus für einen Fototermin zur Verfügung zu stehen.

Während sich die verhinderten Paparazzi im Winter ins österreichische Lech am Arlberg begeben müssen, können sie im Sommer auf einen Termin in der Heimat bauen. Und der ist in der Regel am Strand von Wassenaar oder im dahinter liegenden Naturschutzgebiet Meijendel angesetzt. Die Kulisse könnte idyllischer kaum sein, denn beide Orte sind durch die Dünenlandschaften gut von der hektischen Außenwelt abgeschirmt.

Residenz im Naturschutzgebiet

Bereits im Jahr 2002 hatte sich das damals frisch verheiratete Paar für die Residenz De Eikenhorst entschieden. Abseits der Straßen und im Wald versteckt soll es sich dabei in erster Linie um ein praktisches Wohnhaus handeln. Nebenbei aber beträgt die Distanz zum »Arbeitspalast« Noordeinde in Den Haag lediglich zehn Kilometer. Das Anwesen wurde von 1985 von Prinzessin Christina in Auftrag gegeben, der jüngsten Schwester der ehemaligen Königin Beatrix. Es steht auf dem Landgut De Horsten zwischen Wassenaar und Voorschoten mitten in einem 400 Hektar großen Naturschutzgebiet, das schon seit Generationen zum Privatbesitz der Oranjes gehört.

Durch die Anwesenheit der Royals wurde der elitäre Ruf Wassenaars weiter bestärkt. Vielleicht ist es daher auch kein Zufall, dass der Ort mit seinen 23 000 Einwohnern eine Hochburg des »Glamping« ist. Für Uneingeweihte: Dabei handelt es sich um die glamouröse Form des Campings. Seit 2013 gelingt es den Betreibern des Familiepark Duinrell zusehends, auch Menschen mit Zeltaversionen zu bekehren, denn die Domizile sind nicht nur in den Dünen gelegen, sondern bis zu 45 Quadratmeter groß und komfortabel eingerichtet. Natürlich ist auch der Weg zu den Attraktionen des Vergnügungsparks Duinrell nicht weit. Mithilfe von Wasserrutschen, Achterbahnen und Katapulten können Kinder die Grenzen ihrer Physis ausloten. Bis zu 1,4 Millionen Besucher pro Jahr bestätigen, dass dafür eine Nachfrage vorhanden ist.

Interessant aber ist Duinrell auch für Vergnügungshistoriker: Der Freizeitpark, der zu den 25 größten Europas gehört, wurde bereits 1935 vom Besitzer des gleichnamigen Landguts gegründet, als dieser seine landwirtschaftlichen Aktivitäten einstellen musste, weil das Dünenareal fortan als Trinkwasserreservoir für Den Haag genutzt werden sollte. Ein Schicksal, das den Besitzern von De Eikenhorst wohl erspart bleiben dürfte.

Infos und Adressen

SEHENSWÜRDIGKEITEN

Familiepark Duinrell. Die Attraktionen sind von April–Okt. geöffnet, Schwimmbad und Übernachtungsmöglichkeiten hingegen ganzjährig. Duinrell 1, Tel. 070/515 52 55, www.duinrell.nl

Dünenreservat Meijendel. Siehe S. 128

ESSEN UND TRINKEN

De Markiezen van Wassenaar. Mediterrane Gerichte mit Fokus auf Nachhaltigkeit. Di–Sa ab 11 Uhr, Diner 18–21.30 Uhr, Langstraat 10, Tel. 070/514 34 18, www.demarkiezen.nl

ÜBERNACHTEN

Camping Duinrell. Gut ausgebauter Zeltplatz, der auch Lodge- oder Glamping-Zelte vermietet. Die Preise liegen etwas höher, beinhalten aber in der Wintersaison die Nutzung des Hallenbades und im Sommer den Eintritt zum Freizeitpark. Duinrell 1, Tel. 070/515 52 55, www.duinrell.nl

Wohnen wie ein König: Mit dem Rad durch die Dünen und schon ist man am Strand.

GÜNSTIG DURCH die Niederlande

Die Nachfrage nach Ferien am Meer ist groß. Die Niederlande aber sind klein und dicht besiedelt. Das Angebot ist daher räumlich begrenzt, weshalb das Preisniveau eher gehoben als niedrig ist. Wer jedoch ein paar Regeln beachtet, kann seinen Urlaub auch kostengünstig gestalten. Wir geben an dieser Stelle fünf Tipps, wie Urlauber die Reisekasse schonen können.

1 Fokus auf die eigentlichen Sehenswürdigkeiten

Das Land ist die eigentliche Sehenswürdigkeit. Wer diese Maxime beachtet, liegt in den Niederlanden schon mal ganz weit vorne. An der Küste zum Beispiel ist es keineswegs erforderlich, kostspielige Unterhaltungsparks und sonstige Bespaßungsanlagen aufzusuchen – schließlich ist der Strand makellos und sind die Dünenlandschaften vielseitig. Und bei schlechtem Wetter steigert es den Appetit, vor der Einkehr in den beheizten Strandpavillon Härte zu beweisen – in Form eines ausgedehnten Spaziergangs.

Im Hinterland warten Städtchen, Großstädte und die Metropolen Rotterdam und Amsterdam darauf, erkundet zu werden. Auch hier gilt: Die Orte sind die Attraktion schlechthin. Was gibt es Romantischeres, als einen Spaziergang durch den Amsterdamer Grachtengürtel? Wo wird die Vergangenheit intensiver greifbar, als in den alten Hofanlagen von Leiden oder Haarlem? Und wo manifestiert sich die Dynamik einer modernen Großstadt beispielhafter als in Rotterdam? Die örtlichen Sehenswürdigkeiten, die in diesem Buch beschrieben sind, lohnen natürlich trotzdem. Aber sie kosten eben Geld.

2 Antizyklisches Reisen

Wer bei den Übernachtungen sparen möchte und zudem bei der Reiseplanung über einen offenen Kalender verfügt, kann das Budget recht einfach schonen. Dabei versteht es sich von selbst, dass am Meer die Preise in jenen Wochen am höchsten sind, wenn die deutschen und niederländischen Schulferien zusammenfallen. Auch in der Nebensaison aber kann es herrlich an der Nordsee sein. Viele Ferienparks bieten dann eine Zweiteilung der Woche an: Anmietungen sind von Freitag bis Montag sowie von Montag bis Freitag möglich. Während an den Wochenenden viele gestresste Städter Erholung am Meer suchen, geht es im April, Mai, September oder Oktober in der Woche fast schon bedächtig zu. Ein Trip dieser Art lässt sich gut kombinieren mit einem Wochenende in Rotterdam. Zwar wird die Trendstadt als Reiseziel immer beliebter, doch das Angebot an guten Hotels ist groß und die Preise sind niedrig. Natürlich spricht nichts dagegen, noch eine zweite Woche am Strand dranzuhängen.

Effektives Spritsparen: Die Niederlande sind das Fahrradland schlechthin.

3 Einkaufen auf Märkten

In fast allen niederländischen Groß- und Kleinstädten finden an ausgesuchten Wochentagen Märkte statt, die dieses Prädikat auch tatsächlich verdienen. Hier werden nicht nur die landestypischen Spezialitäten wie Käse, Fisch, Lakritz oder geröstete Nüsse zu vorteilhaften Preisen gehandelt, sondern auch weitere Lebensmittel und allerlei Alltagsbedarf. Ganz davon abgesehen ist es unterhaltsam, der altholländischen Folklore beizuwohnen. Lediglich die reinen Käsemärkte in Alkmaar, Edam oder Gouda sind heute eine Inszenierung für Touristen.

Wer in den Genuss von Preisnachlässen beim Einkauf in Supermärkten kommen möchte, sollte wissen, dass diese oftmals mit Bonuskarten arbeiten. Die Sonderangebote bei der größten Kette Albert Heijn etwa gelten nur für die Inhaber

Nur in der Beachbar: günstige Bitterballen und ein kostenloser Sonnenuntergang

dieser Karten – und die werden an der Information an jedermann ausgehändigt. Wer nicht will, muss keine Daten von sich preisgeben.

4 Immer nach dem Menü fragen

Bei Bestellungen à la carte kann sich die Rechnung in Restaurants schnell läppern. Die Niederländer aber sind von Natur aus sehr preisbewusst. Daher bieten nahezu alle Lokale, die in die Kategorien ansprechend bis sehr gut fallen, preisgünstige Menüs an. Danach zu fragen, lohnt sich immer – vor allem, wenn es sich dabei um Tagesmenüs handelt, die der Chef nach Gutdünken (und nach Marktangebot) komponiert. Auch den Hausweinen der Restaurants kann in der Regel vertraut werden. Sie sind nicht selten billiger als in Deutschland – auch weil sie häufig aus Chile oder Südafrika kommen. Doch zuverlässige Essensbegleiter sind sie.

5 Mit dem Rad fahren

Die Distanzen sind gering und das Wegenetz ist hervorragend. Gleichzeitig sind die Straßen oft verstopft. Auf den Inseln und in Zeeland ist der öffentliche Nahverkehr auf Busse beschränkt, für deren Benutzung – wie auch die der Züge, Straßenbahnen und Metros – zudem landesweit die OV-Chipkaart erforderlich ist (s. S. 277). Nicht zuletzt ist das Parken in den Städten teuer bis sehr teuer. Was also liegt näher, als im Urlaub jenes Verkehrsmittel zu wählen, zu dem auch die Niederländer am liebsten greifen – dem Fahrrad. Ob auf dem Gepäckträger importiert oder vor Ort geliehen: Wer die Niederlande verstehen möchte, sollte das Velo verwenden. Obwohl der Wind angeblich immer von vorne kommt und die Dünen ganz schön lästige Steigungen aufweisen, handelt es sich um das Preiswerteste aller Verkehrsmittel.

Mitte: Katwijk ist ein altes Fischerdorf mit direktem Zugang zu den Dünen.
Unten: Kinderfreude: Im Naturschutzgebiet Meijendel gibt's dicke Pfannkuchen.

21 Katwijk und Meijendel
Fischerdorf mit Dünenreservat

Wenn die niederländische Nordseeküste ein Alleinstellungsmerkmal besitzt, das sie von allen anderen Ferienregionen Europas unterscheidet, dann ist es die Kombination aus makellosen Stränden, einer enormen Dichte historischer Städte und maritim geprägten Naherholungsgebieten. Katwijk bietet dem Besucher auf engem Raum Badefreuden und Bewegungsmöglichkeiten, wobei der Ort so nah an Leiden liegt, dass er wie eine Vorstadt erscheint.

Katwijk blickt auf eine lange, ereignisreiche Geschichte zurück. Der Ort war von erheblicher strategischer Bedeutung, was auf seine Lage an der Nordseeküste zurückzuführen ist, vor allem aber auf seine Lage an der Mündung des Oude Rijn. Denn der Seitenarm des Rheins markierte die Nordgrenze des Römischen Reiches. Heute mag das nur schwer vorstellbar sein, da Europas mächtigster Strom hier sukzessive versandet ist und nur mehr wie ein Rinnsal erscheint. Die Tatsache aber, dass zwischen Katwijk und Noordwijk der Limes mit der Festung Lugdunum Batavorum endete, lebt bis heute fort. Mit diesen Federn allerdings schmückt sich vorzugsweise die stolze Nachbarstadt Leiden, die zu gegebenem Anlass auch als Lugdunum firmiert.

Katwijk dagegen gibt sich bescheiden. Vom Erscheinungsbild ist das einstige Fischerdorf auffällig nüchtern, was seine Ursachen vor allem darin hat, dass die Deutschen hier während des Zweiten Weltkriegs in Form des Atlantikwalls ihre Interpretation einer Schutzmauer hochgezogen haben. Die alte Bebauung musste weichen. Zudem steht die Bevölkerung in dem Ruf, sehr protestantisch und somit betont genügsam zu sein.

Ein Bauernhof in den Dünen

Urlauber schätzen vor allem die weitläufigen Strände. Die wahre Attraktion verbirgt sich jedoch südlich des Ortes, wo sich ein 2000 Hektar großes Naturschutzgebiet ausbreitet: Meijendel. Das Areal ist das größte zusammenhängende Dünengebiet der Provinz Zuid-Holland, es erstreckt sich über rund zehn Kilometer bis nach Scheveningen. Benannt ist es nach einem Bauernhof, der inmitten der Dünenlandschaft liegt. Wo einst der systematische Kartoffelanbau an den widrigen Verhältnissen gescheitert ist, befindet sich nun eine Art Mini-Disneyland mit Besucherzentrum, in dem sich Stadtkinder mit den Geheimnissen der umliegenden Biotope vertraut machen können, während die Erwachsenen im stets gut gefüllten Restaurant Pfannkuchen essen – oder umgekehrt.

Ansonsten reicht die Palette der möglichen Aktivitäten vom Spazieren und Wandern bis hin zum Radfahren. Wer den Müßiggang vorzieht, lässt sich einfach nur den Wind um die Ohren blasen. Besonders schön sind die Mitteldünen, in denen sich kleine Sumpflandschaften etabliert haben, die einer bunten Vogelwelt ein Zuhause bieten. In losen Abständen werden Führungen unter professioneller Begleitung angeboten.

In Katwijk selbst lohnt der Leuchtturm Vuurbaak einen Blick, mit dessen Bau bereits 1605 begonnen wurde, womit er der zweitälteste der Niederlande ist. Im Dorf Rijnsburg, das zur Stadt Katwijk gehört, steht das Wohnhaus des Philosophen Baruch de Spinoza (1632–1677), der darin von 1661 bis 1663 gelebt hat. Heute ist darin ein kleines Museum eingerichtet.

Infos und Adressen

SEHENSWÜRDIGKEITEN

De Tapuit. Das Besucherzentrum des Dünenschutzgebiets Dunea macht auf interaktive Weise mit den umliegenden Biotopen vertraut. Di–Sa 10–16 Uhr, So bis 17 Uhr, Mijendelseweg 42, Wassenaar, Tel. 088/347 48 49, www.dunea.nl

Katwijks Museum. Regionale Geschichte mit Schwerpunkt auf der Historie als Fischerdorf. Di–Sa 10–17 Uhr, Voorstraat 46, Tel. 071/401 30 47, www.katwijksmuseum.nl

Spinozahuis Rijnsburg. Hier hat der Philosoph Linsen geschliffen. Di–So 13–17 Uhr, Spinozalaan 29, Rijnsburg, Tel. 071/402 92 09, www.spinozahuis.nl

ESSEN UND TRINKEN

Boerderij Meyendel. Pfannkuchen zur Stärkung nach einer Dünenwanderung. Tgl. 9–19 Uhr, Meijendelseweg 36, Wassenaar, Tel. 070/517 96 01, www.meyendel.nl

ÜBERNACHTUNG

Strandhuisjes De Watering. Funktionale Ferienhäuser auf dem Strand. www.de-watering.nl

INFORMATION

VVV Katwijk. Mo–Fr 10–17 Uhr, Sa bis 15 Uhr, Büro im B&B aan Zee, Wilhelminastraat 9, Tel. 071/407 54 44, www.vvvkatwijk.nl

Mitte: Domizil für filigrane Techniker: Im Huis ter Duin residiert das »Elftal«.
Unten: Noch mehr Technik bietet Noordwijk im Raumfahrtzentrum Space Expo.

22 Noordwijk
Abgehobene Fußballer und ein Raumfahrtzentrum

Noordwijk besitzt 13 Kilometer Strand, einen unverstellten Blick auf die temperamentvolle Nordsee und imposante Dünenlandschaften. Doch der Ort mit seinen 26 000 Einwohnern möchte ein klein bisschen mehr sein, als nur ein einfaches Seebad. Das gelingt gerade abseits des Boulevards, der allzu sehr durch architektonischen Wildwuchs und den zweifelhaften Geschmack einer vergangenen Epoche dominiert wird.

Über mangelnde Aufmerksamkeit kann sich Noordwijk nicht beklagen: Wann immer sich die niederländische Fußballnationalmannschaft auf Länderspiele vorbereitet, treffen sich die Akteure von Oranje zum Auftakt im »Grand Hotel Huis ter Duin«. Die Ankunft im Fünfsternehaus sorgt mit schöner Regelmäßigkeit für Fernsehbilder: erst aus dem ambitionierten Seebad, später vom Trainingsgelände der Katwijker Quick Boys, wo meist zumindest die erste Übungseinheit stattfindet. Noch ein weiterer Beherbergungsbetrieb mit Höchstbewertung bemüht sich um die Zementierung Noordwijks als Nobeladresse. Es trägt sogar den Namen »Hotel van Oranje«. In diesem Fall allerdings hat das nichts mit Fußball zu tun – es handelt sich eher um eine Reminiszenz an das Königshaus.

Deutlich weniger elitär gibt sich Noordwijk landeinwärts. In »binnen« überwiegt ein dörflicher Charakter, der sich zum Beispiel in der Voorstraat auf sehr holländische Weise manifestiert: Gepflegte und vergleichsweise bescheidene Häuser aus verschiedenen Epochen erfreuen sich der Ge-

Gepflegt abhängen: der Pavillon »De Zeemeeuw«

sellschaft knorriger Kopflinden. Am Wegesrand ragt die Oude Jeroenskerk empor, deren 40 Meter hoher Turm zur Besteigung offensteht. An klaren Tagen soll man den höchsten Kirchturm des Landes erblicken können, den Dom zu Utrecht.

Doch Noordwijk kann auch richtig abgehoben sein: Am südlichen Ortsrand befindet sich die Space Expo. Dahinter verbirgt sich das Besucherzentrum der Europäischen Raumfahrtorganisation (ESA). Die niederländische Dependance ist die größte technische Niederlassung der ESA – in Noordwijk werden unter anderem die Werkstoffe zum Bau von Satelliten auf ihre Weltraumtauglichkeit getestet. Die Ausstellung vermittelt auf interaktive Weise einen Eindruck von der Raumfahrtgeschichte und vom Leben im All – unter anderem durch die authentische Darstellung der Wohnverhältnisse in einer Raumfahrtstation vom Typ ISS.

Die Kapitale der Blumenzüchter

An dieser Stelle sollte nicht unerwähnt bleiben, dass sich Noordwijk zudem als »Herz des Bollen-

Einfach gut!

REISE IN DEN MENSCHLICHEN KÖRPER

Kaum weniger futuristisch als die Space Expo ist das Museum Corpus im Nachbarort Oegstgeest. Schon von Weitem weist eine mehrere Stockwerke hohe Skulptur darauf hin, dass es sich hierbei um die begehbare Simulation eines menschlichen Körpers handelt. In deren Innern wird auf plastische Weise demonstriert, wie der Magen auf die Aufnahme des favorisierten niederländischen Mittagessens reagiert: ein Käsebrot. Die Besucher nehmen zudem an der fiktiven Reise eines Blutkörperchens teil. Auch können sie auf der elastischen Zunge in einer Mundhöhle umherspazieren. Unterhaltung für alle Generationen. Die durchschnittliche Reise dauert 55 Minuten, den Audio-Guide gibt es auch auf Deutsch.

Corpus. Di–So 9–19 Uhr, Willem Einthovenstraat 1, Oegstgeest, Tel. 071/751 02 00, www.corpusexperience.nl

Oben: Nur einen Steinwurf vom Stand entfernt, zeigt Noordwijk sein historisches Gesicht.
Unten: Eine weithin sichtbare Landmarke ist und bleibt der Leuchtturm.

streek« bezeichnet. Hinter diesem Begriff verbirgt sich das größte Anbaugebiet für Blumenzwiebeln. Und unabhängig davon, ob dieser Behauptung auch die Nachbarkommunen zustimmen, ist es doch richtig, dass in Noordwijk Anfang Mai ein Blumenkorso seine Reise nach Haarlem antritt, bei dem einige Dutzend dekorierte Wagen einen Konvoi bilden. Viele hundert Freiwillige sind Tage mit dem Schmücken der Prunkwagen mit Hyazinthen, Tulpen und Narzissen beschäftigt. Die farbenfrohe Parade gehört zu den größten Veranstaltungen des Landes.

Durch die Felder radeln

Alternativ führen diverse Fahrradrouten durch die Blumenfelder. Das mittlerweile auch in Teilen Deutschlands eingeführte System der Knotenpunkte ermöglicht eine relativ fehlerfreie Orientierung. Noordwijk aber wäre nicht Noordwijk, würde es sich mit schnöden Straßen begnügen. Und so darf es denn auch nicht überraschen, dass in den Dünen und im angrenzenden Wald eine Mountainbike-Strecke angelegt wurde. Ohne gigantische Höhenunterschiede, aber ziemlich anspruchsvoll.

GUT ZU WISSEN

DAS VERSTECK DES BIERBRAUERS

Der Bierbrauer »Freddy« Heineken (1923–2002) hat große Teile seines Lebens in einer Villa in Noordwijk verbracht und sich während der deutschen Besatzung in dem mehr als 400 Jahre alten Haus versteckt gehalten. Immer wieder musste er in einem Schrank Zuflucht suchen. Bei sich trug er stets die geheime Rezeptur des so erfolgreichen Heineken. Während des Historischen Spaziergangs Noordwijk Binnen kann der Schrank besichtigt werden.

Infos und Adressen

SEHENSWÜRDIGKEITEN

Space Expo. Erste ständige Raumfahrtausstellung in Europa und die niederländische Niederlassung der ESA. Di–So 10–17 Uhr, Keplerlaan 3, Tel. 071/364 64 89, www.space-expo.nl

ESSEN UND TRINKEN

Latour. Das Premiumlokal des glamourösen »Grand Hotel Huis ter Duin« kombiniert mediterrane Kochkunst mit asiatischen Einflüssen. Di–Sa 18–22 Uhr, Koningin Astrid Boulevard 5, Tel. 071/365 12 39, www.restaurantlatour.nl

Onder de Linde. Kreative Nordseeküche mit internationalem Einschlag. Behagliches Interieur, günstiges Menü. Di–So 18–21.30 Uhr, Voorstraat 133, Noordwijk Binnen, Tel. 071/362 31 97, www.onderdelinde.com

ÜBERNACHTEN

Hotel van Oranje. Luxusdomizil in schöner Lage ohne die ganz besondere Aura. Koningin Wilhelmina Boulevard 20, Tel. 071/367 68 69, www.hotelvanoranje.nl

Und zum Sundowner: ein Blick fast bis nach England

Reetgedeckte Dächer krönen die reizvolleren Immobilien der Gegend.

Grand Hotel Huis ter Duin. Erste Adresse am Meer. Koningin Astrid Boulevard 5, Tel. 071/361 92 20, www.huisterduin.com

AKTIVITÄTEN

Fahrradverleih Profile Mooijekind. Mo–Fr 9–18 Uhr, Sa bis 17 Uhr, Schoolstraat 45, Tel. 071/361 28 26, www.mooijekind-fietsen.nl

VERANSTALTUNGEN

Blumencorso. Parade prächtiger Prunkwagen, die von Noordwijk nach Haarlem zieht. 1. Sa nach dem 19. April, www.bloemencorso-bollenstreek.nl

Historischer Spaziergang Noordwijk Binnen. Juli, Aug. Di 19.30 Uhr, Gemeentehuis, Voorstraat 42, www.deoudedorpskern.nl

INFORMATION

Visitor Center Noordwijk. Mo–Fr 9–17 Uhr, Sa/So 9–14 (So nur April–Aug.), De Grent 8, Tel. 071/361 93 21, www.noordwijk.info

Mitte: Wenn sich die Häuser in den Grachten spiegeln, freuen sich die Augen doppelt.
Unten: Ein echter »Unique Selling Point«: Leiden ist die Heimatstadt Rembrandts.

23 Leiden

Temperamentvoll und ein wenig museal

Leiden hat in den Niederlanden als erste Universitätsstadt des Landes Furore gemacht. Wenig später wurde Rembrandt hier geboren. Trotz ihres frühen Ruhms ist die Stadt überschaubar geblieben. Dabei besitzt sie eine enorme Vielzahl an Denkmälern, die aus dem »alten Holland« in die Neuzeit gerettet wurden. Anders als in den hektischen Metropolen haben Besucher hier Gelegenheit, diese Atmosphäre in intimem Rahmen zu genießen.

Aus dem Fenster eines Backsteinhauses mit rotweißen Fensterläden lehnt eine alte Dame. Sie blickt auf ein stilles Gewässer, an dessen Ufern Hausboote festgemacht haben, das Galgewater. Der Rahmen der Haustür trägt nicht ohne Stolz die Inschrift »1612«. Darüber baut sich auf beiden Seiten ein neunstufiger Treppengiebel auf. Nur ein paar Schritte weiter überspannt eine doppelte Zugbrücke aus Holz das Galgewater, das seines Zeichens zum Alten Rhein gehört, jenem Seitenarm des mächtigsten Stromes Europas, der ein paar Kilometer weiter bei Katwijk in die Nordsee mündet. Und weil kein Ensemble dieser Art komplett ist ohne eine Windmühle, streckt nebenan »De Put« ihre vier Flügel aus.

Zugegeben: Die beiden letztgenannten Sehenswürdigkeiten sind in den 1980er-Jahren nach traditionellem Vorbild neu gebaut worden, aber das tut der Atmosphäre keinen Abbruch. In Leiden lebt das »alte Holland«. Und es ist eine Wonne, umherzulaufen, denn anders als in Amsterdam kann man mit ein wenig Glück ziemlich allein unterwegs sein.

Altehrwürdig: der Botanische Garten der Uni

Die 1983 erbaute Brücke übrigens trägt einen klangvollen Namen – es handelt sich um die Rembrandtbrücke. Der Künstler heißt bekanntlich mit vollem Namen Rembrandt van Rijn und wurde am 15. Juli 1606 oder 1607 (da ist sich die Wissenschaft nicht sicher) in Leiden geboren. Fest steht, dass das Geburtshaus am Weddesteeg gestanden hat. Doch es wurde 1835 abgerissen. Heute weist eine Plakette an einem Nachnachfolgehaus mit der Nummer 25 auf den ungefähren Standort hin. Gegenüber auf dem Rembrandtplein erinnern ein Porträt, eine Statue und eine Staffelei in konzentrierter Form an den Meister, den nicht wenige für den größten Maler des Goldenen Jahrhunderts halten.

Vorlesungen von Albert Einstein

Wer nun in nostalgische Schwelgereien verfällt, kann noch ein wenig weiter in die Geschichte eintauchen. Zum Beispiel in das Jahr 1575, das für Leiden von entscheidender Bedeutung sein sollte, denn seinerzeit wurde hier die erste Universität der Niederlande gegründet. Sie ist bis heute eine der ruhmreichsten Hochschulen Europas. Belege? Wie wäre es hiermit: Albert Einstein hat in Leiden

Nicht verpassen

EIN GARTEN ZUM GENIESSEN

Der ruhmreiche Hortus Botanicus von Leiden konnte 2015 den 425. (!) Jahrestag seines Bestehens feiern. Somit ist er der älteste noch existierende Botanische Garten der Niederlande. Orangerie, Japanischer Garten, Rosarium und Gewächshäuser sind eine Augenweide. Der älteste Baum befindet sich links vom Eingang. Es handelt sich um einen Goldregen, der 1601 gepflanzt worden sein soll. Der Hortus allerdings ist nicht nur wegen seiner botanischen Preziosen einen Besuch wert, fast so herrlich ist die Tatsache, dass die Wiesen an den Ufern des Witte Singel ganz ungezwungen für ein kleines Sonnenbad zur Verfügung stehen – ein Angebot, das gerade Studenten gern annehmen. Zudem lockt auf dem Areal die beeindruckende Sternwarte der Uni.

Hortus Botanicus. Tgl. 10–18 Uhr, im Winter bis 16 Uhr, Rapenburg 73, www.hortusleiden.nl

Einfach gut!

BLICK HINTER DIE MITTELALTERLICHEN KULISSEN

Gut, Leiden ist nicht die einzige alte Stadt in den Niederlanden, die eine beeindruckende Vielzahl mittelalterlicher Hofjes besitzt. Doch die 35 meist gut versteckten Anlagen sind zum Teil von derart ausgeprägter Schönheit, dass sie auch ohne den Status des Alleinstellungsmerkmals eine Empfehlung sind. Besonders beeindruckend ist das Loridanshofje, das über den Luxus einer Arkade verfügt, die früher zum Wäschetrocknen diente. Hinter dem Bau versteckt sich die traurige Geschichte eines Mannes, der auf der Flucht vor der spanischen Inquisition wegen einer Pestepidemie seine gesamte Familie verloren hat. Kurz nachdem er den Bau der Hofanlage veranlasst hatte, starb er selber an der Pest. Der VVV hat eine Wanderung zusammengestellt, die durch zwölf der Hofjes führt und ihre Geschichten erzählt.

Leidse Hofjes. www.visitleiden.nl

nicht nur Vorlesungen gehalten, sondern auch die Nachricht empfangen, dass seine Relativitätstheorie bestätigt worden ist. Außerdem immatrikulieren sich in Leiden stets die Mitglieder des niederländischen Königshauses. Die Universität befindet sich zu guten Teilen in der Innenstadt. Das älteste Gebäude ist das Academiegebouw, das heute überwiegend für repräsentative Anlässe und akademische Zeremonien genutzt wird. Auch beherbergt es das Academisch Historisch Museum, das Einblicke in die ruhmreiche Historie der Alma Mater gewährt.

Heimathafen der Pilgrim Fathers

An dieser Stelle sei vermerkt, dass ehrgeizige Touristen in Leiden ganz schön unter Druck geraten können. Denn obwohl die Stadt mit ihren 122 000 Einwohnern überschaubar geblieben ist, besitzt sie sage und schreibe 2800 Denkmäler und 13 Museen. Dazu gehört eines, das den Pilgrim Fathers gewidmet ist, die 1620 nach zwölf Jahren in Leiden ihre Reise nach Amerika angetreten haben. Am spektakulärsten ist das Museum de Lakenhal. Der Gebäudekomplex ist ein Paradebeispiel für den niederländischen Klassizismus mit Wurzeln im Jahr 1640. Einst war er das Zentrum des internationalen Stoffhandels – wofür seinerzeit das Wort »Laken« verwendet wurde. Allerdings sind voraussichtlich erst ab 2018 wieder die Werke der großen Meister zu sehen, bis dahin erfolgt eine aufwendige Erweiterung und Restaurierung.

Wem es angesichts der engen Gassen nach ein wenig Orientierung verlangt, findet diese auf der Burcht von Leiden, einer 20 Meter hohen Festung, die sich gleichfalls mitten in der Stadt erhebt. Mit dem Bau auf dem stattlichen Hügel wurde bereits im 9. Jahrhundert begonnen, heute ermöglicht er einen komfortablen Rundblick in die nähere und

Bummel durch Leiden

Ⓐ **Beestenmarkt –** Der Ort eignet sich in doppelter Hinsicht für den Start: Auch Boote legen zu einer Rundfahrt ab.

Ⓑ **Kort Galgewater –** Ein paar Schritte weiter südlich macht die Straße Kort Galgewater einen Rechtsknick. Auf der rechten Seite folgt an der Ecke Smidssteeg ein auffälliges Treppengiebelhaus aus dem Jahr 1612.

Ⓒ **Rembrandtbrug –** Kurzer Blick auf die Windmühle »De Put«. Das Bauwerk stammt aus dem Jahr 1987, ist jedoch dem Original von 1619 nachempfunden, das einem Brand zum Opfer gefallen ist. Die vier Jahre zuvor gleichfalls rekonstruierte Rembrandtbrug führt direkt zum Weddensteeg 25, wo Rembrandts Geburtshaus vermutlich bis 1835 gestanden hat. Schräg gegenüber auf dem Rembrandtplein erinnern allerlei Devotionalien an den berühmtesten Sohn der Stadt.

Ⓓ **Loridanshofje –** Nach einer schnellen Linksrechtskombination in den Silksteeg bis zum Loridanshof. Durch das kleine Portal ist der Zutritt zu der bezaubernden Hofanlage aus dem Jahr 1655 möglich.

Ⓔ **Groenhazengracht –** In die andere Richtung nach rechts über den Oude Varkenmarkt zur Groenhazengracht. Hausnummer 3 auf der linken Seite ist der Traum eines jeden Romantikers: ein lachsfarbenes (andere würden sagen: pinkes) Miniaturhaus mit unproportional großem Giebel. Die Bewohner haben es nicht weit bis zur charmantesten Backstube der Stadt, dem »Friese Brood en Banketbakkerij Usbertus«.

Ⓕ **Rapenburg –** Vorbei an kleinen Häuschen zum Doelensteeg, dort links und schließlich nach rechts in Leidens Prachtstraße, die Rapenburg. Zur Rechten breiten sich die ehrwürdige Universität und der Botanische Garten aus.

Ⓖ **Pieterskerk –** Nach links über den Kloksteeg zur Pieterskerk. Die spätgotische Kirche wurde 1412 vollendet. Heute dient sie als Multifunktionshalle – keine Seltenheit in den Niederlanden.

Ⓗ **Het Prentenkabinett –** Bei schönem Wetter auf der Terrasse des »Prentenkabinett« einen Drink oder eine Mahlzeit einnehmen. Hier ist der Anblick der Stadt fast ländlich.

Das Galgewater wird von einer doppelten Zugbrücke aus Holz überspannt.

weitere Umgebung. Wer in Richtung Osten blickt, sieht etwas, das so gar nicht in das Bild des mittelalterlichen Städtchens passen will: einen alten Getreidespeicher von enormen Ausmaßen. Gerade noch innerhalb des Singels, der die Innenstadt mit Wasser umschließt, war an dieser Stelle bis 1988 die größte Mehlfabrik der Niederlande aktiv. Gegenwärtig wird sie zu einem Kreativzentrum mit Loft-Wohnungen umgebaut, zugleich der Beweis, dass Leiden keineswegs ausschließlich museal ist.

Biergärten auf dem Wasser

Dieser Eindruck bekräftigt sich weiter in der Nähe einer Brücke, die 1834 zwecks des Handels mit Getreide ein Dach erhalten hat. Westlich der Koornbrug nämlich liegen diverse Schiffe vor Anker, die sich zur niederländischen Variante des Biergartens gemausert haben. Doch zurück zur lyrischen Ader der Stadt – eine Feststellung, die durchaus wörtlich zu nehmen ist. Aufmerksamen Fassadenguckern dürfte nicht entgangen sein, dass so manche Häuserwand von Versen verziert ist. Insgesamt 101 solcher Mauergedichte wurden zwischen 1992 und 2005 angelegt. Ein wunderbarer Refrain für eine solch poetische Stadt.

Oben: Brücken, Häuser und bemalte Fassaden machen Leiden zu einer Stadt wie ein Gedicht.
Unten: Blick auf den Nieuwe Rijn: »Neu« heißt hier so viel wie »schmal«.

GUT ZU WISSEN

BLUMENMEER IM HAARLEMMERMEER

Nur wenige Kilometer nördlich von Leiden beginnt mit dem Haarlemmermeer das Zentrum der Blumenzucht. Dort befindet sich der Keukenhof (s. S. 140), gleichzeitig aber breiten sich schier unendliche Felder bunter Tulpen aus. Auch werden Narzissen, Gladiolen, Hyazinthen und diverse andere Spezies gezüchtet. Der Anblick ist so überwältigend, dass sogar Flugkapitäne bei Transatlantikflügen ab Deutschland darauf aufmerksam machen.

Infos und Adressen

SEHENSWÜRDIGKEITEN

De Burcht. Festungsanlage auf einem künstlichen Hügel mit schönem Rundblick. Burgsteeg 14

De Put. Museum in einer Windmühle ursprünglich aus dem Jahr 1743. Di–Sa 10–17 Uhr, So 13–17 Uhr, 2e Binnenvestgracht 1, Tel. 071/516 53 53, www.molenmuseumdevalk.nl

Leiden American Pilgrim Museum. In einem entzückenden Bau aus dem 14. Jahrhundert. Mi–So 13–17 Uhr, Beschuitsteeg 9, Tel. 071/512 24 13, www.leidenamericanpilgrimmuseum.org

Museum Lakenhal. Voraussichtlich bis Anfang 2018 wegen Renovierung geschlossen. www.lakenhal.nl

Rembrandtwanderung. Parcours, der an allen wichtigen Stationen des Malers vorbeiführt. Start beim Museum Lakenhal, Karte bei VVV

ESSEN UND TRINKEN

Het Prentenkabinet. Stimmungsvolles Restaurant mit französisch-internationaler Küche in einem historischen Gebäude; schöne Außenterrasse.

Eine begehbare Trutzburg mit toller Aussicht: die Festungsanlage Burcht

Wie sieht es in der Windmühle aus? Die Antworten liefert das dazugehörige Museum.

Tgl. ab 17 Uhr, Kloksteeg 25, Tel. 071/512 66 66, www.prentenkabinet.nl

In den Gapenden Eter. Tolles Restaurant in einer ehemaligen Drogerie, wo der Chef und Eigentümer persönlich die kleine, wechselnde Karte vorstellt. Di–So 18–21.30 Uhr, Rapenburg 97, Tel. 071/566 14 94, www.indengapendeneter.nl

ÜBERNACHTEN

Fitland. Modernes und funktionales Hotel auf der Bahnhofsrückseite mit Badelandschaft unter dem Dach. Bargelaan 180, Tel. 071/870 02 60, www.fitland.nl

AKTIVITÄTEN

Grachtenrundfahrt. Rederij Rembrandt. Mai–Okt. stündlich zwischen 11–16 Uhr, Blauwpoortshaven 5 (am Beestenmarkt), Tel. 071/513 49 38, www.rederijrembrandt.nl

INFORMATION

VVV Leiden. Mo–Fr 7–19 Uhr, Sa 10–16 Uhr, So 11–15 Uhr, Stationsweg 26A, Tel. 071/516 09 90, www.visitleiden.nl

24 Keukenhof in Lisse

Gipfel der Gartenbaukunst

Die Niederländer waren schon immer große Kaufleute. Außerdem sind sie verrückt nach Blumen. Im 17. Jahrhundert ist daraus eine wahre Tulpenmanie mit erstaunlichen ökonomischen Folgen entstanden. Heute zeigt der Keukenhof, welche Vielfalt in den Gewächsen steckt. Dabei beschränkt sich die Anlage nicht nur auf die botanischen Aspekte. Ein Besuch ist Unterhaltung für die ganze Familie.

Windmühlen, Käseräder, Klompen und Frau Antje. Oder einfach Grachten und Giebelhäuser: Holland-Klischees existieren in großer Vielzahl – und sie sind herrlich! Doch ohne Tulpen wäre das Kompendium unvollständig. Und hier kommt der Keukenhof ins Spiel. Unter dem Namen nämlich firmiert eine Mischung aus überdimensionalem Landschaftspark, Vergnügungszentrum und Freilichtmuseum, das sich voll und ganz der Gartenbaukunst verschrieben hat.

Jahr für Jahr werden im Städtedreieck zwischen Leiden, Haarlem und Amsterdam auf einer Fläche von 32 Hektar Beete in allen Variationen bepflanzt. Die Blumen sprießen nicht ausschließlich aus Tulpenzwiebeln hervor, doch die kapriziösen Stars der Botanik sind mit sieben Millionen Exemplaren und rund 800 Varianten wohl die unangefochtenen Hauptdarsteller der Schau. Wenn die Niederländer langsam den Frust verarbeitet haben, dass nach einem viel zu milden Winter keine Elfstädtetour stattgefunden hat, freuen sie sich auf die Blumensaison. Sobald der Keukenhof kurz nach Frühlingsbeginn seine Pforten geöffnet hat, wird dies sogar in den Abendnachrichten thematisiert.

Mitte: Zum Dahinschmelzen: Die Blumenfelder im Keukenhof sind eine wahre Augenweide.
Unten: Mehr Tulpen als Touristen – diese Rechnung geht in Lisse immer noch auf.

Im Frühjahr kommen Bewunderer aus aller Welt.

Tulpenmanie

Die Begeisterung für die wohlgeformte Blüte ist nichts Neues: Schon im 17. Jahrhundert, als die Niederlande zur Kolonialmacht aufgestiegen sind und ihr Goldenes Jahrhundert erlebt haben, begannen Kaufleute mit dem Import von Tulpen aus Kleinasien. Bald sollte um die Gewächse eine dekadente Hysterie entstehen, die wiederblühenden Tulpen wurden zu Statussymbolen der Neureichen.

Bereits in den 20er-Jahren des 17. Jahrhunderts zeichnete sich ab, was als Tulpenmanie in die Geschichtsbücher eingehen sollte. Um 1620 erreichten einzelne Sorten Preise von 1000 Gulden, was dem Siebenfachen des durchschnittlichen Jahresgehalts entsprach. 1635 wurde in Haarlem eine Tulpe für 6000 Gulden verkauft, dem Äquivalent für den Kaufpreis eines Grachtenhauses. Bald darauf – im Winter 1636/37 – kollabierte der Markt, weil Händler Tulpen verkauft hatten, die sie gar nicht besaßen, und das an Käufer, die die Ware nicht bezahlen konnten. Ein Lehrstück, sollte man meinen, doch der pädagogische Effekt hat nicht bis zum 21. Jahrhundert angehalten.

Zurück zum Keukenhof: Von Ende März bis Mitte Mai reihen sich in der Anlage die fantasievollsten Blumenbeete aneinander: Tulpen, Narzissen, Rosen und viele andere Spezies blühen in Sonderabteilungen wie einem Amsterdamer Grachtengarten.

Infos und Adressen

SEHENSWÜRDIGKEIT

Keukenhof. Die Geschichte des Keukenhofs reicht bis ins 15. Jahrhundert zurück, als Gräfin Jakoba von Bayern (1401–1436) sich aus dem »Keukenduin« (Kräutergarten in den Dünen) mit Gemüse und Kräutern für die Küche von Schloss Teylingen bediente. So ist auch der Name zu erklären, denn Keukenhof bedeutet in wörtlicher Übersetzung Küchenhof. Im 17. Jahrhundert schließlich wurde Schloss Keukenhof errichtet, das Anwesen wuchs auf eine Größe von über 200 Hektar. 1949 entwickelte eine Gruppe führender Blumenzüchter die Idee einer permanenten Schau. 236 000 Besucher im ersten Jahr gaben ihnen Recht. Heute führen über 100 Hoflieferanten ihre Züchtungen vor, jeder nimmt dabei die Dienste eines Landschaftsarchitekten in Anspruch. 2015 wurde mit fast 1,2 Millionen Besuchern ein neuer Rekord verzeichnet.
März–16. Mai, Kasse tgl. von 8–18 Uhr, Stationsweg 166A, Lisse, www.keukenhof.nl

NOORD-HOLLAND UND AMSTERDAM

25 Zandvoort aan Zee

Das Strandbad der Hauptstädter

Ein wenig brachial erscheint Zandvoort auf den ersten Blick: Die Hotelbauten, ob hoch, mittelhoch oder flach, sind ziemlich verwittert. Dabei vermag die Architektur an der Küstenlinie dem Auge generell nur wenig zu schmeicheln. So liegt das erste Urteil nahe, Zandvoort sei eben nur jenes einzige Strandbad, das von der niederländischen Hauptstadt aus binnen weniger als 30 Minuten mit dem Zug erreichbar ist – und das deshalb hoch in der Gunst des Publikums steht.

Deutet sich an, dass die Sonne durchbrechen könnte, um die Küste zu jenem tropischen Traum zu machen, den ein paar saisonal aufgestellte Palmen suggerieren, sind es tatsächlich oftmals stadtmüde Amsterdamer, die den kurzen Weg zum Strand auf sich nehmen. Doch auch der Ort mit seinen 16 500 permanenten Einwohnern besitzt bei näherem Hinsehen durchaus Qualitäten.

Südlich des Stadtkerns, wenn man schon nicht mehr damit gerechnet hat, breiten sich ein paar Sträßchen aus, deren Bordsteine von gepflegten Residenzen flankiert werden. Die Brederodestraat etwa beherbergt Pensionen und Wohnhäuser, deren Fensterfronten gleichermaßen von farbenfrohen Markisen geschützt werden. Die winzigen Gärten geben ein gepflegtes Bild ab – und die Menschen, die das Privileg haben, hier ihre Zeit verbringen zu dürfen, machen einen zufriedenen Eindruck.

Das gilt vor allem für jene, die an den südlichen Ausläufern der Uferstraße Boulevard Paulus Loot

Seite 142/143: Die Magere Brug über die Amstel erinnert in jeder Hinsicht an die gute, alte Zeit.
Mitte: Für Seebäder mit solchen Häusern wurde einst der Begriff »mondän« erfunden.
Unten: Dichte Bebauung gibt es in Zandvoort auch hinter dem Damm.

Bequem sitzen und gut speisen

residieren: Sie blicken auf die Dünenlandschaft, die sich bis in den Ort zu erstrecken scheint, oder, wenn sie auf der Kuppe der strandnächsten Düne leben, aufs Meer. Es sind kleine oder große Premiumwohneinheiten, teils von urholländischer Gemütlichkeit mit Backsteinverkleidung, teils Fanale mediterran geprägter Geschmacksverirrung. Alle Bewohner teilen indes das Schicksal, dass ihnen der Blick in die Unendlichkeit genommen wurde: 23 Kilometer vor der Küste ging im September 2015 der Offshore-Windpark Luchterduinen in Betrieb. Glücklich sind die Zandvoorter damit nicht.

Dennoch: Wer einmal auf dem Strand angekommen ist und in Richtung Süden läuft, kann sich einem Gefühl der Weite nicht entziehen. Der Strand nimmt kein Ende, nicht bis Noordwijk, nicht bis Katwijk und auch nicht bis Den Haag. Die 40 Kilometer entfernte Skyline des Regierungssitzes ist an klaren Tagen deutlich zu erkennen.

Nördlich von Zandvoort, hinter dem mit Parktaschen flankierten Strandboulevard, beginnt unterdessen der Nationalpark Zuid-Kennemerland. Das mit natürlichen Dünenlandschaften, Binnenseen und üppigen Vogelvorkommen gesegnete Areal

Einfach gut!

SCHLEMMEN AM STRAND

Strandpavillons dürfen mittlerweile als niederländischer Gegenentwurf zur österreichischen Skihütte durchgehen. Das heißt in der Realität unter anderem: Sie sind zahlreich und in nahezu allen Variationen vorhanden. Viele von ihnen sind entweder angestaubt oder springen auf irgendeinen Lounge-Trend auf. Nicht selten darf man sich als Gast glücklich schätzen, wenn man endlich die Aufmerksamkeit des Personals erregt. Nicht so das Thalassa 18: Das Lokal befindet sich ziemlich genau im Zentrum von Zandvoorts Strand. Das Personal ist aufmerksam und betont freundlich. Und die Gerichte, die aus der Küche kommen, sind makellos frisch. Besonders »lekker«: Hering mit Roter Bete und einem Glas Korn oder der Cocktail von Nordseegarnelen.

Thalassa 18. Tgl. 9–24 Uhr, Boulevard Barnaart, Strandafgang 18, Tel. 023/571 56 60, www.thalassa18.nl

Oben: Klassiker des Motorsports: die Rennstrecke von Zandvoort
Mitte: Leere Stühle sind selten: Zandvoort ist hervorragend ans Bahnnetz angeschlossen.
Unten: Hübsche Häuser mit gepflegten Gärten bilden die Kulisse im alten Ortskern.

erstreckt sich bis zur Mündung des Ij, wo heutzutage die Kreuzfahrtschiffe die letzten Seemeilen auf ihrem Weg nach Amsterdam in Angriff nehmen.

Bekannte Rennstrecke

Motorsportfans ist all dies reichlich egal: Sie kommen in dem Wissen nach Zandvoort, dass sich unmittelbar an das Stadtgebiet eine Rennstrecke durch eben diese Dünenlandschaften anschließt, deren Renommee nicht weit hinter dem des Nürburgrings zurücksteht. Weitere Sehenswürdigkeiten besitzt Zandvoort nicht – es sei denn, man wertet die Strandpavillons als solche. Dort endet der typische Besuch der Hauptstädter – mit belgischem Weißbier und Bio-Bitterballen.

GUT ZU WISSEN

KURZTRIP OHNE AUTORENNEN

Trotz seiner Reputation als etwas rummeliger Badeort besitzt Zandvoort das Potenzial für einen herrlichen (Kurz-)Urlaub – und sei es nur als Tagesausflug im Rahmen eines Amsterdam-Trips. Bevor man sich allerdings entscheidet, hier seine Erholung zu suchen, sollte man sicherstellen, dass auf dem Circuit gerade kein Autorennen ausgetragen wird. Je nach Windrichtung kann das Geheule der Motoren dem Aufenthalt eine unerwünscht laute Note verleihen.

Infos und Adressen

SEHENSWÜRDIGKEITEN

Circuit Park Zandvoort. Traditionsreiche Rennstrecke in den Dünen mit DTM-Rennen. www.cpz.nl

Circus Zandvoort. Multifunktionaler Amüsementpalast mit Kino und Casino. Tgl. 10–2 Uhr, Gasthuisplein 5, Tel. 023/571 86 86, www.circuszandvoort.nl

ESSEN UND TRINKEN

George No. 5. Durchgestylter Strandpavillon mit ambitionierter Küche. Mo–Fr 10–20 Uhr, Sa/So 10–21 Uhr, Boulevard Barnaart 65, Tel. 020/428 91 92, www.cafegeorge.nl

ÜBERNACHTEN

Beach House Zandvoort. Moderne Apartments in Strandnähe. Engelbertstraat 3, Tel. 06/53 32 60 80, www.zandvoortappartement.com

Bed & Breakfast Zeespiegel. Kleine Unterkunft mit modern eingerichteten Zimmern direkt an der Nordsee. Boulevard Paulus Loot 69, Tel. 06/29 25 96 54, www.bbzeespiegel.nl

Zerbrechliche Zeitgenossen warten in Form von Sandskulpturen auf Bewunderer.

Bei der Strandsafari begegnen den Touristen nicht selten stadtmüde Amsterdamer.

EINKAUFEN

Kaashuis Tromp. Spezialist für Käse, Wein, Leckereien und lokale Biere. Tgl. 8–18 Uhr, Grote Krocht 3–5, Tel. 023/571 90 58

Markt Zandvoort. Jeden Mittwoch bieten Händler ihre Waren an. 8–16.30 Uhr, Grote Krocht und Raadhuisplein

VERANSTALTUNGEN

EM im Sandskulpturenbauen. Mitte August streiten die besten Sandarchitekten um den Titel, dabei gilt jeweils eine thematische Vorgabe wie »Van Gogh und seine Zeitgenossen«. www.zandsculpturenroute.nl

AKTIVITÄTEN

Surfana Zandvoort. Surfschule und Ausrüstungsverleih für Anfänger und Profis. Rapa Nui (Strandklub), Zeeweg 100, Tel. 06/20 24 90 31, www.surfzandvoort.nl

INFORMATION

VVV Zandvoort. Mo–Fr 9–17 Uhr, Sa 10–17 Uhr, So 11–16 Uhr, Bakkerstraat 2B, Tel. 023/571 79 47, www.vvvzandvoort.de

26 Haarlem

Amsterdam im Kleinformat

Immer mehr Amsterdamer sind von den Touristenmassen in ihrer Stadt so entnervt, dass sie ihren Lebensmittelpunkt verlegen. Ihr favorisiertes Fluchtziel ist Haarlem, eine Stadt mit kleinen Geschäften, malerischen Gewässern, aufgeklärten Menschen und einer reichen Historie. Die Bewohner haben zudem das Glück, einen Nationalpark vor der Haustüre zu haben – und direkt dahinter den Strand und die Nordsee.

Vor Anker liegende Zweimaster, ein langsam fließendes Gewässer von bemerkenswerter Breite, Dutzende Häuser mit Treppengiebeln, eine doppelte Zugbrücke aus Holz und dahinter ein imposanter Kirchturm. Ein solches Postkartenmotiv hat Amsterdam als stolze Hauptstadt der Niederlande nicht im Programm. Vom Ostufer der Spaarne aber eröffnet sich sehr wohl dieser erhabene Anblick. Der Fluss mäandert am Rand der Innenstadt durch Haarlem, einen schöneren Blick auf eine Stadtsilhouette wird man in den Niederlanden so schnell nicht finden. Entsprechend gestalten sich die Immobilienpreise: Ein denkmalgeschütztes Häuschen mit kaum mehr als 90 Quadratmetern hat kürzlich für mehr als 600 000 Euro den Besitzer gewechselt.

Gäbe es diese Mondpreise nicht, könnte man sich heute dem Glauben hingeben, dass sich die 150 000 Einwohner der Provinzhauptstadt Noord-Hollands mit einer vergleichsweise bescheidenen Rolle begnügen. Von einer Konkurrenzsituation zu Amsterdam, Rotterdam oder auch Den Haag ist nichts zu spüren. Eher scheint man sich zuzuflüstern:

Mitte: Die Spaarne wäre Haarlems Stolz – würden nicht all die Gebäude konkurrieren.
Unten: Große Schuhe – die füllt Haarlem problemlos, wenn es um das Selbstvertrauen geht.

»Lass uns aufpassen, dass möglichst wenig Leute wahrnehmen, wie gut wir es hier haben.«

Flämische Einwanderer

Dabei könnte Haarlem aufgrund seiner Vergangenheit durchaus Ansprüche erheben: Nach dem Abzug der spanischen Soldaten im Jahre 1577 stieg die Einwohnerzahl innerhalb von nur 45 Jahren von 18 000 auf 40 000 – genug für Platz zwei hinter Amsterdam. Weil Haarlem nach den ersten Unruhen der Reformation als tolerant galt, waren es vor allem Flamen, die in die prosperierende Stadt flüchteten. Durch sie blühten Textilproduktion und Brauereiwesen auf.

Rathaus, Markt und viele Straßenzüge erinnern bis heute an die aus Brügge oder Gent bekannte Architektur. Nicht zuletzt war auch der berühmteste Sohn der Stadt flämischer Herkunft: Frans Hals (ca. 1582–1666). Dem begnadeten Porträtmaler hat Haarlem ein Museum gewidmet, in dem der Meister mit 15 Originalen vertreten ist. Es befindet sich in einem ehemaligen Altmännerhaus, einem vierflügeligen Prachtbau, dessen Bewohner laut einer beliebten Anekdote nach strengen Regeln zu leben hatten: Jeder musste mindestens fünf Paar saubere Unterwäsche und ebenso viele Schlafmützen mitbringen. Und er durfte stets maximal eine Flasche Bier dabei haben.

Architektonisch hingegen ist das Frans Hals Museum illustres Aushängeschild einer sehr niederländischen Baukultur, den Hofjes. 20 dieser Kleinode haben die Jahrhunderte überdauert. Gestiftet und unterhalten wurden sie von wohlhabenden Kaufleuten, den Kirchen oder von der Gilde. Ein Vorläufer der karitativen Bewegungen, die sich andernorts erst viel später als in den calvinistisch

Einfach gut!

BRAUEREI IN DER KIRCHE

Nicht zuletzt dank der Fähigkeiten zugezogener Flamen war Haarlem im Mittelalter eine Hochburg der Braukunst. Nach trostlosen Jahrzehnten des Industriebierkonsums lässt die Brauerei Jopen diese Tradition wieder aufleben. Die variantenreichen Biere überzeugen durch komplexe Aromen. Herb und zitronig kommt das Hoppenbier daher, schwer und fast schon medizinisch schmeckt das Gruit Bier. Als ginge es um die Beweisführung, dass die Bierpräferenz eine Glaubensfrage ist, werden die Gerstensäfte in einer Kirche gebraut. In der Jopenkerk befindet sich auch der spektakuläre Ausschank.

Jopen Brauerei in der Jopenkerk Haarlem. 10–1 Uhr, Gedempte Voldersgracht 2, Tel. 023/533 41 14, www.jopenbier.nl

Haarlem ist eine Shopping-Stadt.

geprägten Niederlanden durchsetzen sollten.

Eines der schönsten Exemplare ist das Frans Loenen Hofje in der Witte Herenstraat 24, dessen Zugang sich hinter einem fast schon pompösen Portal verbirgt. Die Grundfläche der Häuschen ist winzig, weshalb die Dachstühle steil ausgebaut sind. Während Besucher angehalten sind, die Privatsphäre der Bewohner zu respektieren, gilt es auch für die Bewohner einige Bedingungen zu erfüllen: Sie müssen weiblich sein und mindestens 50 Jahre alt. Außerdem muss Haarlem seit sechs Jahren ihr erster Wohnsitz sein, damit sie auf der langen Warteliste nach oben rücken. Dabei ist nicht nur das pastorale Idyll attraktiv, sondern auch die moderaten Preise. Der Durchschnittspreis für die Wohnungen soll bei 400 Euro liegen.

Das erste Museum des Landes

Für Nostalgiker noch berührender als diese Frühform sozialen Wohnungsbaus ist das Teylers Museum, das Ende des 18. Jahrhunderts als Vermächtnis des Textilfabrikanten Pieter Teyler errichtet wurde. 1784 eröffnet, strahlt allein der Bau mit seinen Oberlichtern, seiner holzgetäfelten

Nicht verpassen

SHOP TILL YOU DROP

Sechs mitten im Zentrum gelegene Straßen, die von denkmalgeschützten Häusern aus dem Goldenen Jahrhundert gesäumt sind. In den Ladenlokalen inhabergeführte Geschäfte. Das ist das Alleinstellungsmerkmal der »goldenen Straßen«, die einen großen Anteil daran haben, dass Haarlem bereits dreimal zur besten Einkaufsstadt der Niederlande gewählt wurde (zuletzt 2013). Zur Angebotspalette gehören neben Vintage-Läden und Concept Stores auch Designgeschäfte und besondere Handwerke. Die Gouden Straatjes befinden sich rund um den Grote Markt, den zentralen Platz der Stadt. Wer sich vorab informieren möchte, kann sich einen Flyer aus dem Internet herunterladen. Mehr Freude jedoch bereitet das spontane Einkaufserlebnis.

Gouden Straatjes. Koningstraat, Zijlstraat, Warmoestraat, Schagchelstraat, Kleine Houtstraat und Gierstraat

Spaziergang durch Haarlem

Ⓐ **Centraal Station –** Der Bahnhof ist der einzige in den Niederlanden, der überwiegend im Stil des Art Nouveau errichtet wurde. Er diente unter anderem im Spielfilm »Ocean's Twelve« von Steven Soderbergh als Kulisee.

Ⓑ **Hofje van Ooirschoot –** Durch den Kruisstraat über die schöne Nieuwe Gracht hinweg bis zum Hofje van Oorschot. Von 10 bis 17 Uhr haben Besucher Zutritt zu der malerischen Wohnanlage aus dem 18. Jahrhundert.

Ⓒ **Grote Markt –** Weiter durch die Smedestraat zum Stadtmittelpunkt, dem Grote Markt mit der allgegenwärtigen Grote of St. Bavokerk aus dem 15. Jahrhundert. Beachtenswert sind die kleinen Anbauten, die früher an Händler vermietet wurden – eine Besonderheit niederländischer Sakralbauten. Zu Füßen der Basilika steht das Proeflokaal »In den Uiver« – eine gute Adresse für die späteren Stunden des Tages.

Ⓓ **Gouden Straatjes –** Eine kleine Einkaufstour durch die Gouden Straatjes. Vielleicht zunächst geradeaus in die Lange Veerstraat, anschließend nach rechts in den Anegang und schließlich nach links in die Grote Houtstraat, die gegenüber der Filiale von Vroom & Dreesman (V&D) endet.

Ⓔ **Dachterrasse des V&D –** Besagtes Kaufhaus besitzt eine Dachterrasse, wo man dick belegten Apfelkuchen bestellen kann. Als kostenloses Sahnehäubchen wartet ein Panoramablick über die Stadt, der bis nach Amsterdam und zur Nordsee reicht.

Ⓕ **Botermarkt –** Direkt neben dem V&D lockt in der Gierstraat in einem holzvertäfelten Ladenlokal aus dem Jahr 1849 die Drogerie Van der Pigge, die sich in fast unverändertem Zustand immer noch im Familienbesitz befindet. Eine gute Adresse für ein »zakje drop« – eine Tüte gemischte Lakritze. Der Botermarkt allerdings gibt noch mehr her: Die Einheimischen gehen gern ins »Mogador Café«.

Ⓖ **De Vijfhoek –** Das Beste zum Schluss: Durch die Gierstraat geht es weiter zum De Vijfhoek. Das Viertel muss sich regelmäßig Vergleiche mit dem Jordaan in Amsterdam gefallen lassen. Die Lange Annastraat oder die Lange Raamstraat zeigen warum.

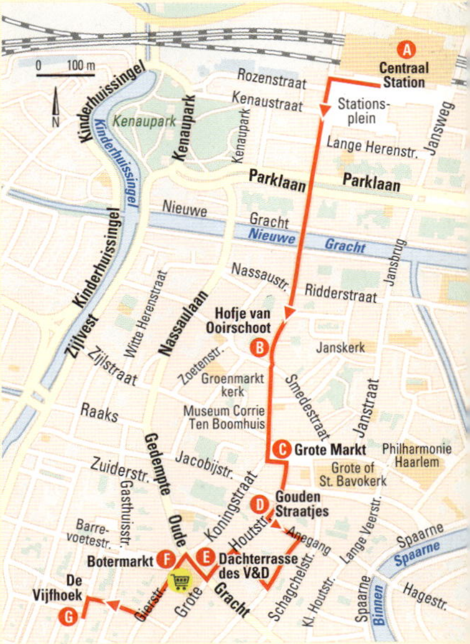

Wie früher: Einkauf am Botermarkt

Oben: Nicht schlecht für das erste Museum des Landes: das Atrium im Teylers
Mitte: Fahrradfreundlichkeit gehört zum guten Ton.
Unten: Deutlich windgeschützter ist es unterdessen in der malerischen Warmoestraat.

Bibliothek, seinen klassischen Medaillons und den klassizistischen Säulen eine einzigartige Sublimität aus. In den Vitrinen sind vor allem Fossilien und wissenschaftliche Instrumente ausgestellt.

Trotz der Vergangenheit wäre es töricht, nicht auch die quicklebendige Gegenwart der Stadt zu inspizieren. Haarlem ist mit seiner kompakten City eine der besten Einkaufsadressen der Niederlande. Das gilt insbesondere für die »Gouden Straatjes«. Südlich des Grote Markt finden Flaneure in Koningstraat, Zijlstraat, Warmoestraat, Schagchelstraat, Kleine Houtstraat und Gierstraat ein inhabergeführtes Geschäft neben dem anderen.

Auch das Nachtleben genießt einen guten Ruf: Das »Patronaat« gehört zu den besten Popbühnen des Landes. Außerdem befinden sich in der City mehr als 100 Cafés und Bars, wovon einige für sich gesehen den Trip lohnen. Das Probierlokal »In den Uiver« zum Beispiel vereint die gekachelten Wände eines ehemaligen Fischgeschäfts mit einem Interieur, das aus allerlei Airline-Devotionalien besteht. Aus dem Zapfhahn kommt handgebrautes Bier und auf den Teller Bitterballen. Da bekommt niemand so schnell Heimweh nach Amsterdam.

GUT ZU WISSEN

WO HÄNDEL UND MOZART SPIELTEN

Haarlem gilt unter Kennern als Orgelhauptstadt. An kaum einem anderen Ort sind so viele historisch wertvolle Orgeln versammelt. Aushängeschild ist die Müller-Orgel in der **St.-Bavo-Kirche**, die 1735 vom Deutschen Christian Müller konstruiert wurde. Schon Händel und Mozart haben ihre Pedale bedient. Weitere sehenswerte Exemplare sind die Cavaillé-Coll-Orgel in der Philharmonie, die Strobel-Orgel in der Lutherkirche und die Hess-Orgel in der Nieuwe Kerk.

Infos und Adressen

SEHENSWÜRDIGKEITEN

Frans Hals Museum. Kunst aus dem Goldenen Zeitalter und erfrischend aufbereitete Stadtgeschichte in einem ehemaligen Heim für arme Männer. Di–Sa 11–17 Uhr, So ab 12 Uhr, Groot Heiligland 62, Tel. 023/511 57 75, www.franshalsmuseum.nl

Molen de Adriaan. Nachbildung eines Wahrzeichens aus dem Jahr 1778. Tgl. 13–16 Uhr, Di geschlossen, am Wochenende ab 10.30 Uhr, Papentorenvest 1a, Tel. 023/545 02 59, www.molenadriaan.nl

Teylers Museum. Ältestes Museum der Niederlande (1784) mit naturhistorischem Schwerpunkt in einem fantastischen Gebäude. Di–Sa 10–17 Uhr, So ab 12 Uhr, Spaarne 16, Tel. 023/516 09 60, www.teylersmuseum.nl

ESSEN UND TRINKEN

Hofje zonder Zorgen. Café in einem denkmalgeschützten Haus aus dem 15. Jahrhundert mit Ausblick auf den Proveniershof. Tgl. 9–17 Uhr, Sa bis 18 Uhr, Grote Houtstraat 142A, Tel. 023/531 06 07, www.hofjezonderzorgen.nl

ML. Gesunde Saisonküche auf französischer Basis in einem Haus aus dem 17. Jahrhundert. Di–Sa ab

In der Hofanlage Gasthuispoort sind Besucher mit guten Manieren willkommen.

Spaarne, Windmühle und kleine Bötchen ergeben in der Summe – Klischeealarm.

18 Uhr, Kleine Houtstraat 70, Tel. 023/534 53 54, www.restaurant-ml.nl

Proeflokaal In den Uiver. Herrliche Kneipe in ehemaligem Fischgeschäft. Tgl. 16–1 Uhr, Do–Sa bis 2 Uhr, Riviervischmarkt 13, Tel. 023/532 53 99, www.indenuiver.nl

ÜBERNACHTEN

Stempels. Moderne Zimmer in einem historischen Bau mitten im Zentrum. Klokhuisplein 9, Tel. 023/512 39 10, www.stempelsinhaarlem.nl

EINKAUFEN

Marqt. Alternativer Supermarkt ohne Bargeldzahlung. Mo–Sa 9–20 Uhr, So 12–18 Uhr, Gedempte Oude Gracht 66, Tel. 023/820 09 29, www.marqt.com

AKTIVITÄTEN

Rent a bike Haarlem. Stabile Hollandräder, diverse Tour-Arrangements. Tgl. 9–17 Uhr, Lange Herenstraat 36, Tel. 023/542 11 95, www.rentabikehaarlem.nl

INFORMATION

VVV Haarlem. Tgl. 9.30–17.30 Uhr, So 12–16 Uhr, Grote Markt 2, Tel. 023/531 73 25, www.haarlemmarketing.de

Mitte: Ein guter Plan: Sonnenstrahlen erhaschen und auf die schöne Stadt blicken
Unten: Toleranz gegenüber Katholiken: die Geheimkirche Ons Lieve Heer op Zolder

27 Amsterdam
Ein erfolgreicher Balanceakt

Weltstadt und Gesamtkunstwerk. Touristenmagnet und Hochburg der Lokalpatrioten. Pulsierende Metropole, melancholischer Sehnsuchtsort, verruchter Sündenpfuhl und die nostalgische Erinnerung an eine große Vergangenheit. All das ist Amsterdam. In kurzer Zeit ist der Stadt nur schwer beizukommen. Doch auch dann hält sie kleinere und größere Geheimnisse bereit, die eine Rückkehr so spannend machen wie den ersten Besuch.

»An den Amsterdamer Grachten habe ich für immer mein Herz verloren.« So lautet der Refrain eines Schlagers, der immer dann erklingt, wenn die Stadt sich selbst und ihre einzigartigen Kostbarkeiten feiert: Den mehr als 400 Jahre alten Grachtengürtel, die monumentalen Giebelhäuser, die mit Glühbirnen besetzten Brücken, das unverwechselbare Licht und den Klang der Drehorgeln. Aber natürlich auch die Menschen, die in dieser Stadt leben: kultivierte, liberale, tolerante und tiefenentspannte Zeitgenossen, deren Leben allein schon deshalb kein Misserfolg werden kann, weil es sich ja in Amsterdam zuträgt.

Diese Geisteshaltung ist nicht aus der Luft gegriffen, schließlich hängen in den Museen der Stadt nicht weniger als 23 Rembrandts und 212 Van Goghs. Es gibt 36 Parks, 32 Märkte und 2500 Hausboote. Für eine Stadt von Weltruf ist die Zahl der Einwohner mit 811 000 immer noch überschaubar. Auch ist sie geringer als die Zahl der Fahrräder (881 000). Um das Gesamtensemble zu genießen, kommen pro Jahr 17,6 Millionen Besucher.

Eine Skyline wie im 17. Jahrhundert: die Altstadt

Schwelgereien und Zahlenspiele dieser Art lassen sich unendlich lange fortsetzen. Und natürlich ist es jedem Reisenden vorbehalten, sich am Einstiegsprogramm zu orientieren: Eine Grachtenrundfahrt in der Dämmerung, im Rijksmuseum vor Rembrandts Nachtwache stehen und im Anne-Frank-Haus des vielleicht düstersten Kapitels der Geschichte zu gedenken – all das sollte jeder wenigstens einmal gemacht haben.

Die größte Attraktion ist kostenlos

Ähnlich unvergesslich aber kann es sein, sich einfach einen Tag lang durch Amsterdam treiben und die Stadt in all ihren Facetten auf sich wirken zu lassen. Amsterdams größte Attraktion nämlich ist nie geschlossen, es bilden sich keine Warteschlangen und der Eintritt ist kostenlos: der hufeisenförmige Grachtengürtel. Herengracht, Keizersgracht und Prinsengracht bieten allen Sinnen ausreichend Nahrung. Die kleinen Verbindungen zwischen den majestätischen Wasserstraßen haben sich unterdessen als »Negen Straatjes« (neun Sträßchen) zur vielleicht schönsten Einkaufsgegend der Stadt gemausert.

Nicht verpassen

GEHEIMKIRCHE IM ROTLICHTVIERTEL

Zwischen den Rauchschwaden, die aus den umliegenden Coffeeshops dringen, und den Schaufenstern, in denen die Prostituierten um Kundschaft buhlen, steht am Oudezijds Voorburgwal ein auf den ersten Blick wenig auffälliges Wohnhaus. In dessen oberen beiden Stockwerken aber verbirgt sich ein Kuriosum: eine katholische Kirche in Kleinausführung. Sie trägt den Namen Ons' Lieve Heer op Solder, was so viel heißt wie »unser gütiger Herr auf dem Dachboden«. Das Konstrukt ist eine Nachwirkung der Reformation, die andernorts zur Verfolgung der Katholiken geführt hat. In Amsterdam jedoch hat man eine Lösung bevorzugt, die der katholischen Minderheit eine Weiterausübung ihres Glaubens gestattet. Wenn auch heimlich.

Ons Lieve Heer op Zolder. Tgl. 10–17 Uhr, So ab 13 Uhr, Oudezijds Voorburgwal 38, Tel. 020/624 66 04, www.opsolder.nl

Amsterdam im Schnelldurchgang

Amsterdam bietet reichlich Potenzial für Entdeckungen. Wer nur wenige Stunden mitbringt, kann sich jedoch auch mit einem Schnelldurchgang trösten.

A Centraal Station – Der im Stil der Neorenaissance erbaute Hauptbahnhof ist das ideale Einfallstor zur Stadt. Nicht nur wegen seiner zentralen Lage, sondern auch weil der Tagespreis in Tiefgaragen bis zu 48 Euro beträgt.

B Oudezijds Achterburgwal – Über den Nieuwebrugsteeg in die Altstadt. Auf dem Oudezijds Achterbugwal wartet nach wenigen Schritten die versteckte Kirche Ons Lieve Heer op Zolder.

C Königspalast – Geradeaus bis zur Damstraat, dort rechts zum Königspalast, der auf mehr als 13 000 Holzpfählen errichtet wurde. Das Bauwerk kann täglich von 11 bis 17 Uhr besichtigt werden.

D Begijnhof – Über den Nieuwezijds Voorburgwal und vorbei am Amsterdam Museum zum Eingangsportal des Begijnhofs. Die mittelalterliche Hofanlage diente einer Frauengemeinschaft zur Führung eines Lebens nach streng religiösen Prinzipien.

E Negen Straatjes – Über Spui, Hijsteeg und Huidenstraat bis zur Prinsengracht. In den Verbindungsstraßen zwischen den großen Grachten befindet sich mit den »Negen Straatjes« das schönste Einkaufsviertel der Stadt.

F Prinsengracht – Nach rechts in die Prinsengracht einbiegen. Hier ragt zunächst der Westerkerktoren in den Himmel. Daneben warten Touristen auf Zugang zum Anne-Frank-Haus.

G Keizersgracht – Nach rechts in die Leliegracht und von dort nach links in die nicht minder stimmungsvolle Keizersgracht bis zur Haarlemmerstraat, einer weiteren lebendigen Einkaufsstraße.

H Holland International Cruises – Durch den schmuddeligen Nieuwendijk bis zur Martelaarsgracht. An deren Kopfende bietet Holland International eine Grachtenrundfahrt an.

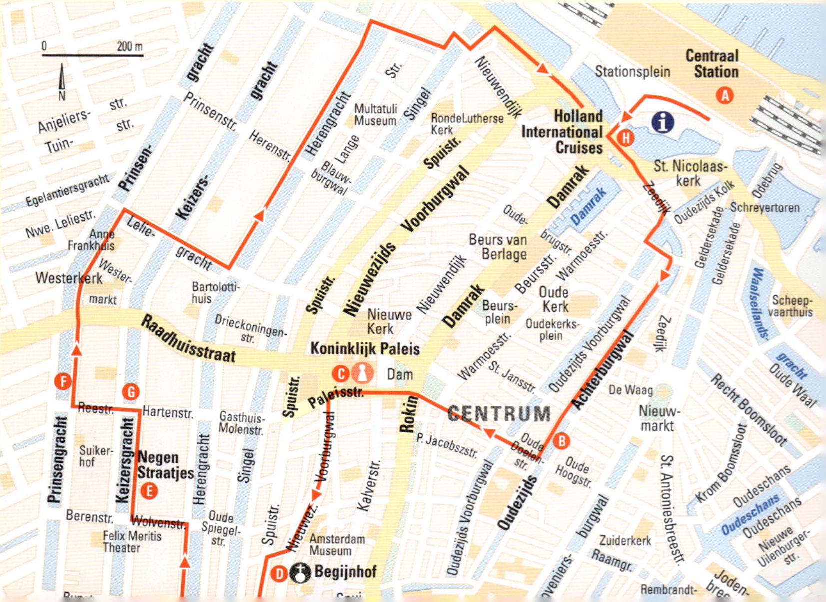

Auch noch so kultivierte Besucher kommen derweil gänzlich an jenen Vierteln vorbei, die unweigerlich die meisten Besucher anziehen, allein schon, weil sie aus dem Hauptbahnhof direkt dort hineingespült werden: der Damrak und die langweilige Fußgängerzone Nieuwendijk und Kalverstraat zur Rechten und das Rotlichtviertel zur Linken. Hier, auf den sogenannten Wallen (eine Ableitung von den Straßennamen wie Oudezijds Voorburgwal), lässt sich die Stadt bis heute ein wenig gehen. Sie gibt sich überwiegend schmuddelig, laut und billig. Vielleicht auch, weil das von ihr erwartet wird. Vor allem Besucher aus prüden Ländern trauen ob der Freiheiten ihren Augen kaum.

Die Toleranz hat ihre Grenzen

Doch die vermeintliche Liberalität kann sich auch ganz schnell umkehren, etwa wenn Zivilfahnder Wildpinkler oder Freilufttrinker auf die gültigen Vorschriften aufmerksam machen. Beides nämlich ist heute ebenso wenig gestattet, wie der öffentliche Konsum von (weichen) Drogen und das Fotografieren der Prostituiertenfenster. Auch die Stadt der Freigeister kann ohne Regelwerk nicht mehr funktionieren.

Wer nach einem mehr oder weniger intensiven Prozess des Kennenlernens nun das Bedürfnis verspürt, tiefer in die Welt der Grachtenhäuser einzudringen, dem stehen diverse Möglichkeiten zur Auswahl. Eine veritable Überraschung etwa ist das Taschenmuseum Hendrikje, das nicht nur für distinguierte Damen zu einer Entdeckungsreise werden kann: In einem Prachtbau an der Herengracht gewährt das Haus anhand von 4000 Exponaten Einblicke in die Geschichte des wohl wichtigsten Accessoires der Modegeschichte – sei es aus Schildkrötenpanzer gefertigt oder in Form eines

Geheimtipp

SCHANDFLECK WIRD BLICKFANG

In seinem ersten Leben war das schmucklose Hochhaus auf der Rückseite des Hauptbahnhofs mehr Schandfleck denn Blickfang. Als der Ölgigant Shell sein Hauptquartier 2009 schließlich verlassen hat, schien dem 21 Stockwerke hohen Riesen aus dem Jahr 1966 ein jähes Ende beschieden. Statt des drohenden Abrisses aber kann sich der Bau nun als »Adam« auf ein unerwartet cooles zweites Leben freuen. Mit dem Hotel »Sir Adam«, einem 360-Grad-Restaurant (19. Stock), der Bar »Madam« (20. Stock) und einer Dachterrasse haben gleich mehrere Etablissements aufgemacht. In den Zwischengeschossen richten sich unterdessen kreative Unternehmen ein, die vorzugsweise ein Faible für Musik haben. Wie Adam dauerhaft angenommen wird, muss sich erst noch erweisen, denn der Turm hat gerade erst seine Pforten geöffnet.

Adam. Overhoeksplein 1, www.adamtoren.nl

Einfach gut!

ÜBERNACHTUNG AUF EINEM HAUSBOOT

Rund 2500 Hausboote liegen in Amsterdam dauerhaft vor Anker. Viele sind über Internet-Portale semilegal auch für Touristen buchbar. Das Hausboot »De Alternatief« hingegen ist offiziell als Hostel registriert. Hier können Besucher authentische Einblicke in diese vielleicht typischste Lebensform der Stadt gewinnen. Das Boot ist modern mit Laminat ausgelegt, verfügt über eine voll eingerichtete Küche, Waschmaschine und Internet. Für den Fall, dass es draußen ungemütlich ist, steht im Wohnzimmer ein Pellet-Ofen bereit. Auch die Lage in der Nähe von Bahndamm und Bibliothek ist gut. Der Preis für bis zu sechs Personen beläuft sich auf 180 bis 220 Euro.

Houseboat Alternatief. Dijksgracht 8, Tel. 06/55 81 07 60, www.houseboathostel.com

Telefons. Nach einem Parforceritt durch fünf Jahrhunderte wartet zur Belohnung ein überaus gemütliches Café mit Blick auf die Herengracht.

Noch vornehmer wohnt es sich an der Keizersgracht, wo Gäste im Huis Marseille willkommen sind. Das prächtige Patrizierhaus aus dem Jahr 1665 beherbergt eine sehenswerte Sammlung von Gegenwartsfotografien mit Werken von Andreas Gursky und Candida Höfer. Der Garten mit einem entzückend restaurierten Häuschen ermöglicht einen völlig anderen Blick auf die Grachtenhäuser. Aber es sind nicht nur die Domizile der Großbürger, die kleine Geheimnisse bergen. Die Brauerei t'Ij etwa befindet sich in dem niederländischen Klischeegebäude schlechthin: einer Windmühle, oder genauer gesagt in deren Sockel. Am Ostrand der Innenstadt wird ungefiltertes und nicht pasteurisiertes Bier gebraut, das sich wohltuend von den flachen niederländischen Industriebieren abhebt.

Schmelztiegel der Nationen

Überhaupt ist Amsterdam neuerdings eine kulinarische Offenbarung: Als Schmelztiegel für 180 Nationalitäten sind hier fast alle Landesküchen des Planeten präsent. Klar, dass auch der Einkaufsbummel auf einem der Märkte zum Probierparcours gehört. Anders als der bekanntere Albert-Cuyp-Markt, ist der im Osten gelegene Dappermarkt noch kaum von Touristen entdeckt und entsprechend authentisch. Der hier fest installierte Stand von Vita de Vendt ist gemäß der Expertenjury des »Algemeen Dagblad« die beste Frittenbude der Stadt. Vor den Augen der Kundschaft werden riesige Kartoffeln mit der Hand in dicke Streifen zerteilt, um sie anschließend in einem festgelegten Ritual zweifach in Fett zu backen. Doch auch die Protagonisten der Spitzengastronomie werden in Amsterdam immer erfolgreicher: Mittlerweile 15 Restaurants verfügen über wenigstens einen Michelin-Stern – ebenso viele wie im viermal so großen Berlin.

Auch sonst gibt sich die Stadt zunehmend aufstrebend. Mit dem Ergebnis, dass die Zahl der Aussichtspunkte in der jüngeren Vergangenheit explosionsartig zugenommen hat. Ebenso populär wie kostenlos ist das oberste Deck der Openbaar Bibliothek auf dem Oosterdokseiland, die neben bibliophilem Tiefgang auch eine hübsche Aussicht über den inneren Kern der City bietet. Die nahe Sky Lounge Amsterdam im »Double Tree«-Hotel verfügt derweil über eine Panoramafensterfront – außerdem sind hier die Drinks besser (allerdings auch teurer). Fast schon elitär sind die Cocktails unterdessen am anderen Ende der Stadt im Viertel De Pijp, wo im obersten Stock des »Hotel Okura« schon der Name der »Twenty Third Bar« wenig Zweifel am Aussichtpotenzial lässt. Am lustigsten aber ist wohl die Freiluftterrasse auf dem Dach des »Volkshotel«, wo den Gästen ein paar Saunakabinen und Whirlpools zur Verfügung stehen. Eine Etage tiefer ist das Etablissement für das breite Publikum geöffnet.

Überhaupt manifestiert sich jenseits der Altstadt ein vor zwei Jahrzehnten noch nicht für möglich gehaltener Fortschrittsglaube: Wo früher Hafendocks waren, sind zum Teil sehr futuristische Wohnanlagen entstanden. Die im IJ gelegene Insel Java ist mit ihrer experimentellen Architektur der radikale Gegenentwurf zum historischen Stadtkern. Gut, dass die Amsterdamer stets darauf bedacht sind, die Wohlfühlorte für die Allgemeinheit zugänglich zu machen. Zum neuen Muziekgebouw aan het IJ gehört zwar ein Kreuzfahrtterminal. Dafür aber können die Leute auf den riesigen Holzstegen auch die Füße im Wasser baumeln lassen.

Oben: Geeignet auch für den Export: Zwiebeln auf dem Blumenmarkt
Mitte: Eine Grachtenrundfahrt gehört zu den größten Vergnügen – vor allem im Privatboot.
Unten: Ein eisernes Gesetz: Sobald die Sonne scheint, strömen die Amsterdamer in die Cafés.

Infos und Adressen

Gute Kulisse für ein unvergessliches Porträtfoto: die Herengracht

SEHENSWÜRDIGKEITEN

Anne Frank Huis. Wohnhaus der Familie Frank, in der die kleine Anne ihr bewegendes Buch über ihre Erfahrungen während des Zweiten Weltkriegs geschrieben hat. Tgl. 9–19 Uhr, im Sommer länger, Prinsengracht 263–267, Tel. 020/556 71 00, www.annefrank.org

Begijnhof. Zauberhafte Wohnanlage aus dem 14. Jahrhundert in einem abgeschirmten Hof, in der religiöse Beginen gelebt haben. Tgl. 9–17 Uhr, Eingang: Gedempte Begijnensloot, www.amsterdamsehofjes.nl

Grachtengürtel. Vier hufeneisenförmige Gewässer, die vor 400 Jahren zur Stadterweiterung angelegt wurden. Singel, Heren-, Keizers- und Prinsengracht

Hermitage. Dependance des Petersburger Museums in einem ehemaligen Altenheim. Nur Wechselausstellungen. Tgl. 10–17 Uhr, Amstel 51, Tel. 020/530 87 55, www.hermitage.nl

Huis Marseille. Museum für Gegenwartsfotografie in einem Grachtenhaus aus dem 17. Jahrhundert. Di–So 11–18 Uhr, Keizersgracht 401, www.huismarseille.nl

Rijksmuseum. Aufwendig zurückgebaut und restauriert erstrahlt die Museumsikone in nie dagewesenem Glanz. Das Haus leidet ein wenig am eigenen Erfolg, denn es ist meistens sehr voll. Tgl. 9–17 Uhr, Museumstraat 1, Tel. 020/674 70 00, www.rijksmuseum.nl

Rotlichtviertel. Sündenpfuhl, der sich in einem gedachten Dreieck vom Hauptbahnhof zum Nieuwmarkt und zum Damrak (Höhe Beursplein) ausbreitet.

Taschenmuseum Hendrikje. Handtaschen und ihre Ableger aus fünf Jahrhunderten in einem wunderbaren Grachtenhaus. Tgl. 10–17 Uhr, Herengracht 573, Tel. 020/524 64 52, www.tassenmuseum.nl

Van Gogh Museum. Mehr als 200 Werke des ebenso unglücklichen wie innovativen Meisters. Tgl. 9–17 Uhr, Paulus Pottertstraat 7, Tel. 020/570 52 00, www.vangoghmuseum.nl

Vondelpark. Der unter Denkmalschutz stehende Park ist Refugium und Bühne für Selbstdarsteller in einem. Stadhouderskade bis Amstelveensweg

Westerkerktoren. Der 85 Meter hohe Kirchturm mit der blauen Kuppel ist vielleicht der schönste seiner Art und ein weithin sichtbares Wahrzeichen. Wechselnde Öffnungszeiten, Prinsengracht 281, Tel. 020/624 77 66, www.westerkerktoren.nl

ESSEN UND TRINKEN

Ciel Bleu. Gourmetadresse nach französischer Schule im 23. Stock des »Hotel Okura«, das mit dem »Sazanka« auch noch ein Sternerestaurant sowie mit der »Twenty Third Bar« eine exklusive Cocktailbar beherbergt. Mo–Sa 18.30–22.30 Uhr, Ferdinand Bolstraat 333, www.cielbleu.nl

De Silveren Spiegel. Niederländische Küche in einem 400 Jahre alten Treppengiebelbau. Gute Weinkarte. Mo–Sa 18–22 Uhr, Kattengat 4–6, Tel. 020/624 65 89, www.desilverenspiegel.com

Librije's Zusje. Ableger des langjährigen Branchenprimus »Zwolle« im »Waldorf Astoria«. Di–Sa 18.30–22.30 Uhr, Do–Sa auch 12.30–14 Uhr, Herengracht 542–556, Tel. 020/718 46 43, www.librijeszusjeamsterdam.com

&samhoud places. Kreative Küche mit Streetfood-Einflüssen, molekularen Kabinettstückchen – und entsprechend hohen Preisen. Mi–So 18–21.30 Uhr, Oosterdokskade 5, Tel. 020/260 20 94, www.samhoudplaces.com

ÜBERNACHTEN

Andaz. Niederländische Postmoderne aus dem Atelier von Marcel Wanders. Grell und recht großartig. Prinsengracht 587, Tel. 020/523 12 34, www.andaz.com

Grand Hotel Amrath. Luxusunterkunft in sehenswertem Jugendstilbau des ehemaligen Schifffahrthauses. Prins Hendrikkade 108, Tel. 020/552 00 00, www.amrath.amsterdam.com

Mövenpick Amsterdam City. Modernes Hotel im Oostelijk Havengebied. Aus den oberen Stockwerken hat man einen tollen Blick auf die Stadt. Piet Heinkade 11, Tel. 020/519 12 00, www.moevenpick-hotels.com

Volkshotel. Angesagtes Hotel im ehemaligen Verlagsgebäude der »Volkskrant«. Wibautstraat 150, Tel. 020/261 21 00, www.volkshotel.nl

AUSGEHEN

Concertgebouw. Geniale Akustik, gediegenes Ambiente, formidables Programm. Concertgebouwplein 10, www.concertgebouw.nl

Paradiso. Konzerthalle in einer umgebauten Kirche. Wer ein Star werden will, muss erst hier auftreten. Weteringschans 6–8, Tel. 020/626 45 21, www.paradiso.nl

EINKAUFEN

Droog. Dutch Design in einem multifunktionalen Bau. Sehr unterhaltsam. Di–So 11–18 Uhr, Staalstraat 7B, 020/523 50 59, www.droog.com

Floris van Bommel. Der jüngste Spross der niederländischen Schuhdynastie überzeugt mit Extravaganz. Di–Sa 10–18 Uhr, Do bis 21 Uhr, So/Mo ab 13 Uhr, Singel 439–441, www.vanbommel.com

Magna Plaza. Einkaufszentrum in der alten Post, die im Stil der Neorenaissance errichtet wurde. Tgl. 10–19 Uhr, So/Mo ab 12 Uhr, Do bis 21 Uhr, Nieuwezijds Voorburgwal 182, www.magnaplaza.nl

Negen Straatjes. Ohne Frage die schönste Einkaufsmöglichkeit des Landes. Zwischen Singel und Prinsengracht, www.de9straatjes.com

Dappermarkt. Authentischer Markt in Oost. Tgl. 10–17 Uhr, Dapperstraat, www.dappermarkt.nl

VERANSTALTUNGEN

Koningsdag. Am 27. April feiert das Land den Geburtstag von König Willem-Alexander. In Amsterdam ist es ein rauschendes Fest in »oranje«.

Uitmarkt. Festival zur Eröffnung der nationalen Kultursaison rund um Leidseplein und Museumplein. Ende August, www.uitmarkt.nl

Grachtenfestival. Viel Klassik und ein wenig Folklore an zehn Tagen im August, www.grachtenfestival.nl

AKTIVITÄTEN

Grachtenrundfahrt. Gehört zum Pflichtprogramm eines jeden Aufenthalts, auch weil sich die Angebotspalette stetig verbessert. Die Rederij P. Kooij ist bekannt für ihre Freundlichkeit. Tgl. ab 10 Uhr, Rokin gegenüber Hausnummer 125, Tel. 020/623 38 10, www.rederijkooij.nl

INFORMATION

I amsterdam Visitor Centre. Tgl. 9–18 Uhr, Stationsplein 10, Tel. 020/702 60 00, www.iamsterdam.com

AMSTERDAM: Stadt der »gezelligheid«

Die Dachterrasse des »Canvas 7« im »Volkshotel« ist einer der hippsten Orte der Stadt.

In der niederländischen Sprache existiert ein Wort, das nur unzureichend übersetzbar ist: »gezellig«. Grob könnte man die Bedeutung mit »gemütlich« umreißen, doch das greift wesentlich zu kurz. So ist ein Bummel durch die Stadt für unsere Nachbarn ebenso gezellig wie ein Tag am Strand mit Freunden oder Familie. Richtig gezellig aber sind die Amsterdamer Kneipen. Dieses Kapitel stellt die besten Adressen vor.

In der kollektiven Wahrnehmung ist Amsterdam eine Stadt zum Ausgehen. Das liegt vor allem an den vielen Aufnahmen, die vom Rotlichtviertel und vom ausgelassenen Feiern des Königstages kursieren. Abseits der wenig attraktiven Straßen, in denen nie die Lichter ausgehen, ist das Nachtleben der Stadt nicht mit Metropolen wie Berlin oder Barcelona vergleichbar. Die Amsterdamer selbst lieben vor allem ihre Kneipen. Insbesondere die altmodischen, in denen Brauchtum und Lokalkolorit dem rasanten Wandel der Zeit trotzen – und in denen häufig gar keine Musik läuft. Hier kommen sie hin, um ganz unprätentiös ein Bierchen zu trinken, dazu vielleicht einen Jenever. Dann wird gequatscht, so, wie es frühere Generationen gemacht haben.

Für den Anfang einer Kneipentour bietet sich das »Café t'Mandje« an, wenn es dort gegen 18 Uhr noch nicht so voll ist. Als das bis unter die Decke mit Memorabilia

vollgepackte Etablissement 1927 geöffnet hat, sollte es schnell zur ersten Bar für Schwule und Lesben werden. Das ist bis heute so geblieben – ebenso wie die Tatsache, dass Heteros willkommen sind.

Weiter geht's zu Wynand Fockink, einer Jenever- und Likörbrennerei mit angegliederter Probierstube. Die Destillerie liegt versteckt in einer kleinen Gasse, wo sie bereits 1679 ihren Betrieb aufgenommen hat. Die Firmengeschichte ist von mehreren Übernahmen geprägt. Doch die Atmosphäre des Goldenen Jahrhunderts haben die verschiedenen Betreiber erfolgreich in die Gegenwart gerettet – inklusive der sprichwörtlichen »gezelligheid«.

Bill Clintons Lieblingsapfelkuchen

Nun wird es Zeit für einen Standortwechsel von der Innenstadt zum Grachtengürtel. Ein echtes Juwel befindet sich an der Ecke Brouwersgracht/Prinsengracht mit dem »Papeneiland«. Eine mit Delfter Blau verzierte Kachelwand und ein Ofen sorgen für einen behaglichen Rahmen. Wer mag, kann sich mit einem Schreiben von Bill Clinton befassen, das dieser zur Huldigung des hausgemachten Apfelkuchens aufgesetzt hat. Mittlerweile befinden wir uns im folkloristischen Herzen der Stadt. An der Ecke, wo Prinsengracht und Egelantiersgracht aufeinandertreffen, befindet sich mit dem »t'Smalle« eine weitere Adresse mit Klassikeranspruch. Die Kneipe schien japanischen Besuchern so authentisch niederländisch, dass sie daheim eine Replik gebaut haben.

Bliebe noch eine Adresse für einen etwaigen Absacker. Nun kommt das »Café Nol« ins Spiel, ein plüschiges Etablissement im Herzen des Jordaan, in dem sich zu vorgerückter Stunde alle sozialen Register vermischen. Hier ist man vor Amsterdamer Schlagern nicht sicher. Aber eines ist es ganz gewiss: »gezellig«.

Information

Café Nol. Mi–So 21–3 Uhr, Sa/So bis 4 Uhr, Westerstraat 109, Tel. 020/624 53 80, www.cafenol-amsterdam.nl
Café t'Mandje. Di–Do 17–1 Uhr, Fr 16–3 Uhr, Sa 15–3 Uhr, So 15–1 Uhr, Zeedijk 63, Tel. 020/622 53 75, www.cafetmandje.amsterdam
Café Papeneiland. Tgl. 10–1 Uhr, Fr/Sa bis 2 Uhr, Prinsengracht 2, Tel. 020/624 19 89, www.papeneiland.nl
t'Smalle. Tgl. 10–1Uhr, Fr/Sa bis 2 Uhr, Egelantiersgracht 12, Tel. 020/623 96 17, www.t-smalle.nl
Wynand Fockink. Tgl. 15–21 Uhr, Pijlsteeg (hinter dem Hotel »Krasnapolsky«), Tel. 020/639 26 95, www.wynand-fockink.nl

Mitte: Das Nordufer des Ij blüht seit einigen Jahren auf.
Unten: Der Adam ist ein hipper Multifunktionsbau. Einst residierte hier Shell.

28 Amsterdam Noord

Die vergessene Stadt

Im historischen Stadtkern von Amsterdam herrscht notorische Platzarmut. Dennoch hat es lange gedauert, bis die Bewohner den vergleichsweise radikalen Schritt gewagt haben, auch die vernachlässigten Stadtteile jenseits des Ij in die Arme zu schließen. Seit einigen Jahren nun ist Noord plötzlich der neueste Schrei. Das liegt auch an einer Mini-Kreuzfahrt, die für Einheimische wie Touristen kostenlos ist.

Amsterdam-Nord beginnt auf der Rückseite des Hauptbahnhofs, denn hier legen die Fähren zum anderen Ufer des Ij ab. Zum Buiksloterweg geht es tagsüber im Fünfminutentakt. Spannender aber ist die Tour zur NDSM-Werft, wo die Nederlandsche Doken Scheepsbouw Maatschappij bis 1984 Schiffe gebaut hat.

Schon die Fahrt ist ein kleines Erlebnis. Während des 15 Minuten dauernden Transfers passiert die Fähre zunächst das recht spektakuläre Filmmuseum Eye, das gemeinsam mit einem nunmehr »Adam« genannten Turm den Blickfang von Noord bildet. Die ehemalige Konzernzentrale von Shell hat 2016 ein zweites Leben begonnen mit Büros, einem Restaurant und als Event-Location. Am stadtseitigen Ufer geraten nun teils futuristische Bauten ins Blickfeld: der neue Justizpalast, dahinter der Silodam, ein an Containerschiffe erinnernder Apartmentkomplex aus dem Atelier der Rotterdamer Architekten MVRDV, die auch die dortige Markthalle realisiert haben. Kurz vor dem Anleger passiert die Fähre dann auch noch ein U-Boot und allerlei andere schwimmende Gefährte, die ausgemustert wurden.

Eine inspirierende Reise

Nach dieser inspirierenden Reise wartet ein freundlicher Empfang: die »Ij-Kantine«. Wo früher die Werftarbeiter gespeist haben, lassen sich heute die kreativen Köpfe verköstigen, die in den NDSM-Hallen unterschiedlich große Kubikel eingerichtet haben, aus denen sie ihre Start-ups betreiben. Die angrenzenden Ij-Hallen beherbergen an ausgesuchten Wochenenden den nach eigenen Angaben mit 750 Ständen größten Flohmarkt Europas. Auf dem Außengelände der Industriebrache herrscht eine Stimmung, die mit dem historischen Amsterdam rein gar nichts zu tun haben möchte: Altersschwache Gebäude, nicht mehr benötigte Transportmittel und ein Hafenkran bilden die Kulisse für einen aparten Spaziergang, wobei der Kran gar zu einem luxuriösen Bed & Breakfast umgebaut wurde.

Die meisten Besucher allerdings kommen hierhin, um sich ein Plätzchen im »Pllek« zu sichern. Das Café und Restaurant ist in einem Ensemble alter Schiffscontainer untergebracht. Im Winter sorgt ein Ofen für Gemütlichkeit. Im Sommer verdingen sich die Amsterdamer am hauseigenen Strand oder im Biergarten. Einer der hipsten Orte der Stadt, deren Silhouette im Hintergrund sichtbar ist.

Vom »Pllek« führt ein eher unspektakulärer Fußweg zu dem zweiten Hotspot von Noord: dem Eye und seiner Peripherie. Das Haus nämlich ist nicht nur Museum, sondern auch Arthaus-Kino. Gleich vier Säle werden intensiv mit Filmkunst bespielt, wobei angemerkt sei, dass Filme in den Niederlanden stets im Original laufen. Die Sogwirkung des Eye ist so immens, dass der legendäre Popmusiksaal »Paradiso« hier mit dem »Tolhuistuin« eine Dependance errichtet hat. Spätestens seitdem ist Noord nicht mehr aufzuhalten.

Infos und Adressen

SEHENSWÜRDIGKEITEN

Eye. Filmmuseum mit extravaganter Architektur und ambitioniertem Programm. Tgl. 10–22 Uhr, Fr/Sa bis 23 Uhr, Ijpromenade 1, Tel. 020/589 14 00, www.eyefilm.nl

ESSEN UND TRINKEN

Café Modern. Sympathisches Restaurant im 50er-Jahrestil in einer ehemaligen Bank mit angegliedertem Bed & Breakfast. Mo–Sa ab 19 Uhr, Mi–Sa auch 12–15 Uhr, Meidoornweg 2, Tel. 020/494 06 84, www.jacquesjour.nl

Ij-Kantine. Freundlicher Ort für einen Snack, im Sommer mit Außengastronomie und Blick auf das örtliche Hafenbecken. Tgl. ab 9 Uhr, Ondinaweg 15–17, Tel. 020/633 71 62, www.ijkantine.nl

Pllek. Beliebtes Café und Restaurant mit eigenem Strand. Tgl. 9.30–1 Uhr, Fr/Sa bis 3 Uhr, Neveritaweg 59, Tel. 020/290 00 20, www.pllek.nl

ÜBERNACHTEN

Faralda Crane Hotel. Stilvolle Übernachtung in einem ausgemusterten Hafenkran. NDSM-Plein 78, Tel. 020/760 61 61, www.faralda.nl

INFORMATION

www.ndsm.nl

Das futuristische Eye

Mitte: Treiben lassen und ein paar Kleinigkeiten essen: der Noordermarkt im Jordaan
Unten: Die Drehorgel ist ein anrührend schönes Stück Amsterdamer Folklore.

29 Der Jordaan

Trendviertel mit unmöglichen Straßennamen

In direkter Nachbarschaft zum Grachtengürtel breitet sich ein Viertel aus, das in der Metropole Amsterdam lange Zeit kaum Wertschätzung erfahren hat. Wer es heute zu Füßen des Westerkerktorens betritt, stellt unweigerlich fest: der Jordaan ist ein Spätzünder. Der volkstümliche Charakter ist bislang gegen Außeneinwirkungen immun und scheint selbst der fortschreitenden Gentrifizierung zu trotzen.

Straßen mit bizarr langen Namen wie Tweede Anjeliersdwarstraat. Familien, die ihre Kinder mit einem Zwitter aus Schubkarre und Fahrrad durch die Gegend kutschieren. Rosen, die aus Blumenbeeten in die Höhe sprießen, die nicht viel größer als ein Blatt Papier sind. Winzige Geschäfte, belebte Kneipen und volle Restaurants. All das ist der Jordaan.

So ziemlich jeder Amsterdamer würde sich vorzugsweise hier niederlassen, wenn er es sich denn aussuchen könnte. Im historischen Kontext ist das einigermaßen erstaunlich, denn im 19. Jahrhundert war das Areal zwischen Prinsengracht, Singel, Leidsegracht und Brouwersgracht das Armenhaus der Stadt – mit dreckigen Grachten, ungenügender Trinkwasserversorgung und zum Teil winzigen Behausungen. Nach dem Zweiten Weltkrieg wurde gar darüber nachgedacht, das gesamte Viertel dem Erdboden gleichzumachen.

Vom Abriss bedroht

Dieser Anflug von Herzlosigkeit konnte abgewendet werden. Der unverwechselbare Esprit lebt fort.

Und mit ihm die kleinen Hofanlagen, in deren Zentrum sich ein Garten befindet, jener Luxus also, den die Franzosen als »jardin« bezeichnen, die mutmaßliche Referenz für den Namen des Stadtviertels. Verliebt in das Leben und verzaubert von ihrem Viertel, können die glücklichen Bewohner auch weiterhin dem Glockenspiel des Westerkerktoren lauschen, der gerade außerhalb der Viertelsbegrenzung über den Jordaan wacht.

Obwohl die Veränderung der Gesellschaftsstruktur hin zum gut verdienenden Bohemien auch für Verdruss sorgt, ist dem Jordaan bis heute eine gewisse Bodenständigkeit erhalten geblieben. Diese wird zum Beispiel durch die Protagonisten symbolisiert, die der Nachwelt auf dem Johnny-Jordaanplein in Form von Büsten entgegenblicken. Aber nicht nur das: Ihr Liedgut, das auf eigentümliche Weise gleichzeitig vom französischem Chanson und vom kölnischen Karnevalslied beeinflusst scheint, ertönt bis in die Gegenwart aus manchem Lautsprecher. Je später der Abend, umso mehr hat er eine kollektive Rührseligkeit zur Folge, die für Außenstehende überraschend sein kann.

Vielleicht ist die Erkenntnis dann gar nicht so überraschend, dass entlang der mehr als 30 Straßen, die sich auf weniger als 1,5 Kilometer in Ost-West-Richtung erstrecken, bis heute das panglobale Hipstertum nicht wirklich Fuß fassen konnte. Stattdessen treffen sich die Bewohner des Jordaan samstags auf ihrer ebenso inoffiziellen wie dezentralen Piazza, dem Noordermarkt. Hier teilt man sich eine Bio-Quiche, greift einen Matjes ab und wühlt in Kisten nach Vinyl von Johnny Jordaan. Kommt jedoch die Sonne raus, lässt man alles stehen und liegen, um einen der bevorzugten Plätze zu ergattern: auf einer Fensterbank, einem Bootsanleger oder notfalls auch in einem der umliegenden Cafés.

Infos und Adressen

ESSEN UND TRINKEN

Bordwijk. Traditionelle Kochkunst in modernem Interieur. Di–Sa 18.30–22.30 Uhr, Noordermarkt 7, Tel. 020/624 38 99, www.bordewijk.nl

Daalder. Stilvoll und intim, Menüs mit drei bis sechs Gängen. Tgl. 12–14 und 18–22 Uhr, Lindengracht 90, Tel. 020/624 88 64, www.daalderamsterdam.nl

Dwars. Lebensfreude der Provinz Limburg. Mi–So ab 17.30 Uhr, Egelantiersstraat 24, Tel. 020/625 53 06, www.restaurantdwars.nl

ÜBERNACHTEN

Hotel de Looier. Sympathische Unterkunft mitten im Viertel. Derde Looiersdwarsstraat 75, Tel. 020/625 18 55, wwwhoteldelooier.com

EINKAUFEN

Distortion Records. Feine Musik jenseits des Mainstreams auf Vinyl. Di–Sa 11–18 Uhr, Do bis 21 Uhr, Westerstraat 244, Tel. 020/627 00 04, www.distortion.nl

Moooi. Dutch Design im Flagship Store. Di–Sa 10–18 Uhr, Westerstraat 187, Tel. 020/528 77 60, www.moooi.com

Noordermarkt. Erster Biomarkt des Landes. Sa 9–16 Uhr, www.noordermarkt-amsterdam.nl

Mitte: Der Nationalpark eignet sich perfekt zum Radfahren – auch dank des Routensystems.
Unten: Ein Stück Ursprünglichkeit zwischen Strand und Metropolen: das Zuid-Kennemerland

30 Zuid-Kennemerland

Ein Rückzugsort für gestresste Städter

In geringer Entfernung zu Amsterdam und Haarlem entfaltet sich südlich der Ij-Mündung ein Dünenreservat von unwirklicher Schönheit: Der Nationalpark Zuid-Kennemerland. Für die Einheimischen ist das große Areal ein wichtiger Rückzugsort, für zivilisationsmüde Besucher ein attraktiver Urlaubsort. Badefreuden und Sport lassen sich ohne große Umstände mit dem Besuch der umliegenden Städte verbinden.

Eine Radtour kann im Zuid-Kennemerland ganz plötzlich unterbrochen werden. Der Nationalpark nämlich ist die Heimat von schottischen Hochlandrindern – und die bulligen Tiere lassen sich gern auf den weitläufigen Radwegen die Sonne aufs Fell scheinen. Abgesehen von etwaigen Bremsmanövern stellen sie keine Gefahr dar. Doch die Begegnung hinterlässt einen bleibenden Eindruck. Seltener sind die Aufeinandertreffen mit einer nicht minder beeindruckenden Spezies: dem Wisent. Die auch als europäische Bisons bezeichneten Vierbeiner wurden 2007 im Nationalpark angesiedelt. Seitdem wird der Einfluss wissenschaftlich untersucht, den die vom Aussterben bedrohten Tiere auf die Natur haben. Die Wisente leben in einem abgetrennten Areal, doch vom Besucherzentrum ist ein Aussichtspunkt ausgeschildert, der ihre Beobachtung gestattet. Einmal im Monat wird außerdem eine Expedition in Begleitung eines Försters angeboten, der es sich bei dieser Gelegenheit natürlich nicht nehmen lässt, die Teilnehmer auch auf die weniger auffälligen Bewohner des Nationalparks Zuid-Kennemerland hinzuweisen.

Übernachten im echten US-Wohnmobil

Fitnessprogramm auf dem Rennrad

Abgesehen vom Schutz gefährdeter Arten dient das Naturschutzgebiet vor allem stressgeplagten Großstädtern, die hier bei Wind und Wetter ihr Fitnessprogramm absolvieren. Oft auf dem Rennrad, nicht selten aber auch zu Fuß. Ortsunkundigen entzieht sich der Nationalpark auf merkwürdige Weise, dabei lohnt ein Besuch nicht zuletzt wegen der recht einsamen Strände. Etwa die Kennemerduinen, eine ursprüngliche Dünenlandschaft, die von den eher unschönen Hafenanlagen Ijmuidens im Norden, dem mondänen Wohnort Bloemendaal im Osten und der Touristenhochburg Zandvoort im Süden eingerahmt ist. Jenseits des herrlichen Strands besteht diese zunächst aus sogenannten Jungdünen, die sukzessive in feuchte Dünentäler übergehen.

Im Zentrum des Parks breitet sich mit dem Vogelmeer ein künstlicher See aus, der unter anderem dem Kormoran und der Pfeifente ein Zuhause bietet. Weiter im Inland schließlich gewinnt der Boden so viel an Kraft hinzu, dass er auch Schwarztannen und anderen Bäumen ausreichend Halt gibt. In den Herenduinen bei Ijmuiden gedeiht so-

Einfach gut!

SCHLAFEN IM AIRSTREAM

Ein amerikanischer Mythos in den Dünenlandschaften Noord-Hollands. Diese Kombination erlaubt der Campingplatz De Lakens, wo eine Handvoll klassischer US-Wohnmobile angemietet werden kann. Die stromlinienförmigen Designikonen stehen auf einem separaten Areal und sind modern mit Schlafzimmer, Küche, Flatscreen-TV und WC eingerichtet – lediglich fahren können sie nicht. In der Nebensaison sind die Airstreams vor allem unter der Woche kostengünstig anzumieten (unter 300 Euro von Mo–Fr). Alternativ bietet der populäre Campingplatz auch Safarizelte und ein Hostel für Backpacker an. In der Hochsaison kann es turbulent zugehen, dann leben in der perfekt organisierten Zeltstadt mehr als 3000 Personen.

Camping De Lakens. Ende März bis Anfang Nov., Zeeweg 60, Bloemendaal aan Zee, Tel. 023/541 15 70, www.campingdelakens.nl

Oben: Erholsame Touren sind garantiert.
Mitte: Zur vorbildlichen Infrastruktur gehört auch die Versorgung mit Trinkwasser.
Unten: Die Weinrose ist als »Egelantier« Namensgeber dreier Straßen in Amsterdam.

gar eine seltene Population von Düneneichen. Eine besondere Zier ist die Egelantier, die Besucher von Juni bis August in blühendem Zustand entdecken können. Die auf Deutsch als Weinrose bekannte Blume zeichnet im Amsterdamer Viertel Jordaan für die Namen diverser Straßen verantwortlich – in den Dünen hingegen gehört die zartrosa Blüte zum Standardrepertoire der Natur.

Es wäre allerdings ein Trugschluss zu glauben, dass die Dünenlandschaft ausschließlich der Natur vorbehalten ist. An den großen Reichtum früherer Jahrhunderte erinnern das verwunschene Landhaus Koningshof bei Overveen und das 1634 von einem Haarlemer Kaufmann gegründete Landgut Elswout, das inmitten eines 85 Hektar großen Areals sonntags öffentlich zugänglich ist.

GUT ZU WISSEN

RESTE DER ATLANTIKWALLS

Im Nationalpark Zuid-Kennemerland befinden sich nicht nur alle typischen Indikatoren einer Nordseedünenlandschaft, sondern auch die Ruinen von Bunkern. Sie wurden von Frankreich bis nach Norwegen zwischen 1942 und 1944 als Teil des Atlantikwalls von Zwangsarbeitern angelegt. Allein zwischen Biarritz und Schiermonnikoog sollten 15 000 Bunker entstehen. Der Nationalpark war aufgrund seiner Nähe zum Hafen von Ijmuiden von strategischer Bedeutung.

Infos und Adressen

SEHENSWÜRDIGKEITEN

Besucherzentrum De Kennemerduinen. Informationen und Ausstellungen zum Nationalpark mit angeschlossenem Café, das neben Biogerichten auch über eine hübsche Sonnenterasse verfügt. Di–So 10–17 Uhr, Zeeweg 12, Overveen, Tel. 023/541 11 23, www.np-zuidkennemerland.nl

Landgut Elshout. Landgut aus dem Jahr 1634, das der Haarlemer Lakenproduzent Carel Molijn hat errichten lassen. So 10.30–17.30 Uhr, Elswoutlaan 22, Overveen

ESSEN UND TRINKEN

De Bokkedoorns. Nobelrestaurant mit zwei Michelin-Sternen, bekannt für intensive Geschmackserlebnisse. Di–So 12–14 und ab 18.30 Uhr, Zeeweg 53, Overveen, Tel. 023/526 36 00, www.bokkedoorns.nl

Moritz Food & Drinks. Asiatisch inspiriertes Fingerfood nach dem All-you-can-eat-Konzept. Fr–So, in den Schulferien Di–So 17–22 Uhr, Sa/So ab 10.30 Uhr, Zeeweg 98,Overveen, Tel. 023/573 80 10, www.restaurantmoritz.nl

Die Schottischen Hochlandrinder fühlen sich pudelwohl im Nationalpark.

Alles über Ursprung und Gegenwart der Dünen erfährt man im Besucherzentrum.

Rapa Nui. Beach Bar mit leicht indonesischem Einschlag. Von Mitte Okt. bis Feb. geschlossen, Boulevard Barnaat 27, Zandvoort, Tel. 023/573 70 60, www.rapanui.nl

Woodstock 69. Der Name ist Programm: Strandpavillon mit Retroflair und entsprechend entspannter Atmosphäre. Zeeweg 94, Bloemendaal aan Zee, Tel. 023/573 21 52. www.woodstock69.nl

ÜBERNACHTEN

Bloemendaal aan Zee. Moderne Apartments in einem futuristischen Bau, manche mit Terrasse, andere mit Sauna. Zeeweg 134, Bloemendaal aan Zee, Tel. 023/744 02 73, www.bloemendaalaanzee.nl

VERANSTALTUNGEN

Surfana Festival. Intimes Popfestival inmitten der Dünenlandschaft. Mitte Juni, www.surfanafestival.com

INFORMATION

www.np-zuidkennemerland.nl

31 Die drei Egmonds

Ein Leuchtturm, eine Abtei und ein verschwundenes Schloss

Bei Urlaubern genießt Egmond aan Zee einen guten Ruf als lebendiger Badeort in günstiger Lage. Damit es nicht langweilig wird, gibt es noch zwei weitere Egmonds: »Binnen« ist ein eher unaufgeregtes Wohnquartier mit einer traditionsreichen Glaubensgemeinschaft und farbenfrohen Feldern. Egmond aan Den Hoef liegt nahe an den Dünen. Hier erinnert eine Ruine an eine große Vergangenheit.

Der Anblick historischer Prachtbauten gehört in den Niederlanden zum Alltag. Das Schloss von Egmond aber würde wohl auch heute einen Sonderstatus genießen: Bis zu 28 Meter hoch war das trutzige Kastell, das ab dem 12. Jahrhundert als Landsitz diente und stetig erweitert wurde. Der Bau war im 16. Jahrhundert so bedeutend, dass Landesvater Willem von Oranien im 80-jährigen Krieg den Befehl zur Zerstörung gegeben hat. Das Schloss durfte unter keinen Umständen in die Hände der verfeindeten Spanier fallen.

Kupferstiche und Zeichnungen zeigen eine verwinkelte Trutzburg mit enorm vielen Türmen und einem Donjon, der sieben Stockwerke hoch war. Geblieben sind davon nur die Fundamente sowie einige Mauerreste. Beide können auf dem geschichtsträchtigen Territorium besichtigt werden.

Ein ähnliches Schicksal hat auch die St.-Adelheidabtei in Egmond Binnen erlitten, die schon um 950 gegründet wurde. Ihre Blütezeit endete 1573 damit, dass sie in Brand gesteckt wurde. Am

Mitte: Der 1833 errichtete Leuchtturm von Egmont aan Zee ist heute vor allem dekorativ.
Unten: Ein schöner Tag: auf dem Rad dem Wind trotzen und dann am Strand verschnaufen

Standort der Ruine wurde 1935 erneut eine Abtei gebaut, die von den Benediktinern betrieben wird.

Durch die Blumenfelder

Beide Bauwerke befinden sich an der Strecke der Rundwanderung »De drie Egmonden«, die durch Polderlandschaften und Dünen über 18 Kilometer durch die namentlich und organisatorisch verbundenen Dörfer führt. Während des abwechslungsreichen Parcours kommen auch die besagten Felder ins Blickfeld, auf denen in den frühen Sommermonaten langstielige Blumen mit fast ballonartig großen Blüten gedeihen. Dabei handelt es sich um Lauch-Flieder, das vielleicht kapriziöseste Zwiebelgewächs. Die Route freilich ist so gewählt, dass auch andere Blumenfelder gebührend bewundert werden können. Die gesamte Palette niederländischer Zierblumen gedeiht an der Südflanke der Wimmernummer Dünen, am Sammerpolder und im Zuidermeerpolder.

Auch Egmond aan Zee muss sich nicht verstecken. Anders als das bedauernswerte Nachbardorf Wijk aan Zee wahrt das ehemalige Fischerdorf ausreichend Abstand zu den Hafenanlagen von Ijmuiden. Unangefochtener Blickfang ist der strahlend weiße Leuchtturm Jan van Speijk, der 1833 im neoklassizistischen Stil gebaut wurde. Benannt ist er nach dem Kapitän eines Kanonenboots, der bei einer bewaffneten Auseinandersetzung mit Belgiern sein mit Schießpulver beladenes Boot samt Besatzung in die Luft gejagt hat. Dabei soll er 1831 die nicht sonderlich lebensbejahenden, aber dennoch legendären Worte gesprochen haben, lieber in die Luft zu fliegen, als ein infamer Brabanter zu werden. Der Leuchtturm ist nicht mehr bemannt, aber immer noch aktiv. Im Vergleich zu diesem Wahrzeichen fällt der Rest von Egmond aan Zee aus architektonischer Perspektive deutlich ab.

Infos und Adressen

SEHENSWÜRDIGKEITEN

Abtei. Benediktinerabtei mit gelegentlichen Veranstaltungen. Im Shop werden von den Mönchen gefertigte Kerzen verkauft. Das Bier Sancti Adalberti wird zwar als einziges niederländisches Abteibier angepriesen, die Herstellung erfolgt allerdings in Lizenz. Mo–Sa 10–17 Uhr, Vennewaterweg 27, Egmond Binnen, Tel. 072/506 27 86, www.abdijvanegmond.nl

Leuchtturm Jan van Speijk. Juli/Aug. Fr 19–21 Uhr (Karten im KNRM-Bootshaus, Boulevard Zuid 5), Vuurtorenplein 1, Egmond aan Zee, Tel. 072/506 20 07

ESSEN UND TRINKEN

Zilte Zoen. Nachhaltig, saisonal, regional und zum Teil vegan. Tgl. ab 10 Uhr, Boulevard 2, Egmond aan Zee, Tel. 072/507 10 01, www.ziltezoen.nl

ÜBERNACHTEN

Golfzang. Modernes Hotel direkt am Boulevard, viele Zimmer mit Meerblick. Boulevard 8, Egmond aan Zee, Tel. 072/750 20 10, www.golfzang.nl

INFORMATION

www.vvvhartvannoordholland.nl

Die Abtei von Egmont ist eher neu, hat aber eine lange Historie.

Mitte: Ein Leben in den Dünen: Dieses Privileg genießen die Bewohner von Bergen aan Zee.
Unten: Früh übt sich: Der hügelige Landstricheignet sich gut für erste Versuche als Sportler.

32 Bergen
Ein Künstlerdorf zu Füßen der Dünen

Bergen genießt den Ruf eines mondänen Badeortes. Das stimmt in gewisser Weise, geht aber insofern ein wenig an der Realität vorbei, als dass nicht die Dependance des Ortes am Meer (Bergen aan Zee) den Glamour verbreitet, sondern der landeinwärts gelegene Hauptort (Bergen Binnen). Beide werden getrennt durch das Nordholländische Dünenreservat – die vielleicht schönste Küstenlandschaft der Niederlande.

Der Anblick, der sich dem Besucher in Schoorl bietet, erinnert ein wenig an die Skiorte in den Alpen: Hier, wenige Kilometer nördlich von Bergen, endet ein steiler Hang mitten im Dorf. Zu seinen Füßen sitzen Urlauber und Ausflügler in Cafés. Nur ist es natürlich kein Skihang, der die Menschen anzieht, sondern eine der höchsten Dünen des Landes. Bis zu 54 Meter hoch türmen sie sich auf zwischen Wijk aan Zee im Süden und Camperduin im Norden.

Nur drei Straßen (bei Castricum, Egmont und Bergen) verbinden das Hinterland in dem mehr als 20 Kilometer langen Landstrich mit der Küste. Ansonsten ist das komplette Areal weitgehend naturbelassen. Und das bedeutet: In den Dünenlandschaften kann man herrlich wandern und Rad fahren, auch wenn Letzteres durchaus kräftezehrend ist: Die Steigungen reihen sich in dichter Folge aneinander – und der Wind kommt in Holland bekanntlich immer von vorne.

Ganz davon abgesehen ist das Dünenreservat groß genug, um auch in der Hauptsaison Erholung zu

Huis Beek en Bosch aus der Amsterdamer Schule

gewährleisten. Wer nicht davor zurückschreckt, das Velo für die Ausflüge zum Strand zu benutzen, findet an den abseits der Autostraßen gelegenen Abschnitten eigentlich immer ein ruhiges Plätzchen. Das aber bedeutet nicht, dass Gäste in Bergen auf die möglicherweise wichtigste Komponente des Urlaubs verzichten müssen: Strandpavillons, in denen man mit Blick auf den Sonnenuntergang belgische Biere und Bitterballen konsumieren kann, sind in allen Stilrichtungen vorhanden.

Unverwechselbares Licht

Doch zurück nach Bergen Binnen, wie die Niederländer sagen. Jenem Ort also, der sich schon früh als Künstlerdorf feiern lassen konnte, weil sich immer wieder Kreative jeder Art hier niedergelassen oder wenigstens haben blicken lassen. Dabei war es weniger die bevorzugte Lage in einem wenig besiedelten Küstenlandstrich, von der sich die Maler haben inspirieren lassen, sondern vor allem das unverwechselbare Licht, das schon die Meister des Goldenen Jahrhunderts zu schätzen wussten. Heute wird gern daran erinnert, dass sich 1905

Nicht verpassen

SKULPTURALE PRACHTBAUTEN

1917 hat der Amsterdamer Ziegelfabrikant Arnold Heystee fünf Architekten ein großes Areal in Bergen zur Verfügung gestellt, um eine Villensiedlung zu errichten. Entstanden sind 17 fantastische Gebäude, die im Nachhinein zum Manifest der Amsterdamer Schule erhoben wurden. Halb Wohnhäuser, halb Bauskulpturen, stehen viele der Bauten entlang dem Meerwijklaan. Das vielleicht schönste Haus stammt von Jan Frederik Staal (1879–1940), weist nautische Formen auf und trägt den passenden Namen »De Bark«. Wie bei allen anderen Villen auch hat Staal den Sockel aus Backstein errichtet, das erste Stockwerk mit Holz verkleidet und das Dach mit Riet ausgelegt. Einzige Bedingung des Geldgebers war die großzügige Verwendung von Heystee-Ziegeln im Innern. Der VVV hat eine kleine Broschüre aufgelegt, in der die Bauten kommentiert sind.

Oben: Die Ruine einer Kirche bildet einen ungewöhnlichen Blickfang im Ortszentrum.
Mitte: Im »Huis met de Pilaren« ist einst Jacques Brel aufgetreten.
Unten: Das Museum Kranenburgh zeigt die örtlichen Spielarten des Expressionismus.

sogar Pablo Picasso in Bergen aufgehalten hat, genauer gesagt in der damals noch eigenständigen Gemeinde Schoorl. In den 1920er-Jahren hat sich dann um den Niederländer Leo Gestel (1881 bis 1941) die sogenannte Bergener Schule formiert, die eine regionale Spielart des Expressionismus etabliert hat. Ihre Werke sind bis heute in wechselnden Ausstellungen in Huis Kranenburgh zu sehen, dem örtlichen Kunstmuseum.

Ein paar Galerien versuchen auch gegenwärtig, den Schein aufrechtzuerhalten, Bergen sei noch immer eine bevorzugte Adresse für Kreative. Doch es gehört einiges an Gutgläubigkeit dazu, in den gezeigten Exponaten stilprägende Werke zu erkennen. Sehr beeindruckend hingegen sind bis heute die Hinterlassenschaften einer architektonischen Bewegung, die sich ab 1917 in dem Viertel Park Meerwijk ausleben durfte. Fünf Protagonisten der Amsterdamer Schule haben hier ein Villenviertel geschaffen, das wahrlich einzigartig ist (siehe Autorentipp). Bis in die 1960er-Jahre lebte die Anziehungskraft auf Künstler fort, so ist am 30. Mai 1964 der belgische Chansonier Jacques Brel im »Huis met de Pilaren« aufgetreten.

Eine wildromantische Ruine

Das Café-Restaurant mit dem neoklassizistischen Säulenportal ist heute ein recht glanzloser Ort, von dessen Außentischen sich allerdings die vorbeiparadierenden Urlauber blendend beobachten lassen. Direkt dahinter erheben sich die Relikte einer Kirche aus dem 15. Jahrhundert, die bereits seit 1574 als Ruine mitten im Ort steht und diesem gerade bei Mondschein eine wildromantische Note verleiht. Vielleicht ist das auch der Grund dafür, dass die umliegenden gastronomischen Betriebe eine deutlich erhabenere Aura als andernorts besitzen.

In Geversduin muss man rechtzeitig vorbuchen.

So charmant und sehenswert Bergen auch sein mag, so sehr lohnt es, ein Fahrrad zu mieten und den Tag an der frischen Luft zu verbringen. Der Weg nach Bergen aan Zee ist bereits eine hübsche Kostprobe für das Terrain, denn ehe die Küste erreicht ist, gilt es einen stattlichen Anstieg zu überwinden. Wer sich stärken möchte, kann am Meer aus einer Handvoll Strandpavillons auswählen. »Joep« ist der modernste. Weiter nördlich am Verspijckweg führt ein schmaler Weg in die Dünen – nun stehen verschiedene Möglichkeiten zur Verfügung, weiter nach Camperduin zu gelangen. Hier, am Nordende des Reservats, wird die Dünenlandschaft seit einigen Jahren künstlich erweitert. Ein typisch niederländisches Kräftemessen mit der Natur, das an einem als anfällig geltendem Küstenstreifen im Zuge des steigenden Meeresspiegels zur zusätzlichen Befestigung erforderlich ist.

Übermut auf der Riesendüne

Durch heideartige Flächen, dichten Nadelwald (ebenfalls von Menschenhand angelegt) und über mehr als 50 Meter hohe Erhebungen führen zwei Wege zurück nach Schoorl – einer über die Dü-

Geheimtipp

SCHLAFEN WIE DER KLEINE HOBBIT

Wer Ferien wie der kleine Hobbit machen möchte, sollte weit im Voraus buchen: Auf dem Campingplatz Geversduin nämlich gibt es eine Behausung, die im Stile der Tolkien-Verfilmungen gehalten ist. Die in einen Hügel implantierte Unterkunft ist so populär, dass die Wartezeiten lang sind. Dafür aber können Besucher mitten im Dünenreservat auch aus einer Reihe anderer attraktiver Behausungen auswählen: Gemüsehäuser zum Beispiel, die durch Bepflanzung im Innern und an der Außenseite als eine Art Mini-Farm durchgehen. Aber natürlich können Urlauber auch ganz konventionell zelten in der riesigen, aber naturorientierten Anlage. Einziger Wermutstropfen: Je nach Windrichtung sind die Geräuschemissionen des Flughafens Schiphol hörbar.

Camping Geversduin. Beverwijkerstraatweg 205, Castricum, Tel. 0251/661095, www.campinggeversduin.nl

Oben: Ein bewohnbarer Skulpturenpark? Ja, so könnte man Bergen beschreiben.
Mitte: Der Platz in Strandkorb bietet Aussicht auf Texel – zumindest in Sachen Bier.
Unten: Keine Autos, keine Sorgen

nen, der andere an ihnen vorbei. Egal, für welchen man sich entscheidet: Es ist nicht nur für Kinder ein großer Spaß, sich übermütig einen Weg von der schmalen Kuppe der Riesendüne bis ins Dorf zu bahnen. Eine etwas ernsthaftere Auseinandersetzung mit der Materie ermöglicht das Besucherzentrum der staatlichen Forstbehörde, dem Staatsbosbeheer. Hier werden die Besonderheiten des Lebensraums plastisch dargestellt, von der bunten Vogelwelt bis zu den 800 verschiedenen Pilzarten, die im Herbst aus dem Boden sprießen.

Der älteste Skiklub

Nach einem letzten Abstecher in die Dünenlandschaft scheint sich auf der Fahrt ins Tal eine Fata Morgana aufzutun: Während der Sandhang im Zentrum von Schoorl nur den Anschein erweckt, nach einem Skihang modelliert zu sein, ist am Zwarte Weg tatsächlich der älteste Skiklub der Niederlande beheimatet. Acht Monate im Jahr werden bei Il Primo nordische und alpine Kurse angeboten – auf Matten, die auf dem Dünensand liegen. Bis zu 2000 Menschen machen pro Woche von dem Angebot Gebrauch.

GUT ZU WISSEN

DÜNEN NUR MIT EINTRITTSKARTE

Für das nordholländische Dünenreservat benötigen Besucher eine gültige Eintrittskarte. Diese ist bei Hotels und Zeltplätzen normalerweise im Übernachtungspreis inbegriffen. Tagesbesucher können die Tickets vorab über die Webseite (www.pnw.nl), beim VVV, im Besucherzentrum in Castricum sowie in vielen Geschäften erwerben. Die Tickets kosten 1,80 €, der Jahresausweis kommt auf 12,50 €. Wer kein Ticket hat, muss im Falle von Kontrollen mit einem Bußgeld rechnen.

Infos und Adressen

SEHENSWÜRDIGKEITEN

Buitencentrum Schoorlse Duinen. Recht aufwendig gemachtes Dokumentationszentrum über die Dünen. Tgl. 10–17 Uhr, Oorsprongweg 1, Schoorl, Tel. 072/509 33 52. www.staatsbosheer.nl

Kranenburgh. Museum für die Expressionisten der Bergener Schule. Di–So 11–17 Uhr, Hoflaan 26, Tel. 072/589 89 27, www.kranenburgh.nl

ESSEN UND TRINKEN

Dikke Prins. Beliebtes Lokal gegenüber der Kirchenruine mit französischem Einschlag. Di–So ab 12 Uhr, Oude Prinsweg, 29, Tel. 072/743 28 88, www.dikkeprins.nl

Restaurant Merlet. Ambitionierte Küche auf Sterneniveau mit viel Sinn für Kreationen, die auch optisch reizvoll sind. Di–So ab 18 Uhr, Duinweg 15, Schoorl, Tel. 072/509 36 44

Strandpaviljoen Bruintje aan Zee. Gemütlicher Pavillon auch für längere Aufenthalte. Van der Wijckplein 14B, Bergen aan Zee, Tel. 06/20 35 55 78

Alles ausgeschildert: von der Wassertemperatur bis zum Willkommensgruß

Ein Vorteil der Nordseeküste: Bei schlechtem Wetter gibt es viel Kultur.

ÜBERNACHTEN

Boschlust. Familiengeführtes Hotel am Ortsrand. Behagliches Ambiente, zweckmäßige Zimmer. Kruisweg 60, Tel. 072/581 20 60, www.boschlustbergen.nl

Hotel Restaurant Marijke. Markisen in Königsblau und Weiß künden schon von Weitem von gutem Geschmack. Die Einrichtung der auf fünf Gebäude verteilten Zimmer variiert. Dorpsstraat 23–25, Tel. 072/581 23 81, www.hotelmarijke.nl

AKTIVITÄTEN

Fahrradverleih Busker Fietsen. Gute Räder, nicht immer freundliches Personal. Tgl. 8–12 und 13–18 Uhr, So nur 9–13 und 17–18 Uhr, Kerkstraat 1, Tel. 072/589 51 96, www.buskerfietsen.nl

INFORMATION

VVV Bergen. Tgl. 11–17 Uhr, Kranenburgh, Hoflaan 26, Tel. 072/589 89 27, www.vvvhartvannoordholland.nl

Mitte: Stau auf der Gracht – ansonsten aber geht es in Alkmaar recht beschaulich zu.
Unten: Der Käsemarkt ist eine Tradition – vor allem zur Bespaßung von Touristen.

33 Alkmaar

Eine Stadt, so stolz wie ein Spanier

Wie so viele andere niederländische Städte hatte auch Alkmaar seine Blüteperiode im 16. und 17. Jahrhundert. Heute lockt das Oberzentrum der Nordhälfte Noord-Hollands mit einem charmanten Stadtbild, zahlreichen Denkmälern und einer bunten Einkaufslandschaft. Der Weg zum Meer ist auch mit dem Rad leicht zu bewältigen und Amsterdam ist schnell erreicht – daher gilt Alkmaar seinen 95000 Einwohnern als perfekter Wohnort.

Kenner denken auch an Fußball, wenn sie den Namen der Stadt Alkmaar hören. Schließlich gelingt es dem örtlichen Club AZ zuweilen, die Phalanx der großen Drei (Ajax Amsterdam, Feyenoord Rotterdam und PSV Eindhoven) zu durchbrechen, um anschließend in Europa den Spielverderber zu mimen. Zuletzt wurden die tapferen Kicker 2009 unter Trainer Louis van Gaal Landesmeister.

Ansonsten wird Alkmaar meist auf Käse reduziert. Dahinter verbirgt sich mehr als nur ein Klischee: Schon 1365 verfügte die Stadt über eine Käsewaage, 1593 wurde die örtliche Käsegilde gegründet und spätestens 1622 der erste Käsemarkt abgehalten. Die Nachfrage nahm derart rasant zu, dass im 18. Jahrhundert bis zu viermal wöchentlich gehandelt wurde – manchmal bis ein Uhr nachts. Dabei ist ein streng choreografierter Ablauf entstanden: Der Käse wurde per Schiff oder Kutsche herangeschafft, wobei die Mitarbeiter der Käsegilde einen weißen Anzug und einen Strohhut getragen haben, dessen Farbe (weiß, gelb, rot und blau) für eine bestimmte Körperschaft steht.

Hier fehlen auch die Beatles nicht.

All dies wird gegenwärtig an Freitagvormittagen auf charmante Weise in einer Art Theaterinszenierung touristenfreundlich dargeboten – inklusive der rituellen Gespräche zwischen den beiden Parteien. Die Ware selbst stammt von den Platzhirschen Friesland-Campina und Cono Kaasmakers. Weiterhin allerdings stellen auch kleine Betriebe in Alkmaar Käse her. Im Hinterland ist unterdessen mit Beemster die größte Kooperative des Landes beheimatet.

Zum Niederknien schön

Aufmerksame Leser dürften bereits herausgehört haben, dass Alkmaar nicht nur wegen der typischen Lebensmittel interessant ist. Ein abendlicher Spaziergang etwa kann zum Niederknien schön sein. Wenn sich illuminierte Wohnhäuser und das gelbliche Licht der Straßenbeleuchtung in der Oude Gracht oder in ihrem kleineren Äquivalent mit dem seltsamen Namen Verdronkenoord spiegeln, wirkt die Stadt auf fast schon archaische Weise friedlich und beschaulich. Das Gesamtensemble besticht durch eine weitgehend erhaltene Bausubstanz, an den Ufern der Grachten und in den Gassen befinden sich 577 Denkmäler.

Geheimtipp

ALLES ÜBER DIE PILZKÖPFE

Das Dorf Blokker bei Hoorn ist gemeinhin eher ruhig. Wenigstens einmal allerdings hat es die nationale Geschichte nachhaltig geprägt: Am 6. Juni 1964 haben in der örtlichen Auktionshalle die Beatles ihre einzigen Konzerte auf niederländischem Boden gegeben. Azing Moltmaker war damals noch zu jung für einen Besuch, er hat erst 1973 sein erstes Album der Pilzköpfe sein Eigen nennen dürfen. Doch die Formation aus Liverpool hat es dem Mann aus Alkmaar derart angetan, dass er alles über und von der Band gesammelt hat, was ihm in die Hände fiel. 1981 hat er in Alkmaar das erste Beatlesmuseum eröffnet. Mittlerweile ist das Haus auf eine Fläche von 1530 Quadratmetern umgezogen und umfasst ein nagelneues John-Lennon-Museum.

Beatlesmuseum. Di–Sa 11–16.30 Uhr, So ab 12 Uhr, Noorderkade 130, Tel. 06/38 30 58 95, www.beatlesmuseum.nl

Oben: Das Stedelijk Museum
Unten: Historische Schwelgereien gestattet die Waage von Alkmaar aus dem Jahr 1603.
Seite 184/185: Das erste Industriegebiet der Welt. Käse ist im Beemsterpolder bis heute ganz groß.

Sehenswert ist neben der bereits erwähnten Waage, unter deren Dach sich das nationale Käsemuseum eingenistet hat, auch das Stedelijk Museum. In dem Haus wird an ein Ereignis erinnert, auf das die lokale Bevölkerung deutlich stolzer ist als auf den Käse: Am 8. Oktober 1573 war es den Niederländern in Alkmaar vorbehalten, einen ersten epochalen Sieg über die spanischen Besatzer zu erringen. Nachdem die Stadt rund zwei Monate belagert worden war, gab Willem von Oranien den Befehl, die umliegenden Deiche zu durchbrechen. Dadurch mussten die Spanier ihre Stellungen aufgeben. Die sogenannte Befreiung wird bis heute am 8. Oktober gefeiert. Auch hat sich in den Niederlanden das geflügelte Wort »Bij Alkmaar begint de victorie« gehalten – bei Alkmaar beginnt der Sieg. Gelegentlich sogar im internationalen Fußball.

Infos und Adressen

SEHENSWÜRDIGKEITEN

De Waag. Die ehemalige Stadtwaage ist das Zuhause des nationalen Käsemuseums sowie des Tourismusbüros. Mo–Sa 10–16 Uhr, Waagplein 2, www.kaasmuseum.nl

Grote Sint Laurenskerk. Das beeindruckende Gotteshaus, dessen Grundstein 1500 gelegt wurde, dient heute als multifunktionelles Veranstaltungszentrum. Variierende Öffnungszeiten, Koorstraat 2, Tel. 072/514 07 07, www.grotekerk-alkmaar.nl

Stedelijk Museum. Di–So 10–17 Uhr, Canadaplein 1, Tel. 072/548 97 89, www.stedelijkmuseum.nl

ESSEN UND TRINKEN

Le Bon. Gemütliches Lokal am Rande der City mit kleiner, aber feiner Karte. Mi–So 17.30–0 Uhr, Ridderstraat 17, Tel. 072/512 28 79, www.restaurantlebon.nl

Proeflokaal De Boom. Auf Bier spezialisierte Probierstube mit angeschlossenem Biermuseum. Im Sommer auch auf einem Schiff, das in der Gracht liegt. Mo–Mi 13–0 Uhr, Do–Sa 13–2 Uhr, So 14–0 Uhr, Houttil 1, Tel. 072/511 55 47, www.biermuseum.nl

Die Trachten stehen keineswegs nur der älteren Generation.

Die Holländer sind ein Handelsvolk – entsprechend geht es auf dem Käsemarkt zu.

t'Stokpaardje. Saisonale Küche mit französischem Einschlag. Do–Mo ab 18 Uhr, Vrouwenstraat 1, Tel. 072/512 88 70, www.stokpaardjealkmaar.nl

ÜBERNACHTEN

Amrath Hotel. Sachliches Haus in Laufdistanz zu allen Attraktionen. Geestersingel 15, Tel. 072/518 61 86, wwwamrathhotels.com

Grand Hotel Alkmaar. Gute Lage, hübscher Bau, leicht hochtrabender Name. Gedempte Nieuwesloot 36, Tel. 072/576 09 70, www.grandhotelalkmaar.nl

EINKAUFEN

Kaasmarkt. Folkloristisches Schauspiel. Ende März–Okt. Fr 10–12.30 Uhr, Waagplein, www.kaasmarkt.nl

Langestraat und Gedempte Nieuwesloot. Die beiden Straßen fallen durch eher elegante Geschäfte aus der Masse heraus.

INFORMATION

VVV Alkmaar. Mo–Sa 10–16 Uhr, Waagplein 2, Tel. 072/511 42 84, vvv.hartvannoordholland.nl

KÄSE AUS
dem Beemsterpolder

Der ohnehin nicht sonderlich breite Landstreifen zwischen Nordsee und Ijsselmeer war einst noch viel schmaler. Der sogenannte Beemsterpolder aber wurde schon 1612 erfolgreich trockengelegt. Diese Ingenieursleistung hat die Unesco im Jahr 1999 gewürdigt, indem sie dem gesamten Areal den Status des Weltkulturerbes verliehen hat. Der Alltag allerdings wird von Kühen und der Käseproduktion bestimmt.

Einen Landstrich trocken zu legen, ist die eine Sache. Ein Areal von der Größe einer Flächengemeinde einzudeichen und durch 43 Windmühlen nutzbar zu machen, war jedoch eine ungleich größere Herausforderung. Eben dieser haben sich die Amsterdamer Kaufleute mithilfe des Zimmermanns und Mühlenbauers Jan Adriaenszoon Leeghwater schon 1609 gestellt. Die Gründe waren dieselben wie bei der Trockenlegung der Ijsselmeerpolder: Das prosperierende Amsterdam wurde regelmäßig von den Launen der Nordsee bedroht – außerdem benötigte man zunehmend mehr Landflächen, um die wachsende Bevölkerung mit Lebensmitteln zu versorgen.

Drei Jahre nach Beginn des erstaunlichen Projekts konnten Leeghwater und sein Team Vollzug melden. Hinter 42 Kilometer langen Deichen und vier Meter unter dem Meeresspiegel war ein ebenbödiger und fruchtbarer Landstrich entstanden. Nach dem Geschmack der Renaissance zeichnet sich dieser durch eine strikt rechtwinklige Parzellierung und Symmetriebewusstsein aus. Im Laufe der Zeit sollten die Mühlen und die Landgüter reicher Amsterdamer wieder verschwinden, lediglich die charakteristischen Haubargen (niederländisch: »stolpboerderijen«) sind als Relikte der Gründerzeit noch in größeren Stückzahlen anzutreffen.

Davon abgesehen kommt der Beemsterpolder seiner ursprünglichen Funktion auch in der Gegenwart nach. Zwischen Alkmaar im Westen und Edam im Osten sind viele Landwirte beheimatet, die ihr Geld mit Milch verdienen. Nach dem Prinzip einer Kooperative liefern diese schon seit 1901 ihre Ware an die Firma Cono Kaasmakers, die den berühmten Beemster-Käse herstellt. Heute beläuft sich die Zahl der Mitglieder auf 475.

Königlicher Hoflieferant

Deren Produkte genießen auch in den verwöhnten Niederlanden eine große Wertschätzung, seit 2001 darf sich das Unternehmen als einziger Käseproduzent mit dem königlichen Wappen als offizieller Hoflieferant ausweisen. Und als Cono im November 2014 sein neues Werk eingeweiht hat, war das Königshaus in Person von Königin Maxima dabei.

Die Genehmigung für die hochmoderne Produktionsstätte zu erhalten, war nicht ganz einfach – schließlich befindet sich

Auch mithilfe von Windmühlen haben die Holländer Land trockengelegt.

Heute wird der Genossenschaftskäse in einer brandneuen Anlage produziert.

das Bauwerk inmitten eines Unesco-Welterbes. Nach einigem Hin und Her aber konnte die Zukunft der Käseproduktion an historischer Stätte gesichert werden. Dafür betreibt Cono nach eigenen Angaben »die grünste Käserei der Welt«. Unter anderem beinhaltet die Aussage das ehrgeizige Ziel, bis zum Jahr 2020 klimaneutral zu arbeiten. Außerdem werden alle beteiligten Bauern dazu ermutigt, ihre Tiere unter freiem Himmel zu halten.

Wer sich vor Ort von der Qualität der Produkte überzeugen möchte, kann im Hofladen aus dem Standardsortiment und saisonalen Spezialitäten auswählen. Aus touristischer Sicht ist außerdem ein Trip nach De Rijp lohnenswert – auch weil es schon vor der Trockenlegung des Polders existiert hat. Grachten und Zugbrücken erinnern an jene Zeit, als das Dorf noch über eine Fischereiflotte mit direkter Zufahrt zur einstigen Zuiderzee verfügte.

Hofladen von Cono Kaasmakers.
Mo–Fr 8–16 Uhr, Sa 8–13 Uhr, Rijperweg 20, Westbeemster, Tel. 0299/689243, www.cono.nl

Das Volk der Käseesser trifft sich zur Expertise auf dem Markt.

DIE INSELN

34 Den Burg und Süd-Texel

Es lebe das Inselgefühl

Seite 188/189: Auf den Inseln im Wattenmeer herrscht Ruhe.
Mitte: Hier und da ein Bauernhaus – ansonsten überwiegt im Süden Texels Leere.
Unten: Bei den Landbautagen in Den Hoorn geht es zu wie in längst vergangenen Zeiten.

Die Überfahrt von Den Helder dauert nur 20 Minuten und die stattlichen Fähren verkehren wenn nötig im 30-Minutentakt. Trotz des einfachen Transfers könnten die Unterschiede zwischen Festland und Insel kaum größer sein: Texel präsentiert sich dem Besucher als weitläufig und leer. Ein ideales Revier zur Erholung vom Alltag. Im Süden der Insel wechseln sich variantenreiche Naturgebiete und adrette Dörfer ab.

Südlich einer gedachten Linie vom Strandpavillon »Paal 17« über die Inselhauptstadt Den Burg bis nach Oudeschild ist Texel vor allem ruhig, gediegen und auf angenehme Weise altmodisch. Dies ist maßgeblich auf den Entstehungsprozess zurückzuführen, denn die Insel ist erst seit der Allerheiligenflut 1170 vom Festland getrennt. Während ihrer überschaubaren Geschichte hat sie mehrere spürbare Transformationen durchgemacht – so gehörte die Nordhälfte (Eierland) bis 1630 zur Nachbarinsel Vlieland. Besiedlung und Eindeichung konnten hier also erst später beginnen.

Wer sich auf die Suche nach Spuren des »alten Hollands« begibt, ist daher im Süden besser aufgehoben. Ganz entzückend etwa ist das südwestlichste Dorf der Insel: Den Hoorn. Es mag nur aus ein paar Straßenzügen bestehen, doch diese erzählen allesamt ihre Geschichten. In der Herenstraat reihen sich drei kleine Häuser mit Holzgiebeln aneinander. In einem davon haben im 18. Jahrhundert Claas Daalder und sein Schwiegersohn Simon gelebt, die binnen 24 Jahren 135 Wale gefangen haben.

Kinder lieben die Bewohner von Ecomare.

Vor allem aber war Den Hoorn die Heimat von Schiffslotsen: Vor dem Bau zweier Kanäle, die aus Amsterdam kommenden Booten über Ijmuiden direkten Zugang zum Meer verschaffen sollten, konnten mehrere Hundert Lotsen auf Texel von ihren Navigationsfähigkeiten leben. Einige Berühmtheit besitzt auch die Kirche von Den Hoorn, deren strahlend weißer Turm weithin sichtbar ist und bis heute als Navigationshilfe für die Schifffahrt dient. Rund um das Dorf herrschen exzellente Bedingungen für die Blumenzucht. Im Frühjahr sind es vor allem Osterglocken, die das Auge erfreuen. Als bevorzugter Wohnort aber galt Den Hoorn in der Vergangenheit, weil es ein paar Meter über dem Meeresspiegel liegt. Heute ist es das gepflegte Gesamterscheinungsbild, aus dem einige reetgedeckte Häuser hervorstechen.

Oudeschild – der Hafen der Insel

Noch greifbarer als in Den Hoorn ist die Bedeutung der Schifffahrt in Oudeschild, seit 1780 der einzige nennenswerte Hafen der Insel. Ein paar Tafeln erinnern an die ruhmreiche Vergangenheit – unter anderem an die Reede von Texel, einen

Einfach gut!

PFLEGESTATION FÜR SEEHUNDE

Nachdem sie lange Zeit als bedroht galten, leben heute wieder größere Seehundpopulationen im Wattenmeer. Unter anderen sind sie auf Sandbänken zwischen Texel und Vlieland anzutreffen (s. S. 202). Einen Anteil daran hat auch Ecomare, dessen Aufgabe unter anderem in der Pflege kranker Seehunde besteht. In der Auffangstation finden diese gute Bedingungen zur Genesung vor, ehe sie nach Möglichkeit zurück in ihr natürliches Umfeld gebracht werden. Dabei können die gutmütig dreinblickenden Meerestiere aus nächster Nähe beobachtet werden. Doch das ist nicht alles: Im Walfischsaal sind eindrucksvoll große Skelette ausgestellt, außerdem führt ein Lehrpfad durch die Dünen. Nicht zuletzt werden Exkursionen angeboten. Interessant nicht nur für Kinder!

Ecomare. Tgl. 9.30–17 Uhr, Ruijslaan 92, De Koog, Tel. 0222/31 77 41, www.ecomare.nl

Oben: Hier ist die Fischereiflotte beheimatet.
Mitte: In den Korbmöbeln der Cafés von Den Burgh kann man schön die Zeit vergessen.
Unten: Auch ein kleiner Einkaufsbummel kann im Hauptort der Insel ergiebig sein.

Ankerplatz, an dem die niederländischen Eroberer der Weltmeere in früheren Jahrhunderten auf günstige Winde gewartet haben, um in See stechen zu können. Oudeschild mit seinen 1400 Einwohnern ist bis heute der Heimathafen einer überraschend umfangreichen Fischereiflotte. Gemeinsam mit einigen historisch wertvollen Schiffen, die hier vor Anker liegen, und den gut erhaltenen Häuserzeilen aus früheren Jahrhunderten formen sie die Kulisse eines Fischerdorfes, wie es sich die Fantasie des zeitgenössischen Touristen eigentlich kaum noch auszumalen traut. Die Hafenbecken werden von Cafés und Restaurants flankiert, in denen fangfrischer Fisch auf den Teller kommt. Und weil hinter dem Deich auch noch die Flügel einer Windmühle emporragen, reift das Holland-Klischee zur Perfektion. Nähere Einblicke in die glorreiche Seefahrergeschichte und die Fischfangtradition gestattet das moderne Museum Kaap Skil direkt hinter dem Deich.

Inselhauptstadt Den Burg

Von der maritimen Romantik ist in Den Burg wenig zu spüren. Die inoffizielle Inselhauptstadt ist die Heimat von annähernd 7000 Menschen – und obwohl es keine Sehenswürdigkeiten im klassischen Sinne gibt, besitzt der Ort doch einen Kern mit ein paar mittelalterlich anmutenden Gassen und Sträßchen. Am vielleicht schönsten ist die Gravenstraat, wo sich in den alten Häusern eine

Handvoll gemütlicher und durchaus ambitionierter Restaurants einquartiert haben. Den Burg hat heute kleinstädtische Qualitäten, die vom Tourismus zusätzliche genährt werden – inklusive einer kleinen Fußgängerzone mit den Filialen gängiger Ketten, den größten Supermärkten des Eilands, vielen Cafés und sogar einem kleinen Kino. Bei schönem Wetter wird es auf dem Steenenplaats im Zentrum rasch voll. Ein Bierchen unter freiem Himmel finden Einheimische und Besucher gleichermaßen »gezellig«. Doch obwohl das Städtchen nicht uncharmant ist, kommt wohl niemand nur seinetwegen nach Texel, dafür ist Den Burg zu unaufgeregt und gewöhnlich.

Ganz anders sieht es jenseits vom Pontweg aus. Der »Fährenweg« ist eine Art Inselhauptstraße, an deren westlicher Flanke sich nicht ohne Grund viele Feriendomizile befinden. Hier nämlich beginnen die von Menschenhand zur Befestigung der fragilen Insel angelegten Wälder, die unvermittelt in Dünenlandschaften übergehen, um an jener Attraktion zu enden, wegen der die allermeisten Touristen herkommen: breite Strände, die an der Westküste nur an einer Stelle unterbrochen werden – im Naturschutzgebiet De Slufter, wo sich das Meer 1851 während eines schweren Sturms unautorisierten Zugang verschafft hat (s. S. 198).

Nun sollte man vermuten, dass dieses Wissen einen gehörigen Respekt vor den Naturgewalten hervorruft. Doch zumindest in einer Hinsicht lassen die Menschen diesen heute vermissen – anders jedenfalls ist nicht zu erklären, dass immer größer werdende Strandabschnitte in den Monaten von Mai bis September von kleinen bis winzigen Hütten okkupiert werden. Sie befinden sich teils in Privatbesitz, teils können sie angemietet werden. So ganz scheinen aber die Verantwortli-

Einfach gut!

DIE BESTE STRANDBAR DER INSELN

Früher waren Strandpavillons einfach nur Catering-Stationen, an denen Strandbesucher mit Bitterballen und Industriebier abgefüttert wurden. Heute dagegen sind sie zum niederländischen Äquivalent der Skihütte geworden – mit großem Variantenreichtum und enormen Qualitätsunterschieden. »Paal 17« wurde mehrmals zum besten Café seiner Art aller niederländischen Wattinseln gewählt. Bei unwirtlichem Wetter verbreitet das Interieur des Holzbaus eine ausgeprägte Behaglichkeit. Bei Sonnenschein hingegen stellt sich Lounge-Atmosphäre ein. Auf den Tisch kommen unter anderem die üppig bestückte Fischplatte, Skuumkoppe-Bier und lokale Milchprodukte aus der Käserei Wezenspyk.

Paal 17. Ganzjährig geöffnet, Ruyslaan 94–98, De Koog, Tel. 0222/327483, www.paal17.com

Einfach gut!

WALD-DÜNEN-STRAND-JOGGEN
Wer sich im Urlaub gern bewegt, findet auf Texel vielseitige Joggingstrecken vor. Ein möglicher Ausgangspunkt sind die Ferienunterkünfte am Dennenbos, zum Beispiel am Bauernhof und Restaurant »Catharinahoeve«. Erst führt am Rozendijk ein abgetrennter Weg durch den Wald und setzt sich am Westerslag fort. Bald danach entfalten sich weitläufige Dünen, die am »Strandpaviljoen Vijftien« Zugang zum Meer bieten. Über den Sand geht es nun zwei Kilometer zum Restaurant »Paal 17«, wo wieder fester Boden unter die Füße kommt. Vorbei an der Seehundeauffangstation Ecomare führt die Strecke zurück in die Dünen und dann über Randweg und Ploeglanderweg im Wald zum Ausgangspunkt. Sie ist zehn Kilometer lang, wegen der Dünen ein ganz klein wenig hügelig und unvergesslich schön.

Catharinahoeve. Rozendijk 17, Den Burg

chen vor Ort dem Braten nicht zu trauen, denn bislang sind die Unterkünfte nur tagsüber zur Besiedlung gedacht. Dabei allerdings gilt eine typisch holländische Rechtsauslegung: Offiziell ist die Übernachtung verboten, doch sie wird geduldet.

Spontaner Wetterumschwung

Manch magischer Texel-Moment lässt sich ohnehin nur unter freiem Himmel erleben. Wenn auf der Insel mal wieder ein garstiger Wind von Stärke sieben oder acht bläst und der Regen fast horizontal auf die Kleidung peitscht, gehört dies zum Pflichtprogramm eines Nordseeaufenthalts wie der bald darauf unverhofft aufbrechende Himmel, plötzliches Sonnenlicht, das eine Kaskade unterschiedlichster Farbnuancen nach sich zieht. Ein spontaner Wetterumschwung also, der schon Minuten später Hobbyangler in ihre Watthosen und Kite-Surfer in ihre Neoprenanzüge treibt. »Uitwaaien« nennen die Niederländer ihr Grundbedürfnis, sich von der Meeresluft durchpusten zu lassen. Besonders erfolgreich gelingt dies im Südwesten. Wie überall auf der Insel sind die Dünen hier Bestandteil des Nationalparks Duinen van

GUT ZU WISSEN

VORGESALZENES LAMM
Erde und Pflanzen auf Texel sind ziemlich salzig. Glaubt man Feinschmeckern, kommt dies dem Lammfleisch zugute, das als »presalé«, also vorgesalzen, angepriesen wird. Unter anderem durch Landwirtschaft und Klimawandel nimmt der Anteil salziger Böden weltweit zu. Auf Texel wurde daher der Versuchsbetrieb Zilt Proefberijf ins Leben gerufen, der sich mit der Frage befasst, welche Lebensmittel auf solchen Böden am besten gedeihen (www.ziltproefbedrijf.nl).

Texel. Ganz im Süden sorgen zwei eingepolderte Seen für weitere landschaftliche Abwechslung, ehe sich an der Spitze die größte Sandfläche der Insel anschließt.

Während die Launen des Meeres auf der Westseite mit Badevergnügen in Verbindung gebracht werden, gibt sich das Wattenmeer hier friedlich, trügerisch friedlich. Dem Rhythmus der Gezeiten folgend, zieht es sich zweimal täglich weit zurück. Doch was die Schifffahrt seit jeher einschränkt, dient den Urlaubern zur Erkundung eines seltenen Lebensraums: Im Rahmen mehrstündiger Führungen können sie Bekanntschaft mit Wattwürmern oder Herzmuscheln schließen. Neuerdings werden Touren angeboten, deren Teilnehmer sich auf Austern und Jakobsmuscheln freuen dürfen – auf Wunsch auch mit anschließendem Verzehr.

Oben: Eine Insel, ein Weg und ein Fahrrad: So lässt es sich leben.
Unten: Im Wattenmeer gehen Gourmets auf Suche nach Schalentieren.

Infos und Adressen

Kurze Unterbrechung: Die Überfahrt nach Texel dauert nur 20 Minuten.

SEHENSWÜRDIGKEITEN

Fort De Schans. Unter Wilhelm von Oranien wurde 1574 dieses Fort zur Kontrolle der Wasserstraße zwischen Texel und Den Helder angelegt. Später ließ Napoleon es verstärken. Führungen über das Museum Kaap Skil, zwischen den Straßen Redoute und Schansweg

Georgischer Friedhof. Der Zweite Weltkrieg war bis kurz vor Schluss an Texel weitgehend friedlich vorbeigezogen. Im April 1945 jedoch rebellierten georgische Truppen, die hier in Gefangenschaft waren, gegen die deutschen Besatzer. Es gab rund 1400 Tote, die Kämpfe dauerten bis zum 20. Mai 1945 – zwölf Tage länger als der Krieg. Viele Georgier sind auf einem Friedhof südlich des höchsten Punktes der Insel begraben (Hoge Berg zwischen Den Burg und Oudeschild)

Museum Kaap Skil. Moderner Museumsbau aus dem Jahr 2012 direkt hinter dem Deich. Besucher können sich über Glanz und Elend Texels als Seefahrtstandort informieren. Weitere Schwerpunkte liegen auf Fischfang und Strandgut. Di–Sa 10–17 Uhr, So ab 12 Uhr, Heemskerckstraat 9, Oudeschild, Tel. 0222/31 49 56, www.kaapskil.nl

Texelse Brouwerij. Alle Biersorten werden aus Gerste hergestellt, die auf Texel wächst. Vor allem das Skuumkoppe ist im ganzen Land längst kein Geheimtipp mehr. Di–Sa 13.30–18 Uhr, im Winter kürzer, tgl. Führungen, Schilderweg 214, Oudeschild, Tel. 0222/31 32 29, www.texels.nl

ESSEN UND TRINKEN

Bij Jef. Schon seit Jahren das mit Abstand renommierteste Restaurant von Texel mit einem Schwerpunkt auf den besten regionalen Produkten. Mi–So ab 18 Uhr, Herenstraat 3, Den Hoorn, Tel. 0222/31 96 23, www.bijjef.nl

Catharinahoeve. Urgemütliches Familienrestaurant in einem alten Bauernhaus mit offenem Kamin. Ein wunderbarer Ort, um Pfannkuchen mit Lammschinken und Käse aus Texel zu probieren. Tgl. ab 12 Uhr, Rozendijk 17, Den Burg, Tel. 0222/31 21 56, www.catharinahoeve-texel.nl

Peek. Modernes Restaurant im schönsten Teil Den Burgs mit Schwerpunkt auf lokalen Produkten wie Garnelen, Lamm und Jakobsmuscheln. Do–Mo (abends), Gravenstraat 3, Den Burg, Tel. 0222/31 31 76, www.peektexel.nl

Vincent Eilandkeuken. Gemütliches Lokal mit großer Zuneigung für Inselprodukte wie Lamm, Austern und Spargel. Gutes Preis-Leistungsverhältnis bei Menüangeboten. Di–So ab 16 Uhr, Grensweg 386, Den Burg, Tel. 0222/32 30 84, www.vincenteilandkeuken.nl

ÜBERNACHTEN

Bij Jef. Verlängerter Arm des Gourmetrestaurants mit gleich hohem Anspruch. Herenstraat 34, Den Hoorn, Tel. 0222/31 96 23, www.bijjef.nl

Design Hotel Texel Suites. Kleines Boutique-Hotel am Hafen von Oudeschild in einem ehemaligen Lagerhaus. Haven 8, Oudeschild, Tel. 0650/61 55 58, www.texelsuites.com

De Lindeboom. Traditionshaus mit angenehmem Restaurant und zweckmäßig eingerichteten Zimmern im Zentrum von Den Burg. Groeneplaats 14, Den Burg, Tel. 0222/31 20 41, www.lindeboomtexel.nl

Vakantiecentrum Dennenoord. Gut gelegener Ferienpark mit lichtdurchfluteten Unterkünften und viel Grün. Insbesondere in der Nebensaison ist es angenehm ruhig – auch weil Autos draußen bleiben müssen. Grensweg 106, Den Burg, Tel. 0222/31 24 23, www.dennenoord.com

EINKAUFEN

Hofladen De Keijser. Der bekannteste Spargelproduzent der Insel betreibt einen saisonalen Hofladen mit regionalen Delikatessen. Mitte April bis zur 4. Juniwoche tgl. 10–17 Uhr, So bis 16 Uhr, Ongeren 5 (zwischen Den Burg und De Waal), Tel. 0222/31 26 58, www.texelseasperge.nl

Käserei Wezenspyk. Seit 1981 produziert Anton Witte den allseits geschätzten Inselkäse. Die Milch stammt von Kühen, Schafen und Ziegen, die auf Texel leben und grasen. Di–Sa 9.30–17 Uhr, Hoornderweg 29, Den Burg, Tel. 0222/31 50 90, www.wezenspyk.nl

Landgoed De Bonte Belevenis. Von Seife über Kerzen bis hin zu Bier wird auf dem umgebauten Bauernhof alles Erdenkliche publikumswirksam (und eintrittsgeldpflichtig) hergestellt, natürlich mit Hofladen. Di–Sa 10–17 Uhr, Rommelpot 11, Den Hoorn, Tel. 0222/31 41 80, www.landgoeddebontebelevenis.nl

Markt Den Burg. Wochenmarkt im Zentrum des Städtchens, Mo 8–13 Uhr

VERANSTALTUNGEN

Texel Blues Festival. Was der Name verspricht: Konzerte in Kneipen und Cafés vor kundigem Publikum. 2. Oktoberwochenende, verschiedene Orte in Den Burg, www.texelblues.nl

AKTIVITÄTEN

Lämmerwanderung. Wanderung über die Distanz von fünf bis 40 Kilometern vorbei an grünen Wiesen und den prominenten Inselbewohnern. Anfang Mai, Wanderverein »Het Gouden Boltje«, Start gegenüber VVV Den Burg, www.hetgoudenboltje.nl

Radfahren. Die niederländischste aller Sportarten: Texel bietet 140 Kilometer Radwege und zur Orientierung ein Netzwerk mit 57 Knotenpunkten. Puristen mieten ihr Velo bereits bei Ankunft am Fährhafen. Meist 9–17 Uhr, Rijwielverhuur Veerhaven, Pontweg 2, Den Hoorn, Tel. 0222/31 95 88, www.fietsverhuurtexel.nl

Wandern. Das Wegenetz umfasst 180 Kilometer durch Dünen, Wälder und über Weiden. Weil die Insel trotz ihrer Nordsüdausdehnung von knapp 30 Kilometern übersichtlich ist, sind die Routen leicht erschließbar. Infos beim VVV

INFORMATION

VVV Texel. Mo–Fr 9–17.30 Uhr, Sa bis 17 Uhr, gelegentlich auch So, Emmalaan 66, Den Burg, www.texel.net

Erfolgreiches Inselbier: Das »Skuumkoppe« ist nach der Schaumkrone benannt.

Mitte: Eine Öffnung zum Meer und magisches Licht: das Naturschutzgebiet De Slufter
Unten: Ein Platz an der Sonne und ein schmackhaftes Getränk – so ist De Koog ein Fest fürs Leben.

35 De Koog und Nord-Texel

Sieg über die gierige Nordsee

Die Behauptung, der Norden Texels sei jünger und moderner, ist durchaus wörtlich zu verstehen: Erst zwischen dem 17. und 19. Jahrhundert hat die Insel durch Deichbau und Einpolderung ihre heutige Form angenommen. Nördlich der Dörfer De Koog und Oosterend nehmen diese Spuren der Vergangenheit rasant ab, auch die Besiedlung wird sichtbar dünner. De Koog hingegen hat sich zu einem lebhaften Badeort gemausert.

Schon im 15. Jahrhundert hat De Koog als Fischerdorf Eingang in die Annalen gefunden. Von Traditionsbewusstsein ist aber nur wenig zu spüren, der Ort mit seinen 750 permanenten Einwohnern präsentiert sich heute als Strandbad. Ganz unverblümt – mit Pavillons vor den Dünen, einem Hotel auf den Dünen, einem riesigen Zeltplatz in den Dünen und mit den bewährten Instrumenten der Urlaubsindustrie dahinter. Restaurants, Bars, Kneipen, Cafés und sogar ein paar Discos prägen die Fußgängerzone, weiter landeinwärts lärmt eine Indoor-Kart-Bahn. Gegen all dies ist wenig einzuwenden, aber es ist eben nicht »typisch Texel«.

Es erfordert keine große Anstrengung, diese Überdosis Zivilisation hinter sich zu lassen. Nur ein paar Kilometer weiter nördlich führt der Slufterweg zum gleichnamigen Naturschutzgebiet. Hier hat sich der unermüdliche Gestaltungswille der Nordsee bei einem Sturm im Jahre 1851 nachhaltig bemerkbar gemacht: Das Wasser durchbrach den Deich und hinterließ ein Brackwassergebiet, in dem nun viele Vogelarten einen ebenso seltenen wie geschützten Lebensraum vorfinden. Auch gedeihen »Lammohren«, eine im Spätsommer lila blühende Pflanze, die auf Deutsch weniger lyrisch Gewöhnlicher Strandflieder heißt. Bei höheren Fluten kann Salzwasser bis weit in De Slufter vordringen. So sind die Flächen und Wege vor dem Deich weich bis matschig. Ein Spaziergang zur Küstenlinie lohnt trotzdem unbedingt. Gleichwohl steht das Wasser am Horizont nur selten so niedrig, dass die andere Seite des Binnengewässers ohne Schwimmeinlage erreicht werden kann. Die umliegenden Dünen sind perfekt für ein Picknick.

Blick bis zur Nachbarinsel

Ein Schild weist aus, dass es vom Parkplatz des Slufter noch rund sieben Fußkilometer bis zum wohl markantesten Wahrzeichen Texels ist: dem Leuchtturm. Er steht an der Nordspitze der Insel, ist 53,2 Meter hoch und 50 Kilometer weit sichtbar. Umgekehrt reicht der Blick von der Aussichtsplattform an klaren Tagen bis nach Terschelling und Den Helder. Doch auch Wind-Touristen nehmen den Aufstieg über steile Stufen gern in Kauf, kann eine steife Brise hier oben doch leicht zu einem Sturm mutieren.

Zu Füßen des Leuchtturms befindet sich ein Schiffsanleger: Auf einem provisorisch wirkenden Holzkonstrukt gelangen die Passagiere an Bord der MS »De Vriendschap«, die während der Sommermonate ein nicht minder wackliges Pendant auf Vlieland anfährt. Theoretisch kann man von Mai bis September alle Wattinseln abklappern, was aber weniger populär ist, als man meinen könnte. Ein Urlauber fährt eben nicht auf eine Insel, um sie kurz darauf zugunsten einer anderen wieder zu verlassen. Ein Tagesausflug hingegen ist immer drin. Wer nicht ganz so weit hinaus möch-

Geheimtipp

WOOLNESS STATT WELLNESS

Die Rückbesinnung auf traditionelle Werte gehört zu den Nebeneffekten der Globalisierung. Auf Texel bedeutet dies konkret, dass auch das althergebrachte Wollbad wieder salonfähig geworden ist. Dahinter verbirgt sich der Brauch der Insulaner, anstelle von einer heißen Badewanne in einen Holzzuber zu steigen, der bis zum Rand mit Schafswolle gefüllt ist. Dies soll sich positiv auf Gelenke und Muskulatur auswirken, denn die Wolle sorgt für eine leichte Erhöhung der Körpertemperatur – weshalb ihr auch eine lindernde Wirkung bei Rheuma und Arthrose zugesprochen wird. Nicht zuletzt absorbiert die Haut die in der Wolle enthaltenen Fette. Abgerundet wir die Woolness-Behandlung in Form einer Schafsmilchmassage.

Hotel Texel. Postweg 134, De Cocksdorp, Tel. 0222/31 12 37, www.hoteltexel.com

Oben: De Cocksdorp, das »Eierland« ist der jüngste Ort der Insel.
Mitte: Hungrige Bewohner der Deichkronen
Unten: Oosterend mit seinen hübschen Gassen und Giebelhäusern ist das älteste Dorf auf Texel.

te, kann sich alternativ für den sogenannten Vlieland-Boulevard entscheiden. Die Straße begleitet die nordöstlichen Kilometer Texels auf der Meeresseite mit Blick auf die Nachbarinsel, nur das letzte Stück ist für Autos freigegeben.

17 000 Schafe

Ganz in der Nähe breitet sich mit De Cocksdorp das jüngste Dorf der Insel aus. Benannt ist es nach einem flämischen Reeder, der sich an dieser Stelle 1835 niederließ. Auf seine Initiative wurde binnen weniger Jahre ein elf Kilometer langer Deich gezogen, der den Norden Texels dauerhaft mit dem Süden verbinden sollte. Erst damals nämlich konnte das sogenannte Eierland, heute das Zentrum der Insel, trockengelegt werden. Gegenwärtig werden die Flächen vorwiegend landwirtschaftlich genutzt – von nicht weniger als 17 000 Schafen! Die Ortschaft selbst scheint auf den ersten Blick aus nicht sehr viel mehr als einer lang gezogenen Straße zu bestehen, doch der Eindruck täuscht: Im Landesinnern breiten sich Bungalow-Parks und andere Ferienanlagen aus.

Bliebe noch Oosterend, das gemeinsam mit Den Hoorn malerischste und älteste Dorf der Insel. Schmale Gassen und Häuser mit feierlichen Giebeln prägen den Ortskern rund um die Maartenskerk, die bereits 1206 errichtet wurde. Die sogenannte Leitjesroute führt an vielen Sehenswürdigkeiten vorbei, eine detaillierte Routenbeschreibung ist in örtlichen Geschäften erhältlich. Zu den historischen Besonderheiten gehört unter anderem die Geschichten der Walfänger, die hier beheimatet waren, bis der Hafen des Ortes im 19. Jahrhundert versandet ist. Wer dem Oosterweg in Richtung Wattküste folgt, stößt auf die Windmühle »Het Noorden« von 1878. Sie pumpte einst überflüssiges Wasser durch eine Schleuse zurück ins Meer.

Infos und Adressen

SEHENSWÜRDIGKEITEN

Leuchtturm. Der Turm am Nordende von Texel war bis 2003 in Betrieb und kann mit einer kleinen Ausstellung besichtigt werden. März–Okt. tgl. 10–17 Uhr, sonst Mi, Sa/So 10–17 Uhr, Vuurtorenweg 186, De Cocksdorp, Tel. 0222/31 77 47 (c/o Ecomare), www.vuurtorentexel.nl

Strandräubermuseum. Strandgut aus 75 Jahren. Tgl. 10–17 Uhr, Pontweg 141A, De Koog, Tel. 0222/32 12 30, www.juttersflora.nl

ESSEN UND TRINKEN

Ijsboerderij Labora. Eine Eisdiele heißt auf Niederländisch Ijsboerderij, also »Eisbauernhof«. In diesem Fall stammt die Milch von eigenen Kühen. Tgl. 12–18 Uhr, Hollandseweg 2, De Cocksdorp, Tel. 0222/31 60 66, www.isboerderijlabora.nl

ÜBERNACHTEN

Boutique Hotel Texel. Modern und stilvoll. Postweg 134, De Cocksdorp, Tel. 0222/31 12 37, www.hoteltexel.com

Grand Hotel Opduin. Gute Lage in den Dünen. Meer und der Trubel von De Koog sind nah und fern zugleich. Ruijslaan 22, De Koog, Tel. 0222/31 74 45, www.opduin.nl

Zeerust Texel. Liebevoll gepflegtes Familienhotel. Boodtlaan 5, De Koog, Tel. 0222/31 72 61, www.hotelzeerust.nl

Texel ist nichts für die Durchreise – außer für die vielen Vogelarten.

Wie wäre es mit einem Jenever? Auch ein gepflegter Drink gehört zum Inselgefühl.

EINKAUFEN

Wijnhuis Oosterend. Weinhandlung mit angegliederter Brennerei. Di–Sa 10–17 Uhr, Kerkstraat 11, Oosterend, Tel. 0222/31 83 41, www.wijnhuisoosterend.nl

VERANSTALTUNGEN

Neujahrsschwimmen De Koog. 1. Januar, 14 Uhr, Paal 20, De Koog, www.nieuwjaarsduikdekoog.nl

AKTIVITÄTEN

Austerntouren mit »De Tesselse Oesterman«. Hohe Gummistiefel erforderlich. Start Am Deich bei De Cocksdorp, Tel. 06/12 80 84 95, www.detsselseoesterman.nl

Sommeltjespad. Zwei Kilometer langer Dünenlehrpfad für Kinder. Start: Pelikaanweg, De Koog, brauner Route folgen

INFORMATION

VVV Texel. Mo–Fr 9–17.30 Uhr, Sa bis 17 Uhr, gelegentlich auch So, Emmalaan 66, Den Burg, www.texel.net

Mitte: Nachdem West-Vlieland im Meer versank, ist Oost-Vlieland das einzige Inseldorf.
Unten: Ein Einkaufsbummel über die Dorpstraat ist dennoch ein unterhaltsames Erlebnis.

36 Vlieland

Ferien am Ende der Welt

Ein ausgeprägtes Inselgefühl, eine spürbare Distanz zum Festland, Europas größte zusammenhängende Sandfläche und ein weitläufiges Vogelschutzreservat machen das nur 36 Quadratkilometer große Vlieland zu einem der reizvollsten Orte der Niederlande. Weil nur die 1100 Einheimischen ein motorisiertes Vehikel besitzen dürfen, ist die Luft ungewöhnlich sauber. Auch herrscht hier vor allem eines: wohltuende Ruhe.

Von allen Wattenmeerinseln, sei es in Dänemark, Deutschland oder in den Niederlanden, ist Vlieland am weitesten vom Festland entfernt. In einem hochzivilisierten Land wie den Niederlanden darf dies durchaus als Privileg betrachtet werden – und dieses macht sich das Eiland bewusst zunutze. Schon bei der Überfahrt von Harlingen setzt eine gewisse Entschleunigung ein, denn diese dauert immerhin anderthalb Stunden. Wer Glück hat, sieht bei der Einfahrt in den Hafen einen oder mehrere Seehunde. Genug, um sich schon bei der Ankunft in einer anderen Welt zu wähnen.

Anders als die Nachbarinseln Texel und Terschelling beschränkt sich die Anzahl der Siedlungen auf exakt eine: Oost-Vlieland. Das einstige Pendant West-Vlieland hat 1736 jenes Schicksal ereilt, das wie ein Damoklesschwert über weiten Teilen des Landes schwebt: Es ist im Meer versunken. Wo 1600 mehr als 1000 Menschen lebten, steht durch verändertes Strömungsverhalten heute 27 Meter hoch das Wasser der Nordsee. Auch dem Rest der Insel schien lange Zeit keine glorreiche Zukunft vergönnt: Noch in den 1930er-Jahren erwog das niederländische Parlament, sie wegen der auf weniger als 400 Personen gesunkenen Bevölkerungszahl der Natur zu überlassen. Weil etwa zeitgleich der Abschlussdeich für das Ijsselmeer geplant wurde, trat man jedoch bald wieder von diesem Plan zurück. Zum Glück.

Schon die ersten Schritte auf der Insel sind regelrecht bezaubernd: Vom Fähranleger geht es direkt in die Dorpstraat, die alleenhafte Hauptstraße, an deren beiden Seiten sich Wohn- und Geschäftshäuser aus fünf Jahrhunderten aneinanderreihen. Häuser mit Treppengiebeln und Häuser mit Glockengiebeln, in denen sich bis auf ganz wenige Ausnahmen alle Geschäfte, Cafés, Bars und Restaurants der Insel befinden.

Eine Oase der Ruhe

Angesichts von 200 000 Besuchern pro Jahr (Tagesausflügler mitgerechnet) kann es in der Hauptsaison schon mal ein wenig turbulent zugehen. Das gilt auch für den Zeltplatz, den einzigen Beach-Pavillon und den ihn umgebenden Strand am Nordwestende des Dorfes. Davon abgesehen ist Vlieland eine Oase der Ruhe – und eine bemerkenswert abwechslungsreiche dazu. Unterschiede manifestieren sich bereits am Hafen: Während die Häuser, die dem Fähranleger gegenüberliegen, ein einigermaßen ungeschütztes Dasein fristen, ist die Dorpstraat durch einen Deich geschützt, dessen Portal zum Hafen im Falle einer drohenden Flut geschlossen werden kann. Unmittelbar dahinter befindet sich auf der Wattseite die einstige Postfiliale. Einige Schritte weiter folgt auf der rechten Seite das älteste Haus der Insel: Tromp's Huys stammt ursprünglich aus dem Jahr 1575. Heute beherbergt es ein Heimatkundemuseum, das einen

Geheimtipp

INTO THE GREAT WIDE OPEN

Seit 2009 ist Vlieland Gastgeber eines Pop-Festivals. Der Name ist einem Tom-Petty-Song entliehen und spiegelt hervorragend die geografischen Verhältnisse wider. Das Line-up besteht aus Musikern, die einem Insider-Publikum bereits bekannt sind und das Potenzial für den Durchbruch beim großen Publikum besitzen. Das Festival spielt sich überwiegend im Nordosten der Insel rund um den Zeltplatz Stortemelk ab, wo auch fast alle Besucher schlafen. Das Kartenkontingent beläuft sich auf knapp über 5000 Tickets, die im Januar nur über die Webseite des Festivals verkauft werden. Die Karten sind so begehrt, dass sie meist binnen weniger Stunden weggehen.

Into the Great Wide Open. Erstes Septemberwochenende, Karten ungefähr 150 Euro (nur online), www.intothegreatwideopen.nl

Einfach gut!

ÜBERNACHTEN IM GROSSEN NICHTS
Einst war das 1857 erbaute Posthuys eine wichtige Zwischenstation auf der Postroute Amsterdam–Texel–Oost-Vlieland. Es folgten eine landwirtschaftliche Nutzung und eine Frühform des Tourismus, als große Familien in kleinen Zimmern auf simple Weise Urlaub machten. Ende der 1980er schließlich wollte ein Investor das markante Haus zu einem Hotel umbauen, was die Naturbehörde Staatsbosbeheer zu verhindern wusste. Bald darauf wurde dieses Anliegen auch den heutigen Besitzern abgeschlagen. Erst als die Familie Hacke damit drohte, auch das populäre Café-Restaurant zu schließen, erhielt sie die Genehmigung. Seit Sommer 2014 haben Gäste wieder die Gelegenheit, im Anwesen zu nächtigen. Am liebsten buchen sie Vollpension, denn das nächste Restaurant ist acht Kilometer entfernt.

Posthuys Vlieland. Postweg 4, Tel. 0562/45 12 82, www.posthuysvlieland.nl

Eindruck vom Inselleben lang vergangener Tage vermittelt.

Bevor das letzte Viertel der Dorfstraße ihren Lauf nimmt, führt der Kerkeglop zur entzückenden Dorfkirche aus dem Jahr 1647. Standesgemäß für eine traditionsreiche Insel wurde ein Schiffsmast zur tragenden Säule verbaut. Im Innern des Gotteshauses sind noch die Relikte der Kieferknochen von Walfischen zu sehen, die auf der Insel einst auf Gräbern Verwendung fanden. Einige Meter weiter in Richtung Norden steht mit dem früheren Armenhaus ein weiteres Denkmal, es stammt aus dem Jahr 1662 und beherbergt nun ein Restaurant.

Der Blickfang der Insel

Nicht weit dahinter ragt mit der Vuurduin der weithin sichtbare Blickfang der Insel empor – ein feuerroter Leuchtturm von eher schmächtiger Statur (er ist lediglich 9,50 Meter hoch). Das Bauwerk jedoch steht auf einer mit 42 Metern auffällig hohen Düne, die vom viel größeren Texel gut zu sehen ist. Es ist die zweite und vermutlich letzte Wirkungsstätte des Leuchtturms, der 1878 zunächst in Ijmuiden seinen Dienst aufgenommen hat, um 1908 nach Vlieland exportiert zu werden. Rund um Düne und Turm gedeihen Mischwälder, die im frühen 20. Jahrhundert zur Stabilisierung der Insel angelegt wurden. Sie sind von einigen Wanderpfaden durchzogen und bilden zugleich eine Demarkationslinie, die das Dorf Oost-Vlieland von den ebenso nahen wie überschaubaren Ferienhaussiedlungen an der Meeresseite trennt.

Jenseits des zivilisierten Nordostzipfels der Insel, der nur etwa ein Achtel der Oberfläche einnimmt, verändert sich Vlieland dramatisch zu seinem Vorteil: Nun überwiegt die spektakuläre Abfolge aus

Vlieland im Schnelldurchgang auf zwei Rädern

A Dorpstraat – Die Fähre spuckt alle Besucher am Havenweg aus. Dieser geht bald in die Dorpstraat über – ein Idyll von einer Straße, die von mittelalterlichen Giebelhäusern flankiert wird, in denen sich manch hübsches Lokal verbirgt. Die Szenerie sollte im Rahmen eines Spaziergang gewürdigt werden. Erst dann empfiehlt sich der Wechsel in den Sattel (Räder beim Fahrradverleih Zeelen, Dorpstraat 2, www.zeelenfiets.nl).

B Posthuys Vlieland – Auf knapp zehn Kilometern mäandert die einzige Inselstraße nun durch kleine Wäldchen und über kaum wahrnehmbare Hügel in Richtung Westen. Das »Posthuys« ist eine gute Adresse für einen typisch holländischen Snack – Apfelkuchen oder Bitterballen.

C Kroon's Polder – Nur ein paar Meter weiter lockt das Vogelschutzgebiet Kroon's Polder. Hier ist einst der Versuch gescheitert, Vlieland für die Landwirtschaft nutzbar zu machen. Heute sind die Flächen mit Brackwasser gefüllt – ein ideales Terrain für Zugvögel und Ornithologen. In der Saison sind riesige Starenschwärme zu sehen.

D Vliehors – An Wochentagen sollte man nicht viel weiter fahren, denn nach wenigen Kilometern beginnt der Vliehors, Europas größte Sandfläche. Von Montagfrüh bis Freitagnachmittag ist diese militärisches Sperrgebiet. An Wochenenden jedoch werden die Warnflaggen eingeholt, dann dürfen Touristen das bizarre Terrain erkunden. Die Räder bleiben in diesem Fall in den Dünen zurück.

E t'Badhuys – Nach unvergesslichen Eindrücken im Westen der Insel führt der Ausflug nun über den Radweg am Norddeich zurück. Der mit Muscheln ausgelegte Pfad geht ordentlich rauf und runter und sollte nicht unterschätzt werden. Wenn sich jedoch die Anzahl der Häuser mehrt, ist Rettung in Sicht: Am Ende des Badwegs wartet hinter den Dünen Vlielands einziger Strandpavillon – eine gute Adresse für eine Stärkung in fester und flüssiger Form. Von hier aus sind es nur noch zwei Kilometer bis zum Fähranleger. Wer noch Energie übrig hat, kann die mehr als 30 Meter hohe Düne erklimmen, auf der Vlielands weithin sichtbarer Leuchtturm thront.

Nicht verpassen

EXKURSION ZUM VLIEHORS

Ein Spaziergang durch den Vliehors ist ein erhabenes Erlebnis. Allerdings muss man mindestens fünf Stunden Fußweg einplanen. Daher drängt sich für die meisten Besucher die Fahrt mit dem Vliehors Express auf. Das martialisch anmutende Fahrzeug bahnt sich energisch seinen Weg durch die Sandfläche, um die Passagiere im Schnelldurchgang mit dem wüstenartigen Areal im Westen der Insel vertraut zu machen. Feste Stationen sind der Fähranleger nach Texel und das Rettungshäuschen mit dem angeschlossenen Strandgutmuseum. Während der gut zweistündigen Exkursion werden nicht selten Seehunde gesichtet, die auf einer Sandbank zwischen Texel und Vlieland oftmals zu Hunderten residieren.

Vliehors Express. Wechselnde Abfahrtzeiten (im Sommer auch abends), Middenweg 41, Tel. 06/21 82 08 42, www.vliehorsexpress.nl

Meer, Strand, Dünen – und noch mehr Dünen. Ein mit Muschelkalk gepflasterter Weg ermöglicht die Erkundung, wobei angemerkt sei, dass es stetig auf und ab geht. Lediglich auf der Südseite unterbrechen kleinere Waldparzellen den Rhythmus. Direkt am Watt schließlich befindet sich die einzige asphaltierte Straße. Weil kaum ein Tourist auf ein Velo verzichtet, ist der Zweiradverkehr rege. Die Einheimischen, die das auf sie beschränkte Privileg des motorisierten Individualverkehrs in Anspruch nehmen, nutzen ihren Vorteil überwiegend an Wochenenden. Im Falle einer unerwarteten Ruhestörung (die Einheimischen sind für einen temperamentvollen Fahrstil bekannt), legt mancher Reisende die finalen Meter bis zum gemeinsamen Ausflugsziel mit der Faust in der Tasche der Gore-tex-Jacke zurück. Bei Ankunft im Posthuys (siehe Autorentipp) löst sich jeder Groll in Luft auf.

Wandelbare Wattinseln

Nur einen Steinwurf entfernt wartet ein weiteres Kuriosum auf: Kroon's Polder, das nach dem gleichnamigen Mitarbeiter der staatlichen Behörde für Wasserbau benannt ist. Kroon hatte zwischen 1898 und 1934 vier kleine Wasserflächen eindeichen lassen, um die Gefahr zu minimieren, dass die Insel im Falle eines schweren Sturmes in zwei Teile auseinanderbrechen könnte. Der Verlust des im Meer versunkenen West-Vlieland war nicht der einzige Anlass für seine Schutzbemühungen – schließlich gehörte mit Eierland auch der nördliche Teil von Texel einst zu Vlieland. So wandelbar sind die Wattinseln.

Die Polder sind heute zum einen Teil mit Süß- und zum anderen Teil mit Brackwasser gefüllt. Eine Kombination, die zu einer besonderen Art des Tourismus führt. Auf den Deichkronen sind regel-

mäßig mit stattlichen Fernrohren und Teleobjektiven ausgestattete Menschen unterwegs, die eine Leidenschaft teilen: Es sind Hobbyornithologen, die den Artenreichtum bewundern, den das Wattenmeer anzieht. Rund 100 verschiedene Spezies sind auf Vlieland beheimatet – auch weil auf dem Eiland keine Raubtiere leben. Die Anzahl ist rasant gestiegen, nachdem der Mensch die biologische Vielfalt durch die Anlegung von Poldern und Wäldern gesteigert hat.

Wie eine Wüste im Meer

Westlich der (nicht begehbaren) Polder suggerieren einige gemähte Wiesen, dass Vlieland nun womöglich ein wenig langweilig werden könne. Doch das Gegenteil ist der Fall. Zwar sind die letzten

GUT ZU WISSEN

AUTOS SIND LUXUS

Vlieland ist eine nahezu autofreie Insel. Besucher müssen ihre Vehikel auf dem Festland lassen. Einheimische dürfen derweil motorisierte Fahrzeuge besitzen, obwohl der Aktionsradius bescheiden ist. Der Gedanke, dass man sich als Vlielander vielleicht deshalb einen Wagen leistet, um regelmäßig auf dem Festland unterwegs zu sein, ist nicht ohne Tücken, denn die Rederei Doeksen lässt sich ihr Monopol bei der Überfahrt auch im Winter mit mehr als 100 Euro vergüten.

Oben: Vlielands Südküste ist ein herrliches Revier für einsame Wanderungen.
Mitte: Opfer der Gezeiten: Die Mobilität der Boote ist eingeschränkt.
Unten: Ein Scheinriese ist der Leuchtturm von Vlieland, denn er steht auf einer Düne.

Oben: Für Räder gibt es im sandigen Westen Vlielands kein Weiterkommen.
Mitte: Im Osten der Insel sind die Distanzen dagegen überschaubar.
Unten: »Lekker borrellen« – mit diesen Worten leiten die Niederländer den Abend ein.

Ausläufer der Dünen für die Öffentlichkeit weitgehend gesperrt, weil sich hier eine Militärbasis befindet. Doch jenseits der Bauten entfaltet sich jene Landschaft, die das absolute Alleinstellungsmerkmal der Insel und eine Top-Attraktion ist: der Vliehors, Europas größte zusammenhängende Sandfläche, so man Strände nicht mitzählt. Das ist nicht weniger großartig, als es sich anhört. Allerdings liegt ein dunkler Schatten über dem Areal, denn es wird von der niederländischen Luftwaffe bis heute als Übungsplatz genutzt. Das ist zwar nur in der Woche der Fall und wird lange nicht immer in Anspruch genommen – aber es ist ein Teil der Realität. In der Praxis gestaltet sich das so: Von Freitagmittag bis Sonntagabend ist der Vliehors für den Tourismus freigegeben.

Auch die Militäranlagen jedoch bilden keineswegs das geografische Ende der Insel. Irgendwann nämlich ist nur noch Sand zu sehen. Eine Fläche, deren Gestalt sich durch das Spiel von Ebbe und Flut täglich ändert. Bleibenden Charakter haben lediglich die zwei Rettungshäuschen auf Stelzen. Das eine ist nur noch eine Ruine, das andere das vielleicht beliebteste Postkartenmotiv der Niederlande, das weder in Amsterdam steht noch eine Windmühle ist. Von hier aus sind es nur noch drei Kilometer bis nach Texel. Der wacklige Bootsanleger für die Personenfähre bildet zugleich den finalen Blickfang dieser wundersamen Insel.

Infos und Adressen

SEHENSWÜRDIGKEITEN

Leuchtturm. Wechselnde Öffnungszeiten, gelegentlich Führungen (Zeiten auf der Webseite des VVV Vlieland), Vuurtorenweg 184, Tel. 022/231 77 41

Tromp's Huys. Heimatkunde- und Maritimmuseum. Di–Do, So 14–17 Uhr, Fr 10–13 Uhr (in den Ferien länger), Dorpstraat 99, Tel. 0562/45 16 00, www.trompshuys.nl

ESSEN UND TRINKEN

t'Badhuys. Strandpavillon mit windgeschütztem Sonnendeck und Monopolstellung, vielleicht auch daher hohe Preise und mittelmäßige Küchenleistung. Wechselnde Öffnungszeiten, Badweg 6, Tel. 0562/45 19 92, www.badhuys.com

Café de Zeevaert. Das unschuldig gemütliche Café verwandelt sich zum gegebenen Zeitpunkt zur inoffiziellen Partyzentrale des Dorfes – mit DJ-Einsatz. Tgl. 17–3 Uhr, Dorpsstraat 61, Tel. 0562/45 26 24, www.dezeevaert.nl

Het Armhuis. Klassische Küche mit modernem Einschlag auf gutem Niveau im ehemaligen Armenhaus. Mi–So ab 12 Uhr, Kerkplein 6, Tel. 0562/45 19 35, www.armhuis.com

ÜBERNACHTEN

Bed & Breakfast Torenzicht. Gemütliche Unterkunft am Ende des Dorfes. Dorpstraat 182, Tel. 0562/45 14 28, www.torenzicht.nl

Campingplatz Stortemelk. Zeltstadt mit allen Annehmlichkeiten und bis zu 3500 Besuchern im Sommer. Kampweg 1, Tel. 0562/45 12 25, www.stortemelk.nl

Strandhotel Seeduyn. Behagliches Interieur mit Meerblick, erstes Haus am Platze. Badweg 3, Tel. 0562/45 15 60, www.westcordseeduyn.nl

EINKAUFEN

Vlie Verswinkel. Delikatessen, die ihren Preis haben. Stammgäste lassen sich den Kühlschrank ihres Feriendomizils von Eigentümerin Suzanne vor Ankunft auffüllen. Meist 9–13 und 16–19 Uhr, Dorpsstraat 20

VERANSTALTUNGEN

Podium Vlieland. Multifunktionaler Saal von Kino bis zu Konzerten. Dorpstraat 84, Tel. 0562/45 11 54, www.podiumvlieland.nl

Leuchtturmlauf. Laufwettbewerb in anspruchsvollem Terrain rund um den Leuchtturm über fünf oder zehn Seemeilen (9,25/18,5 km). Ende April, www.vuurtorenloop.nl

AKTIVITÄTEN

Fahrradverleih Zeelen. Platzhirsch mit günstigen Preisen. Dorpsstraat 2, Tel. 0562/45 10 90, www.zeelenfiets.nl

Manege de Seeruyter. Ausritte am Strand auf Shetland-Ponys oder Isländern. Badweg 8, Tel. 0562/45 19 62

INFORMATION

Anreise. Die Fähren der Rederei Doeksen legen in der Regel dreimal pro Tag zwischen Harlingen und Vlieland ab, Autotransport nur für Einheimische, Parkplätze in Harlingen ab 5 € pro Tag, Tagesausflüge möglich, www.rederij-doeksen.nl

VVV Vlieland. Vermittlung von Ferienhäusern auch über die Webseite. Mo–Fr 9–17 Uhr, Sa 9–12 und 13–17 Uhr, So 10–12 und 16–17 Uhr. Havenweg 10, Tel. 0562/45 11 11, www.vlieland.net

Einblick in die Vergangenheit: das Tromp's Huys

Mitte: In West-Terschelling treffen sich im Sommer all jene, die Abstand suchen.
Unten: Belohnung: Nach dem Anstieg bietet die Kaapsduin einen herrlichen Ausblick.

37 Terschelling

Insel mit natürlichem Theater

Auf keiner anderen Nordseeinsel ist der Unterschied zwischen Nordseeseite und Wattseite so groß wie hier: im Norden die breiten Strände und ausgedehnte Dünengebiete, im Süden das endlos wirkende Watt. Neben der Natur bietet Terschelling auch attraktive Ausgehmöglichkeiten – und im Juni besuchen Zehntausende das neuntätige Theaterfestival Oerol, mit Bühnen mitten in der Natur der Insel.

Passagiere, die mit der Fähre von Harlingen aus nach Terschelling fahren, kommen in West-Terschelling an – und stolpern praktisch gleich über die erste Attraktion: den Leuchtturm Brandaris, der mitten im Dorf steht. Er stammt in seiner jetzigen Form aus dem Jahr 1594 und ist damit der älteste Leuchtturm der Niederlande. Der Name leitet sich ab von St. Brandarius, einem Heiligen, nach dem das heutige Dorf West-Terschelling im Mittelalter benannt wurde.

Einen Vorgänger gab es bereits seit 1323. Der damalige Leuchtturm sollte Schiffe durch den schmalen Spalt zwischen den Inseln Vlieland und Terschelling auf ihrem Weg nach Amsterdam hindurchlotsen, damals über die Zuiderzee. Das Signal war auch deshalb wichtig, weil die Inseln sich von der Nordseeseite aus sehr ähneln. Doch der erste Brandaris hielt den Gezeiten nicht stand, und auch der zweite brach wegen schlechten Baumaterials zusammen. Bis in die 1980er-Jahre konnte man ihn besteigen, doch heute würde das mit sensibler Technik ausgestattete Bauwerk keine Touristenströme verkraften. Wohl aber können Heiratswillige sich hier das Jawort geben.

Terschelling: Meeresluft und intensive Farben

Da der Turm also ohnehin nicht zu erklimmen ist, kann man gemütlich durch das Dorf bummeln. Es ist ein lebendiger Ferienort mit vielen Geschäften, Cafés, Restaurants und historischen Häusern, die noch aus dem 16. Jahrhundert stammen. Hat man genug von West gesehen, kann man sich zum Strandpavillon »De Walvis« begeben, von dem man eine ausgezeichnete Aussicht auf den sogenannten Grünen Strand (Groene Strand) hat. Die Wattensee geht hier über in die Nordseeküste. Einst war es ein sandiges Gebiet mit Stränden, aber langsam ist es zugewuchert und dadurch grün geworden. Die Forstverwaltung hat eine etwa vier Kilometer lange Wanderung markiert, die eine Weile an diesem Strand entlangführt.

Nie ohne ein Fahrrad

Wer die Natur auf Terschelling entdecken möchte, mietet sich am besten gleich nach der Ankunft ein Fahrrad. Denn die Insel hat sehr gut ausgebaute Radwege durch die Dünen, entlang der Polder und des Watts, und auch die sechs größeren Orte sind bequem mit dem Velo zu erreichen. Es gibt sogar eine markierte Radroute über die ge-

Geheimtipp

DER »BRUCE SPRINGSTEEN VON TERSCHELLING«

Die Kneipe »De Groene Weide« in Hoorn kennt wohl jeder auf Terschelling. Denn der Wirt heißt Hessel van der Kooy, und der 1955 geborene Sänger hat es in den Niederlanden zu einiger Berühmtheit gebracht. Seit er die Kneipe in den 1970er-Jahren übernommen hatte, spielte er dort ab und an mit seiner Band. Schnell wuchs sein Bekanntheitsgrad auf der Insel und 1991 gab der »Bruce Springsteen von Terschelling« zwei ausverkaufte Konzerte in der Ahoy-Halle von Rotterdam, später auch in der bekannten Heineken Music Hall in Amsterdam. Während der Saison können Touristen Hessel in seiner Kneipe erleben, wo er fast jeden Abend auftritt. Manchmal auch im Duett mit seiner Tochter Tess.

Cafe de Groene Weide. Tgl. ab 10 Uhr für Lunch, ab 17 Uhr für Dinner, Dorpsstraat 82, Hoorn, www.groeneweide.nl

Oben: Manche Fähren schaffen es in 45 Minuten.
Mitte: Verlockende Kombination: blauweiße Strandliegen und wolkenloser Himmel
Unten: Trotz Abgeschiedenheit besteht im Naturgebiet Boschplaat kein Schutz vor Blicken.

samte Insel, die »Sporen in het zand« (Spuren im Sand). Bewegungsfreunde erhalten im Tourismusbüro eine Wander- und Radfahrkarte.

Wer durch die Dünenlandschaft westwärts radelt, entdeckt diverse ehemalige Bunker aus dem Zweiten Weltkrieg, die inzwischen als komfortable Ferienhäuser eingerichtet wurden und teilweise vermietet werden. Seit dem Sommer 2015 können einige Bunker auch im Rahmen von Führungen besichtigt werden, die Stiftung »Bunkers Terschelling« offeriert diese über das örtliche Tourismusbüro.

Besonders interessant ist auf Terschelling der Kontrast zwischen den Stränden und Dünengebieten im Norden und dem Watt im Süden. Reizvoll ist auch das Naturschutzgebiet De Boschplaat im Osten. Die einstige Sandbank wurde mit einem Deich an die Insel angebunden; Teilnehmer einer Exkursion können seltene Vögel, Pflanzen und Schmetterlinge sehen. Gleiches gilt für das zweite Naturschutzgebiet De Noordvader. Der Artenreichtum der Insel ist mit rund 600 Pflanzengattungen enorm – aber dass man hier die eigentlich in Nordamerika heimischen Cranberries wachsen

GUT ZU WISSEN

SCHNELL AUF DIE INSEL

Mit der regulären Fähre dauert die Überfahrt von Harlingen nach Terschelling 120 Minuten, mit dem Schnellboot nur 45 Minuten – allerdings sind nur Fußgänger zugelassen. Auch sollte man wissen, dass es wegen der hohen Geschwindigkeit an Bord keine Gastronomie gibt. Man darf sich zwar selbst verpflegen, warme Speisen, Snacks und Getränke sowie Alkohol und Fisch sind aber nicht erlaubt (www.rederij-doeksen.nl).

Auf Terschelling gedeihen Cranberrys.

sieht, überrascht dann doch. Wie die roten Beeren auf die Insel kamen? Nun, glaubt man den Erzählungen der Insulaner, so wurden Cranberries nach dem Untergang eines amerikanischen Schiffes im Jahr 1845 an Land gespült und konnten sich verbreiten. Ob dies nun Seemannsgarn ist oder nicht: Fakt ist, dass heutzutage die Beeren überall auf Terschelling erhältlich sind und gekonnt als lokales Produkt vermarktet werden (siehe Autorentipp).

Kuriose Eintrittspreise

Terschelling hat aber auch für historisch und kulturell Interessierte viel zu bieten. So ist das Museum 't Behouden Huys dem aus Terschelling stammenden Seefahrer Willem Barentsz (1550–1597) gewidmet. Der Kapitän suchte lange Zeit vergeblich die Nordostpassage und kehrte nicht zurück, nachdem sein Schiff eingefroren war und er monatelang in einer Hütte (nach der das Museum benannt ist) überwintern musste. Die Barentszsee ist nach dem Terschellinger benannt. Von Schiffbruch weiß auch das Wrakkenmuseum zu erzählen. Seit 1975 sammelt Hille van Dieren Funde von Schiffswracks rund um die Insel. Das Museum ist vollgestopft mit Raritäten ab dem Jahr 1650.

Nicht verpassen

CRANBERRIES KOSTEN

Die Cranberry-Kultur wird auf Terschelling allerorts zelebriert; die »Großfrüchtige Moosbeere« ist in diversen Geschäften und Restaurants in vielfacher Zubereitungsform erhältlich. In der Lekkernijmakerij (Leckereien-Macherei) in West-Terschelling können Touristen die roten Beeren verkosten und Produkte wie Cranberrywein, -bonbons, -tee und sogar Kosmetik aus Cranberries erwerben. In der ebenfalls zu dem Unternehmen gehörenden Scheune, wo bis etwa 1960 die handgepflückten Beeren angeliefert wurden, gibt es auch eine kleine Ausstellung zur mehr als hundertjährigen Geschichte dieser Beeren auf Terschelling sowie eine Schau mit historischen Fotos und Kunstwerken von Inselbewohnern.

Lekkernijmakerij. April–Nov. tgl. 10–17 Uhr, Badweg 1, West-Terschelling, Tel. 0562/44 34 33, www.terschellingercranberry.nl

Oben: Inselgefühl: die Seele baumeln und den Blick in die Ferne schweifen lassen.
Mitte: Über den Dächern von Terschelling sind Giebelstudien möglich.
Unten: Als Schauplatz für Gruselgeschichten empfiehlt sich der Stryper Kerkhof.

Die Eintrittspreise staffeln sich nach Körpergröße: unter einem Meter und über zwei Metern ist der Eintritt frei, von einem bis 1,5 Meter beträgt er 1,50 Euro und von 1,5 bis zwei Meter drei Euro.

Ein etwas unheimlicher Ort ist der Stryper Kerkhof, ein Totenhügel, aus dem Grabsteine von Walfängern aus dem 16. Jahrhundert herausragen. Die Legende will, dass die Engländer im Jahre 1666 die Insel einzunehmen versuchten; sie hatten West-Terschelling komplett zerstört. Als sie vorrückten, glaubten sie beim Anblick der Grabsteine, einer Armee gegenüberzustehen. Bestärkt wurden sie in dieser Wahnvorstellung von einer alten Frau, die ihnen über den Friedhof erzählte, dass dort »Hunderte stünden, aber Tausende lägen.« Daraufhin nahmen die englischen Invasoren Reißaus. Zur Erinnerung an die Legende und als Ehrung der »Retterin von Terschelling« steht heute bei Baaiduinen die Statue *Stryper Wyfke*.

Von der heiteren Seite hingegen erlebt man Terschelling beim Oerol-Kulturfestival, zu dem jedes Jahr rund 50000 Besucher auf die Insel kommen. Premiere feierte der Kulturreigen 1981 als kleines Straßentheaterfestival, inzwischen gehört Oerol zu den größten und wichtigsten Theaterfestivals Europas. Die jeweiligen Theaterstücke haben immer mit der Insel zu tun – entweder thematisch oder weil die Bühne an den unterschiedlichsten Orten Terschellings steht.

Infos und Adressen

SEHENSWÜRDIGKEITEN

Museum't Behouden Huys. 1. April–1. Nov. Di–Fr 10–17 Uhr, Sa/So 13–17 Uhr, 1. Nov.–1. April Mi, Sa/So 13–17 Uhr, Commandeurstraat 30–32, West-Terschelling, Tel. 0562/44 23 89, www.behouden-huys.nl

Wrakkenmuseum. Frühjahr bis Weihnachten tgl. ab 10 Uhr, Formerum Zuid 13, Formerum, Tel. 0562/44 93 05, www.wrakkenmuseum.nl

ESSEN UND TRINKEN

Amsterdamsche Koffijhuis. Altmodische Geselligkeit im Zentrum von West. Tgl. ab 14 Uhr, in der Hochsaison ab 10 Uhr, Badweg Hoorn 16, Hoorn, Tel. 0562/44 27 00, www.ak-terschelling.nl

Restaurant 't Golfje. Gehobene Küche, großes Angebot für Vegetarier. Mi–So ab 18 Uhr, Heereweg 22a, Midsland-Noord, Tel. 0562/44 81 05, www.restaurant-tgolfje.nl

ÜBERNACHTEN

B&B De Postoari. Bed & Breakfast in ehemaliger Pastorei. Dorpsstraat 25, Hoorn, Tel. 0562/85 01 34, www.postoari.nl

Hotel Paal 8. Vier-Sterne-Haus in den Dünen. Badweg West 4, West-Terschelling, Tel. 0562/44 90 90, www.sandton.eu/sandton-paal-8-hotel-aan-zee/nl

Hotel Schylge. Vier-Sterne-Hotel mit bester Aussicht auf die Umgebung. Van Heusdenweg 37, West-Terschelling, Tel. 0562/44 22 33, www.westcordhotels.de

VERANSTALTUNGEN

Oerol. Kulturfestival. Juni. www.oerol.nl

AKTIVITÄTEN

Inselhopping. Im Sommer fahren Fähren zwischen Vlieland, Ameland und Texel nach Terschelling. www.vvvterschelling.nl

Planwagenfahrt. Verschiedene Anbieter, z. B. Huifkarbedrijf Terpstra, Dorpsstraat 20, Hoorn, Tel. 0562/44 88 37, www.huifkarbedrijf-terpstra.nl

INFORMATION

VVV Terschelling. Mo–Fr 9.30–17 Uhr, Sa 9–17, So 11–16 Uhr, Willem Barentszkade 19a, West-Terschelling, Tel. 0562/44 30 00, www.vvvterschelling.nl

Darf es ein bisschen Cranberry-Marmelade sein? Dann ab ins Café »Bessenschuur«!

DAS WATTENMEER:

Wandern im Weltnaturerbe

Zwischen Den Helder an der Spitze des niederländischen Festlands und der dänischen Halbinsel Skallingen zeigt sich die Nordsee über eine Distanz von rund 450 Kilometern nicht als gewöhnliches Meer. Durch die Gezeiten fällt der Boden im Durchschnitt alle sechs Stunden und zwölf Minuten trocken. Hierdurch ist vor rund 7500 Jahren ein einzigartiges Biotop entstanden, das seit 2009 den Status eines Unesco-Weltnaturerbes genießt.

Wer eine erste Reise in die Niederlande plant, mag sich die Frage stellen, warum an den Küsten der Provinzen Friesland und Groningen keine Badeorte um Gäste buhlen. Ein Blick über die Deichkrone liefert die plausible Antwort: Strand ist weit und breit nicht zu entdecken, dafür zunächst einmal grüne Wiesen, die nur selten geflutet werden. Im besten Fall ist dahinter bei Flut das Meer zu sehen – ansonsten beschränken sich die Eindrücke auf eine mattgraue Fläche, deren Begehung bis vor nicht allzu langer Zeit einer bestimmten menschlichen Subspezies vorbehalten war: dem Wattläufer.

In den Niederlanden speist dieser seine Motivation vor allem aus der Verheißung, binnen nur eines Gezeitengangs vom Festland auf eine der vorgelagerten Barriereinseln zu wandern. Trotz mitunter tiefer Abflüsse, sogenannter Priele, ist dies den Spezialisten von Texel bis nach Schiermonnikoog bereits gelungen. Hoch im Kurs steht auch die Erkundung großflächiger Sandbänke wie Rottumeroog, auf denen besonders wagemutige Hasardeure auch schon mal die Nacht verbringen – natürlich, um am nächsten Tag weiterzuwandern. Nach Borkum auf deutschem Territorium etwa, denn dieses Eiland ist das einzige, das bislang nur mit Zwischenstopp erreicht werden konnte.

Früher waren es eher verschrobene Einzelgänger, die den Boden des Wattenmeers zum sportlichen Übungsterrain gekürt haben. Heute jedoch ist das Wattlaufen fast schon zur Massenbewe-

Eine Wanderung durchs Watt macht Spaß, erfordert aber professionelle Begleitung.

gung geworden. Hotels und Vereinigungen bieten regelmäßig Touren an, die das Versprechen eines unvergesslichen Abenteuers halten – in mehrfacher Hinsicht, denn die Ausflüge sind kein Picknick. Aufgrund der erheblichen Gefahren sei daran erinnert, dass die Begehung des Watts nur in Begleitung zertifizierter Guides gestattet ist.

Wer nun spezielle Stiefel oder – je nach Jahreszeit – eine Watthose angelegt hat, wird zunächst überrascht sein, wie rutschig der Meeresboden sein kann. Nach anfänglichen Balanceübungen fällt der Blick rasch auf jene Gewächse, die sowohl dem Salzwasser als auch den Trockenperioden trotzen: Queller. Die grünen Salzwiesenpflanzen schmecken so gut, dass sie in niederländischen Supermärkten als »Zeekraal« verkauft werden. Bald jedoch ist es vorbei mit der Vegetation. Nach Leben muss der Wanderer nun suchen – aber nicht sehr lange, denn nur wenige Zentimeter im Boden befindet sich das Zuhause von Herz- und Miesmuscheln. Bei genauerem Hinsehen kommen auch Strandkrabben und die so begehrten Nordseegarnelen zutage. Die kulinarische Krönung der Wattenmeergeschöpfe ist jedoch die Pazifische Felsenauster, die den Platz der überfischten und nunmehr vom Aussterben bedrohten Europäischen Auster eingenommen hat.

Der Wattwurm als Filter

Hat sich das Wasser etwas länger zurückgezogen, offenbaren sich auf dem Boden auch jene charakteristischen Formationen, die jeder watterfahrene Besucher kennt. Dabei handelt es sich um die Ausscheidungen des Wattwurms, der in

Es gab Versuche, das Watt trockenzulegen. Heute steht das Gebiet unter Schutz.

Gezeitenland: Die Fischer folgen einem vorgegebenen Rhythmus.

einer Konzentration von bis zu 40 Exemplaren pro Quadratmeter im Watt vorkommt. Die bis zu 40 Zentimeter langen Tiere nehmen zunächst den Sand auf, um die organischen Stoffe herauszufiltern. Anschließend trennen sie sich wieder von ihrer Nahrung. Wissenschaftler haben herausgefunden, dass auf diese Weise der gesamte Boden des Wattenmeers einmal pro Jahr gereinigt wird.

Die Fauna ist ein gefundenes Fressen für die Vogelwelt. Austernfischer oder Knutt bohren ihren langen Schnabel in den Sand, um nach Nahrung zu suchen. Auch Löffler, Eiderenten und Säbelschnäbler lassen sich regelmäßig im Watt blicken. Hinzu kommen über zehn Millionen Zugvögel, die während ihrer weiten Reisen in der Küstenlandschaft ihre Tanks auffüllen. Vor allem auf den Sandbänken zwischen den Inseln sind mittlerweile auch wieder jene Tiere in größeren Populationen heimisch geworden, die Besuchern besonders viele »Ahhs« und »Ohhs« entlocken: Seehunde und die mehr als zwei Meter langen Kegelrobben. Wanderer allerdings müssen sich in der Regel mit Einzelbegegnungen begnügen, denn die Tiere verstehen sich darauf, ihre Domizile dorthin zu verlegen, wo der Mensch sie nicht stört.

Aufgrund der einzigartigen Gesamtkonstellation hat die Unesco das Wattenmeer 2009 zum Weltnaturerbe gekürt. Seitdem gilt mehr denn je, dass touristische Aktivitäten im Zeichen der Nachhaltigkeit stehen. Zum Regelwerk gehört natürlich auch, dass Besucher die Verpackungen ihrer Vorräte wieder mit zurück aufs Festland nehmen. Ausreichend Wasser und Snacks aber können sehr wohl vonnöten sein, denn die Wanderung durch Schlick und Wassergräben ist recht anstrengend.

Seite 216: Das Wattenmeer sieht friedlich aus, doch seine Launen sind gefürchtet.
Mitte: Ein schöner Heimathafen: die alten Kapitänshäuser von Nes
Unten: Verbindung mit dem Rest der Welt: Ein tiefer Kanal macht es möglich.

38 Ameland

Kinderinsel mit Löfflerkolonie

Weitläufige Dünenlandschaften, herrliche Strände und gleich vier gemütliche Dörfer. Mit diesen Attraktionen mag sich Ameland nicht groß von den Nachbarinseln unterscheiden. Wohl aber ist das Eiland bei einer speziellen Zielgruppe beispiellos populär – und nicht nur die erfreut sich an einem folkloristischen Spektakel, das Potenzial für eine lobende Erwähnung auf der Liste des nationalen Kulturerbes besitzt.

An die Vielzahl deutscher Urlauber haben sich die Niederländer allerorten gewöhnt. Kaum ein Flecken aber ist derart fest in deutscher Hand wie Ameland: Jedes Jahr im Sommer fallen mehrere 10 000 Kinder auf der Insel ein. Damit halten sie eine Tradition aufrecht, die sich im ersten Drittel des 20. Jahrhunderts etabliert hat, als chronisch schwache Jungs und Mädchen aus dem Ruhrgebiet und vom Niederrhein in der heilsamen Meeresluft ihre Ferien verbringen durften. Seinerzeit haben Landwirte auf der sogenannten Kinderinsel ihre Scheunen ausgeräumt, um den Besuchern ein Dach über dem Kopf zu bieten.

Diese Tradition hat sich kaum verändert, nur dass sich der Spaß heute »kamperen bij de boer« nennt – also Zelten auf dem Bauernhof. Angenehmer Nebeneffekt für die Tourismuswirtschaft: Die Schüler von einst kehren häufig als Erwachsene an den Ort ihres jugendliches Glücks zurück, um in einem Ferienhaus oder im Hotel ihren Urlaub zu verbringen. Bevor Ameland übrigens zur Kinderinsel avancierte, waren die Eigentümerverhältnisse weniger egalitär: Das Eiland befand sich im

Im Rettungsbootmuseum

Besitz der friesischen Familie Cammingha, die in Ballum ein veritables Schloss unterhalten hat.

Die »Abraham Fock«

Die Infrastruktur Amelands ist dem Ansturm durchaus gewachsen, allerdings geht es vor allem im Hafenort Nes im Sommer ziemlich hektisch zu – was auch an den Ferienparks liegt, die ohne Mühen fußläufig erreichbar sind. Obwohl Autos erlaubt sind, bleibt das Fahrrad das ideale Transportmittel. Die meiste Aufmerksamkeit jedoch generiert die Kombination zweier anderer Verkehrsmittel, die für die Geschichte der Insel lange Zeit von großer Bedeutung waren. Die »Abraham Fock«, das Rettungsboot der Insel, nämlich wurde schon vor 150 Jahren stets von Pferden ins Wasser gezogen. Das war der schnellste Weg in die Fluten. Während die Besatzung einst auf diese Weise Leben gerettet hat, wird das Ritual nun zur Brauchtumspflege geradezu zelebriert: Der Publikumszuspruch ist groß, wenn das weißblaue Boot von zehn Vierbeinern über den Strand südwestlich von Hollum gezogen wird. Das Spektakel wiederholt sich an 14 festgelegten Terminen – ein erhabener Anblick.

Einfach gut!

EINE INSTITUTION AUF AMELAND

Im Zentrum von Nes kommen seit 1972 all jene auf ihre Kosten, die Fisch lieben. Die Speisekarte von »Metz« weist Brötchen mit Aal, hausgeräucherter Makrele oder Krabben (»garnalen«) aus, aber auch Kibbeling mit Pommes. Ganz im Sinne des Zeitgeists gibt es den Fisch neuerdings auch als Sushi. Fans lokaler Produkte stürzen sich auf die Meeräsche aus inselnahen Gewässern oder auf die Austern und Jakobsmuscheln aus dem Watt. Ebenso wie bei der Ware in der Vitrine legen die Eigentümer Wert auf Zertifikate, die einen nachhaltigen Fang ausweisen. Im Sommer mit Sitzgelegenheit unter freiem Himmel. Das gilt auch für die Dependance in Hollum. Einige Puristen bezeichnen »Metz« als bestes Fischrestaurant der Insel.

Fischhandel Metz. Reeweg 27, Nes, 0519/54 20 17; Oranjeweg 10, Hollum, Tel. 0519/55 62 94, www.vishandelmetz.nl

Einfach gut!

NOMEN EST OMEN

In Ballum herrscht Beschaulichkeit vor. Dennoch konnte sich ein kleines Imperium etablieren: das Hotel-Restaurant »Nobel«. Das familiengeführte Unternehmen hat hinter den Fassaden der ehrwürdigen Häuser überraschend zeitgemäße und geschmackvolle Zimmer eingerichtet. Neuerdings gehört auch eine ehemalige Kirche auf der anderen Straßenseite dazu. Das Gotteshaus wurde komplett entkernt und bietet zwei Gruppen von bis zu sechs Personen ein apartes Feriendomizil. Das hauseigene Restaurant setzt diese Linie fort: der französische Chefkoch Martin Berger komponiert anspruchsvolle Menüs (vorher reservieren). Schon seit Generationen brennt die Familie obendrein ihren eigenen Schnaps: Der »Nobeltje« gilt als beste Medizin gegen kalte Wintertage.

Hotel Nobel. Restaurant tgl. 18–21 Uhr, Gerrit Kostwerweg 16, Ballum, Tel. 0519/55 41 57, www.hotelnobel.nl

Regionale Spezialitäten gibt es auch im Café »Onder de Vuurtorens«.

Mit dem Wassergang der »Abraham Fock« hat es sich dann auch schon wieder mit dem Pflichtprogramm. Ansonsten ist auf Ameland Müßiggang angesagt. Am Strand wird dieser optisch leider ein wenig beeinträchtigt, da die Niederländische Aardolie Maatschappij (NAM) es durchsetzen konnte, in wenigen Kilometern Entfernung zur Nordseeküste zwei Bohrinseln zu installieren. Nach aktuellem Stand besitzen diese Fördergenehmigungen bis zum Jahr 2035. Zum Ausgleich kann Ameland mit einem Alleinstellungsmerkmal aufwarten, um das es die Nachbarinseln beneiden: Nur hier darf die sogenannte Blaue Fahne gehisst werden, mit deren Hilfe die saubersten und sichersten Strände gekennzeichnet werden.

Der Konflikt zwischen Naturschutz und den Bedürfnissen einer rohstoffhungrigen Gesellschaft ist an dieser Stelle besonders frappierend, weil die Osthälfte Amelands ansonsten weitgehend unberührt ist. In den älteren, bewachsenen Dünen von Het Oerd sind viele Brutvögel zu Hause, darunter anatomische kuriose Geschöpfe wie der Große Brachvogel mit seinem langen, gebogenen Schnabel. Ganz andere Lebensbedingungen bieten die jungen, noch weitgehend kahlen Dünen De Hôn, auf denen im Herbst Zehntausende Zugvögel pausieren, darunter mit der Uferschnepfe und dem Austernfischer weitere Wattvögel. Inoffizieller Stolz Amelands ist eine Kolonie Löffler, die sich seit 1994 angesiedelt hat. Im September ist das gesamte Areal eine besondere Augenweide, dann blüht der violette Strandflieder.

Regionale Produkte

Die Naturschutzgebiete machen gemeinsam etwa ein Viertel der Inseloberfläche aus. Der Rest ist, anders etwa als auf Vlieland, vergleichsweise

»Happen en trappen«

A Ballum, t'Bintje – Vom Ortskern von Nes über den Verbindungsweg zur ersten Station nach Ballum, wo eine holländische Kartoffelsorte dem Bauernhof seinen Namen gegeben hat. Angeboten werden neben den Erdäpfeln hausgemachte Marmelade, eigene Milchprodukte und Köstlichkeiten von der ganzen Insel. Do/Fr 13.30/17.30 Uhr, Sa 10–16 Uhr und wenn die Flagge gehisst ist, Nesserweg 9, Ballum, Tel. 0519/55 41 76, www.tbintjeameland.nl

B Hollum, Kaasboerderij – Vom Nesserweg links in die Camminghastraat und über den Jelmeraweg zur Käserei. Hier stellen Robert van der Meulen und Siplonia Vaas eine breite Palette lokaler Käse her, von jung bis drei Jahre alt, pur oder mit Sambal. Im Sommer gibt's selbst gemachtes Eis. Mo bis Sa 10–17 Uhr, Pietje Miedeweg 6, Hollum, Tel. 0519/55 44 59, www.kaasboerderijameland.nl

C Hollum, Molen De Verwachting – Über den Ridderweg weiter zur Windmühle, die zum Mahlen von Senf verwendet wird. 14 verschiedene Sorten werden produziert, der Rohstoff wird auf der Insel angebaut. Ein Verkaufsschlager ist die Backmischung für Pfannkuchen. Wechselnde Öffnungszeiten, Molenweg 6, Hollum, Tel. 0519/54 27 37

D Ballum, Amelander Brouwerij – Getreu der Devise »was auf Texel (mit Skuumkoppe) funktioniert, kann auf Ameland nicht schiefgehen«, braut Doeke Visser hier sieben Sorten Inselbier. Weil der Mann hauptberuflich Busfahrer ist, öffnet die Probierstube meist nur samstags. Die Getränke werden aber auch in einigen Supermärkten angeboten. Tel. 0519/55 43 65, Smitteweg 6, Ballum, www.amelanderbier.nl

E Buren, Metzgerei Ytsma – Durch die Dünen nach Buren, wo Metzger Dennis Ytsma das allseits wertgeschätzte Insellamm anbietet. Das Fleisch gilt durch den hohen Salzgehalt des Grases als »presalé« (also vorgesalzen). Auch die hausgemachten Würste sind hervorragend. Mo–Fr 8–18 Uhr, Sa 8–17 Uhr (im Winter mit Mittagspause von 12–13 Uhr), Hoofdweg 4, Buren, Tel. 0519/54 20 73, www.dennisytsma.uw-slager.nl

Oben: Im Sommer ist die Insel Anlaufstelle für deutsche Kinder. **Mitte:** Die anderen Bewohner Amelands zeigen sich vom Andrang der Touristen unbeeindruckt. **Unten:** Viele Bewohner der altehrwürdigen Häuser waren früher im Walfang tätig.

fruchtbares Land. War dies in früheren Zeiten eine elementare Voraussetzung für die Selbstversorgung der 3500 Insulaner, so setzt man heute zum Teil auf touristisch verwertbare Produkte. Die hedonistische Gesellschaft der Gegenwart möchte schließlich wissen, wie Ameland schmeckt. Das eröffnet interessante Perspektiven, aus denen der örtliche Tourismusverband einen Tagesparcours zusammengestellt hat. Arbeitstitel: »happen en trappen« (siehe Rundgang), was so viel bedeutet wie »schlemmen und dabei in die Pedale treten«.

Weniger anstrengend als eine Wanderung oder eine Radtour ist die Expedition zu den ortsansässigen Seehunden. Dank der stark erholten Bestände sind die Betreiber der MS »Ameland« gegenwärtig so selbstbewusst, den Fahrgästen eine Sichtungsgarantie zu versprechen. Das Schiff ist so gebaut, dass es auch bei niedrigem Wasserstand vorsichtig durch die Prielen navigiert werden kann. Tatsächlich halten sich bei den Sandbänken zwischen Ameland und Terschelling zuweilen Hunderte der Tiere auf. Je nach Saison leisten ihnen Austernfischer und andere Wattvögel Gesellschaft.

GUT ZU WISSEN

GEFANGEN IM PACKEIS

Ameland erinnert sich heute nur sehr ungern an seine Vergangenheit als Hochburg des Walfangs. Nachdem die Inselbewohner bereits seit 1719 Erfahrungen gesammelt hatten, sollte es 1877 zu einem folgenschweren Drama kommen. Im Nordmeer geriet eine mannstarke Expedition in die Fänge des Packeises. Die meisten konnten sich daraus nicht befreien, viele Männer starben. Heute erinnern auf dem Friedhof die Gräber großer Walfänger an diese Epoche.

Infos und Adressen

SEHENSWÜRDIGKEITEN

Maritiem Centrum Abraham Fock. Schifffahrtsmuseum, das eine Reise durch Region und Zeit bietet. Wichtiger noch: Hier startet 14-mal pro Jahr die Reise der »Abraham Fock«, die von zehn Pferden ins Meer gezogen wird. Mo–Fr 10–17 Uhr, Sa/So 13.30/17 Uhr (im Winter kürzer), Oranjeweg 18, Hollum, Tel. 0519/55 42 43, www.vvvameland.nl (unter Museen mit Link zu den Terminen)

ESSEN UND TRINKEN

De Griffel. Populärer Grill mit lokalen Produkten. Tgl. 11–22 Uhr, Burenlaan 41, Hollum, Tel. 0519/55 41 35, www.degriffel.net

ÜBERNACHTEN

Hotel Hofker. Freundlich und angenehm einfach mit einem inseluntypisch guten Preis-Leistungsverhältnis. J. Hofkerweg 1, Nes, Tel. 0519/54 20 02, www.hotelhofker.nl

Zee van Tijd. Amelands Antwort auf den Trend zum Designhotel. Die Betreiber verkaufen außerdem Salatdressings. Rixt van Doniastraat 18, Nes, Tel. 0519/54 30 03, www.zeevantijd.nl

Der Leuchtturm sendet so viele Signale, wie der Inselname Silben hat.

Der Urlaub beginnt schon bei der Überfahrt auf den modernen Fähren.

AKTIVITÄTEN

Fahrradverleih Kiewit. Marten Janszenstraat 6, Nes, Tel. 0519/54 21 30, www.fietsenopameland.nl

Robbenboot Ameland. Ausflug zu den Sandbänken, auf denen sich mit großer Sicherheit Robben tummeln. Wechselnde Abfahrtszeiten aus dem Hafen von Nes, Tel. 06/21 29 64 37, www.robbenboot.nl

INFORMATION

Amelands Product. Informationen über lokale Lebensmittel. www.amelandsproduct.nl

Überfahrt. Die Fähre nach Ameland (Reederei Wagenborg) fährt fünfmal pro Tag ab Holwerd, im Sommer bis zu siebenmal. Wer sein Auto mitnehmen möchte, sollte rechtzeitig reservieren. Saisonal unterschiedliche Abfahrtzeiten. Das Parken in Holwerd kostet 4,50 Euro pro Tag, www.wpd.nl

VVV. Mo–Fr 9–17 Uhr, Sa 9–15 Uhr, Bureweg 2, Nes, Tel. 0519/54 65 46, www.ameland.nl

Mitte: Am Ende der Welt steht man auf Stelzen: Strandpavillon auf Schiermonnikoog.
Unten: Für Regentage: Das Dorfmuseum versorgt Besucher mit Hintergrundinformationen.

39 Schiermonnikoog
Hollands Schönste

2006 wurde die östlichste Wattenmeerinsel von den Zuschauern einer Fernsehsendung zum schönsten Ort der Niederlande gewählt. Unabhängig von der Aussagekraft solcher Abstimmungen kann das Eiland mit erheblichen Reizen aufwarten. Dabei sind es vornehmlich Kleinigkeiten, die den Unterschied machen – angefangen damit, dass der niederländische Staat die Insel konfiszieren musste.

Wer heute verträumt durch die Dünenlandschaften im Westen spaziert, kann schon mal ins Schmunzeln geraten: Unter einem Schild, das einen Fußgängerweg ausweist, befindet sich der Zusatz »Bergweg«. Tatsächlich führt der Trampelpfad hinauf auf eine Düne beachtlichen Ausmaßes. Letztlich aber bleibt der Eindruck einer Übertreibung. Wie das eben so ist, wenn einem das Festland als Maßstab fehlt. Und da haben wir noch nicht über einen Pfad mit dem Namen »Klein Zwitserland« gesprochen, also die »kleine Schweiz«.

Nur ein paar Schritte weiter – man könnte auch sagen: am Ende der bewohnten Inselhälfte – breitet sich der Badweg aus. Die unauffällige Straße ist nur anderthalb Kilometer lang und endet am Strand. Hier übertreiben die Inselbewohner auf andere Weise, haben sie doch ein zitronengelbes Holzhaus auf Stelzen so nah ans Meer gebaut, dass es zuweilen geflutet wird. Immer dann ist der Standkiosk »Het Paviljoen« nur per Boot erreichbar und am Horizont türmen sich meist bedrohliche Wellen auf. Ein kühnes Unterfangen, doch um die Aufmerksamkeit der Besucher zu fesseln,

Ein aus Walfischzähnen geformter Bogen

scheint das architektonische Vabanquespiel unumgänglich. Der makellose Strand ist schließlich bei normalem Seegang an die 400 Meter breit – und der Urlauber möchte ja nicht nur mit dem Fernglas auf die Brandung schauen.

Ausgangspunkt für Abenteuer

Die rund 950 Einwohner Schiermonnikoogs bringen im Kampf gegen das Wasser einiges an Erfahrung mit. Stille Zeugen lange zurückliegender Abenteuer sind zwei Unterkieferknochen eines 32 Meter langen Blauwals, die auf dem Willemshof zu einem Torbogen zusammengeschlossen sind. Der Walfischer Klaas Visser hat sie 1950 von einer seiner Expeditionen mitgebracht, die ihn oft für die Dauer eines halben Jahres auf See gehalten haben. Mittlerweile sind die imposanten Knochen wegen Verwitterungsgefahr imprägniert worden. Doch sie erinnern ungebrochen an eine Periode, als viele aus Schiermonnikoog stammende Fischer die Weltmeere befahren haben. Nach dem Zweiten Weltkrieg, als die Jobs auf der Insel rar waren, hat die in Amsterdam ansässige Niederländische Gesellschaft für Walfischerei einen Tanker gekauft und für ihre Zwecke umgebaut,

Nicht verpassen

ACHT UNTERSCHIEDLICHE LEBENSRÄUME

Ganz Schiermonnikoog wurde 1989 zum Nationalpark ausgerufen. Damit soll ein Beitrag geleistet werden, die vielfältige Natur zu schützen. Auf der Insel sind über das Jahr gesehen bis zu 300 Vogelarten beheimatet, hinzu kommen 100 unterschiedliche Muschelarten. Die Pflanzenwelt zeichnet sich unter anderem durch neun Orchideensorten aus. Auf der Wattenmeerseite gedeiht in den verlandeten Flächen (dem Kwelder) Strandflieder, der von niederländischen Küchenchefs als »Lamsoor« (Lammohren) geschätzt wird. Im Besucherzentrum werden die acht Lebensräume der Insel näher vorgestellt: Strand, Polder, Kwelder, der Binnensee Westerplas, Wald, Dünen, Watt und Dorf.

Besucherzentrum Nationalpark. Wechselnde Öffnungszeiten, im Sommer 10–17 Uhr, Torenstreek 20, Tel. 0519/53 16 41, www.np-schiermonnikoog.nl

Oben: Das weiß getünchte Hotel »Van der Werff« dient als gesellschaftlicher Treffpunkt.
Mitte: Als Orientierungspunkt funktioniert der Leuchtturm tadellos – der Kollege ist weiß.
Unten: Im Zentrum des Dorfes lässt man es sich schmecken.

die »Willem Barendz«. Kapitän wurde in Person von Klaas Visser bereits besagter Insulaner.

In einer Zeit, die weder von ökologischen noch von ethischen Bedenken geprägt war, rückte die bis zu 380 Mann starke Besatzung zu Fahrten aus, die von Curaçao über Südafrika bis in die Antarktis führten. Es ist heute schwer vorstellbar, dass die Seemänner davon lebten, das Waalfett für die Produktion von Margarine und Schmieröl an Konzerne wie Unilever zu verkaufen. Doch auf dem bitterarmen Schiermonnikoog der Nachkriegsjahre waren 35 Familien vom Walfang abhängig. Erst 1963 war es damit aufgrund der weltweit zunehmenden Konkurrenz vorbei. Seitdem hat sich der Tourismus als wichtigste Einnahmequelle etabliert. Das Fehlen von Sehenswürdigkeiten im eigentlichen Sinne ist dabei die größte Attraktion, denn aus diesem Grund sind es gerade die Individualisten, die hier die schönsten Tage des Jahres verbringen.

Auch diesen wird nicht entgehen, dass Schiermonnikoog gleich mit zwei Leuchttürmen auf sich aufmerksam macht. Der weiße allerdings ist schon lange außer Betrieb. Und so ist dem roten Noordertoren vorbehalten, aus 37 Metern Höhe immer noch jene Signale zu senden, die typisch für die Nordseeinseln sind. Zur Lokalisierung ohne zusätzliche Unterstützung durch einen Radar richten sich diese nach der Anzahl der Silben, die der Inselname besitzt – in diesem Falle also vier. Noch so ein Alleinstellungsmerkmal von Schiermonnikoog.

Mehr Aufmerksamkeit als die wenigen Baudenkmäler verdient die vielfältige Vogelwelt. Am Binnensee Westerplas lauern zur Zugvogelsaison Hobbyornithologen ihren Objekten der Begierde auf. Im Winter leben hier größere Populationen

Im Norden ist der Badestrand einladend.

von Ringel- und Weißwangengänsen. Sollte sich das Wetter von seiner garstigen Seite zeigen, bietet sich ein Besuch im Schelpenmuseum an. Gemeinsam mit seiner Frau Annelies hat der überzeugte Insulaner Thijs de Boer ein kleines Museum aufgebaut, das nicht weniger als 1500 persönlich gefundene Muscheln zeigt. Der bärtige Mann ist zugleich ein Original, das bereitwillig Auskunft über das Leben auf dem nur 16 mal vier Kilometer großen Eiland gibt.

Ein Treffpunkt für alle Insulaner

Auch genügsame Menschen benötigen zuweilen Abwechslung. An solchen Tagen bleibt den Bewohnern des einzigen Inseldorfes das »Van der Werff«. Mit seiner schneeweißen Fassade strahlt das Hotel eine Würde aus, die an mondäne Badeorte längst vergangener Epochen denken lässt. Tatsächlich reicht die Geschichte des Hauses bis ins Jahr 1726 zurück. Seinerzeit fungierte es als Kombination aus Rathaus, Post und Gericht. Heute ist der angenehm altmodische Salon so etwas wie der Mittelpunkt des sozialen Lebens von Schiermonnikoog. Schwarz-Weiß-Fotos, holzgetäfelte Wände und samtbezogene Sessel prägen die nostalgische Aura des Salons, der über die Jahr-

Einfach gut!

INSELWANDERUNG

Der Weg vom Dorf Schiermonnikoog bis zum Ostende der Insel ist weit, doch die Tageswanderung ist ein Erlebnis! Je länger der Weg andauert, umso spartanischer die Landschaft, ehe sie in eine karge Sandfläche übergeht. »De Balg» nennen die Einheimischen dieses besondere Fleckchen Erde, das erst im 19. Jahrhundert Form angenommen hat. Nach zwölf Kilometern schließlich ist die Ostküste erreicht, wo die Sandbank Simonszand zu sehen ist. Gemeinsam mit einer Handvoll weiterer unbewohnter Inseln, die den Weg zum deutschen Borkum säumen, gehört sie zu den bevorzugten Domizilen von Seehunden. Weniger anstrengend ist eine Fahrt mit dem Eilander Balgexpress, bei dem es sich um einen Wagen handelt, der mit einem Traktor über den Strand gezogen wird.

Eilander Balgexpress. März–Okt, Abfahrt Besucherzentrum Nationalpark am Badweg, www.eilanderbalgexpress.nl

Oben: Blowcarting ist ein großes Vergnügen – und leicht zu erlernen.
Mitte: Ebenso herrlich, aber nicht so actiongeladen ist der Aufenthalt mit der Familie.
Unten: Eine Extraportion Gemütlichkeit: Kommt's durch die Bedrohung durch das Meer?

zehnte hinweg eine stolze Patina angelegt hat. Den Geschichten, die erzählt werden, bekommt dieses Umfeld – zumal Seemannsgarn den Inselbohemiens nicht fremd ist.

Das gegenüberliegende Hotel »Graaf Bernstorff« erinnert derweil an die Umstände, unter denen Schiermonnikoog im Dezember 1945 vom niederländischen Staat annektiert wurde. Der deutsche Graf Bechtold Eugen von Bernstorff nämlich war seinerzeit rechtmäßiger Besitzer des Eilands. Obwohl er dem Vernehmen nach gute Kontakte zu den anderen Insulanern unterhielt, wurde er per Gesetz zwangsenteignet. Später haben sich die Einheimischen erfolgreich dagegen gewehrt, der Provinz Groningen zugeschlagen zu werden – sie wollten Friesen werden.

GUT ZU WISSEN

FAHRVERBOT

Um den ursprünglichen Charakter der Insel zu erhalten, gilt auf Schiermonnikoog ein Verbot nicht nur für Autos, sondern auch für Motorräder und Nutzfahrzeuge. Unumgängliche Fahrten erledigen Elektrofahrzeuge. Für Besucher werden nur höchst selten und aus triftigen Gründen Ausnahmen gemacht, die bei der Verwaltung rechtzeitig beantragt werden müssen. Einheimische sind angehalten, mit ihren eigenen Gefährten Motorenlärm so weit wie möglich zu vermeiden.

Infos und Adressen

SEHENSWÜRDIGKEITEN

Schelpenmuseum Paal 14. Rühriges Privatmuseum mit selbst gefundenen Muscheln, Bernstein und Kuriositäten. Tgl. 15–17 und 20–22 Uhr, Martjeland 14, Tel. 0519/53 16 63, www.schelpenmuseum.nl

ESSEN UND TRINKEN

De Marlijn. Strandpavillon, der neben den üblichen Snacks auch hausgemachte Makrelenpastete im Angebot hat. Im Sommer betreibt das Haus den zitronengelben Kiosk direkt an der Wasserlinie. Tgl. ab 10 Uhr (Jan. geschlossen), Prins Bernhardweg 2, Tel. 0519/53 13 97, www.demarlijn.com

ÜBERNACHTEN

Graaf Bernstorff. Apartments und unlängst renovierte Hotelzimmer mitten im Dorf. Reeweg 1, Tel. 0519/82 00 50, www.bernstorff.nl

Hotel Van der Werff. Nostalgische Aura, gemütlicher Salon, einfache Zimmer, Shuttle-Service zur Fähre. Reeweg 2, Reservierung nur telefonisch unter Tel. 0519/53 12 03, www.vanderwerff.nl

Weit weg von allem – so fühlt sich Schiermonnikoog schon nach wenigen Minuten an.

»Bakje Koffie« gefällig? Das Hotel »Van der Werff« bildet eine stilvolle Umgebung.

AKTIVITÄTEN

Radfahren. Auf der Insel sind drei Verleihe aktiv: Veerdam, Soepboer und Schierfiets. In der heilen Inselwelt teilen sie sich eine Webseite, auf der alle Infos zu finden sind: www.fietsenverhuurschiermonnikoog.com

Strandsegeln. Der breite Strand der Insel ist wie gemacht fürs Blokarten. Thijs' Vliegerparadijs. Ende des Badwegs, Postadresse: Reddingsweg 38, Tel. 06/24 10 34 52, www.thijsreddingsparadijs.nl

Wandern. Beim VVV liegen Prospekte aus, in denen sechs Wanderungen mit Streckenlängen zwischen fünf und 20 Kilometern beschrieben sind.

INFORMATION

Rederij Wagenborg. Die Rederij bringt Passagiere mindestens fünfmal täglich auf die Insel, die Überfahrt von Lauwersoog dauert rund 45 Minuten. www.wdp.nl

VVV Schiermonnikoog. Mo–Sa 9.30–17 Uhr, Reeweg 5, Tel. 0519/53 12 33, www.vvvschiermonnikoog.nl

DAS IJSSELMEER

Seite 232/233: Blick auf den Hafen von Ketelhaven
Mitte: Schöne Erinnerung: Die typischen Fischerhäuser sind im Zuiderzeemuseum zu sehen.
Unten: Das Rathaus von Enkhuizen ist ein Paradebeispiel für holländischen Klassizismus.

40 Enkhuizen

Hafenstadt am Ijsselmeer

Die einstmals reiche Handelsstadt am Ijsselmeer hat ein altholländisches Zentrum mit diversen historischen Gebäuden und regem Geschäftsleben sowie einen pittoresken Hafen zu bieten. Die meisten Touristen kommen aber wegen des Zuiderzeemuseums nach Enkhuizen: Das Freilichtmuseum erzählt auf eindrucksvolle Weise die Geschichte der Region, bevor die ehemalige Zuiderzee vom Meer abgeschnitten wurde.

Im Goldenen Zeitalter blühte der Handel in Enkhuizen. Denn die Stadt an der damaligen Zuiderzee besaß schon im 16. Jahrhundert mehrere Häfen mit direktem Zugang zur Nordsee. Um das Jahr 1622 zählte man rund 22 000 Einwohner, was damals einer Großstadt gleichkam – heute sind es nur noch etwa 16 000. Seit dem Bau des Abschlussdeichs, der die Zuiderzee vom Meer abtrennt, hat sich Enkhuizen zu einem vornehmlich von Touristen frequentierten Ort entwickelt. Den Glanz vergangener Zeiten kann man hier noch vielerorts bewundern. Das historische Zentrum mit seinen restaurierten Giebelhäusern bietet diverse altholländische Sehenswürdigkeiten. Besonders sehenswert ist das Stadhuis (Rathaus), das zwischen 1580 und 1650 erbaut wurde und ein schönes Beispiel für den holländischen Klassizismus ist.

Enkhuizen präsentiert sich als Einkaufsstadt der Region. Es gibt im Zentrum rund 100 Geschäfte; die meisten sind am ersten Sonntag des Monats geöffnet. Darüber hinaus laden diverse Märkte zum Bummeln ein: Neben dem Wochenmarkt an jedem Mittwoch ergänzt im Sommer der Deichmarkt mit Antiquitäten und Trödel die verkaufsoffenen Sonntage.

Alltagsgeschichten vom Abschlussdeich

Die meisten Touristen kommen für das Zuiderzeemuseum nach Enkhuizen. Es erzählt in einem Ausstellungshaus, vor allem aber im Freilichtmuseum, die Alltagsgeschichten der Menschen, die vor dem Bau des Abschlussdeichs im Jahre 1932 von und mit der Zuiderzee lebten. Im Freilichtmuseum stehen überwiegend historische Gebäude des ehemaligen Zuiderzee-Gebiets wie eine Kirche, eine Fischräucherei, Geschäfte und Wohnhäuser aus den umliegenden Fischerdörfern. Sie wurden komplett von ihren ursprünglichen Standorten nach Enkhuizen verfrachtet. Heute zeigen Mitarbeiter in Tracht ihr altes Handwerk und illustrieren das Alltagsleben zu Beginn des 20. Jahrhunderts.

Die neueste Attraktion ist seit Mai 2015 der Wasserpark im Freilichtmuseum mit Modellen der verlorenen Zuiderzee-Inseln Marken, Pampus, Schokland, Urk und Wieringen. Vor allem jüngere Besucher können sich auf Schatzsuche begeben, fischen, mit einem Wasserwerfer spritzen oder Ruderboot fahren. Im Binnenmuseum finden Wechselausstellungen mit Bezug zu der Region statt. Zu sehen sind Fotos, Regionaltrachten, Design und diverse historische Exponate.

Enkhuizen ist auch die Heimat eines zweiten ungewöhnlichen Ausstellungshauses: des Flaschenschiffmuseums (Flessenscheepjesmuseum). Es beherbergt mit mehr als 1000 Exponaten die weltweit größte Sammlung an Flaschenschiffen. Zuweilen kann man Flaschenschiffbauern auch über die Schultern schauen – und sehen, wie denn nun das Schiff in die Flasche kommt.

Infos und Adressen

SEHENSWÜRDIGKEITEN

Flessenscheepjesmuseum. Tgl. 12–17 Uhr, im Winter eingeschränkte Öffnungszeiten, Zuiderspui 1, Tel. 0228/31 85 83, www.flessenscheepjesmuseum.nl

Zuiderzeemuseum. Tgl. 10–17 Uhr, Freilichtmuseum April–Okt. 10–17 Uhr, Deich von Enkhuizen bzw. Wierdijk 12–22 (Freilichtmuseum), www.zuiderzeemuseum.nl

ESSEN UND TRINKEN

Die Drie Haringhe. Gehobene französisch-niederländische Küche am Hafen, Mi–So ab 17 Uhr, Dijk 28, Tel. 0228/31 86 10, www.diedrieharinghe.nl

ÜBERNACHTEN

Die Port van Cleve. Komfortables Hotel am Hafen. Dijk 74/76, Tel. 0228/31 25 10, www.deportvancleve.nl

AKTIVITÄTEN

Fährfahrt über das Ijsselmeer. Vier Verbindungen nach Stavoren, Medemblik und Urk (2), April–Okt., www.enkhuizenboeit.nl/de

INFORMATION

VVV Enkhuizen. April–Okt. 9–17 Uhr, Nov.–März 10–14 Uhr, Tussen Twee Havens 1, Tel. 0228/31 31 64, www.vvvhartvannoordholland.nl

Im Zuiderzeemuseum

Mitte: Ein Schmuckstück: der Hoofdtoren am Hafen von Hoorn
Unten: Auch die einstige Waage ist ein wichtiges Element im historischen Stadtbild.
Seite 238: Die Eindämmung der Zuiderzee hat den Menschen Lasten von den Schultern genommen.

41 Hoorn
Stolze Stadt an der Zuiderzee

Durch seine geschützte Lage hinter einer Landzunge stieg Hoorn im 15. Jahrhundert zur Hauptstadt der damaligen Zuiderzee auf. In den folgenden Jahrhunderten konnte der Ort seine Vormachtstellung zunächst behaupten, was sich bis in die Gegenwart durch ein geschlossenes Stadtbild ausdrückt. Heute ist Hoorn ein populärer Wohnort, dessen Hafen von Seglern und Flusskreuzfahrtschiffen angesteuert wird.

Wer das Privileg besitzt, Hoorn auf dem Seeweg zu erreichen, befindet sich direkt nach Verlassen der Kaimauern an einem historischen Ort: An der Hafeneinfahrt scheint der 1532 errichtete Hoofdtoren bedächtig über das Geschehen zu wachen – und tatsächlich war das hohe Bauwerk einst zu Verteidigungszwecken errichtet worden. Gegenwärtig grüßt das Backsteingebäude mit dem Kalksteinturm Tag für Tag die Besucher des Hafens, die sich zu seinen Füßen gern zu einem Aperitif niederlassen, um anschließend auf den schiefen Fluren des ersten Obergeschosses zu dinieren.

Die Reise in die Vergangenheit lässt sich mühelos fortsetzen: Nur einen Steinwurf entfernt führt die Pakhuisbrug über den Turfhaven. Auch die weiß getünchte Zugbrücke beflügelt mühelos die Fantasie von Nostalgikern. Am Wasser vorbei geht es über den Korenmarkt tiefer hinein in das heute 80 000 Einwohner zählende Städtchen. Nun ist es nicht mehr weit, bis über die Straße Grote Oost auf der linken Seite das historische Zentrum erreicht ist.

Ein Platz mit zwei Namen

Hier treffen fünf Straßen aufeinander – und weil man sich nie auf einen Namen verständigen konnte, trägt der Platz einfach zwei: Roode Steen oder einfach Kaasmarkt. Wegen der Nähe zur Produktionsstätte der tonangebenden Käsekooperative Beemster durchaus berechtigt, findet seit 2007 an den Donnerstagen im Sommer wieder ein Käsemarkt statt, der die Händlerrituale der Vergangenheit auf unterhaltsame Weise nachzeichnet.

Bliebe noch das Westfriesische Museum: Das mit einem opulenten Glockengiebel verzierte Haus befindet sich in einem wunderschönen Renaissancebau aus dem Jahr 1632. Thematisch befasst es sich mit dem am Westufer des Ijsselmeers gelegenem Landstrich, dessen inoffizielle Hauptstadt Hoorn ist, wobei der Schwerpunkt auf dem 16. bis 19. Jahrhundert liegt. Um in die Vergangenheit einzutauchen, ist der Museumsbesuch allerdings nicht zwingend erforderlich. Ein einfacher Spaziergang tut es auch, denn Hoorn besitzt nicht weniger als 369 Einträge auf der Liste der Rijksmonumenten. Lediglich Haarlem und Amsterdam haben in dieser Hinsicht mehr zu bieten.

GUT ZU WISSEN

SCHLUPFLOCH FÜR WANDERFISCHE

Der Bau des Afsluitdjik hat nicht ausschließlich positive Folgen. Wanderfische wie Meerforellen, Lachse oder Aale können nicht mehr vom Wattenmeer ins Ijsselmeer gelangen, der lebensnotwendige Übergang von den Meeren in die Binnengewässer bleibt ihnen versperrt. Durch einen »Fischmigrationsfluss« soll der Makel in naher Zukunft behoben werden. Geplant ist deine permanent geöffnete Schleuse, die den Wanderfischen künftig den Transfer ermöglicht.

Infos und Adressen

SEHENSWÜRDIGKEITEN

VOC Schip Halve Maen. Nachbau eines Schiffes der Niederländischen Ostindien-Kompanie. März–Okt. tgl. 12–17 Uhr, Schuiteskade 22, Tel. 0229/21 02 05, www.halvemaenhoorn.nl

Westfries Museum. Di–Fr 11–17 Uhr, Sa/So 13–17 Uhr, Roode Steen 1, Tel. 0229/28 00 22, www.wfm.nl

ESSEN UND TRINKEN

Hoofdtoren. Solide Küche in geschichtsträchtigem Ambiente. Tgl. 12–1 Uhr, Hoofd 2, Tel. 0229/21 54 87, www.hoofdtoren.nl

Lucas Rive. Gehobene Gastronomie in familiärer Atmosphäre am Hafen. Di–So 18–22 Uhr, Mi–Fr auch 12–14 Uhr, Oude Doelenkade 7, Tel. 0229/21 33 62, www.lucasrive.nl

ÜBERNACHTEN

Van der Valk Hoorn. Modern und verkehrsgünstig gelegen. Westfriese Parkweg 1, Tel. 0229/79 90 60, www.hotelhoorn.nl

AKTIVITÄTEN

Stoomtram Hoorn–Medemblik. Dampflokbetriebene Schmalspurbahn. Van Dedemstraat 8, Tel. 0229/25 52 55, www.stoomtram.nl

INFORMATION

VVV Hoorn. Mo–Fr 11–17 Uhr, Sa 13–17 Uhr, Roode Steen 1, Tel. 0229/21 83 43, www.vvvhoorn.nl

MAMMUTPROJEKT

Abschlussdeich

Das Ijsselmeer ist heute ein beliebtes Revier für Segler und andere Wassersportler. Bis zur Errichtung des Abschlussdeichs (Afsluitdijk) im Jahr 1932 jedoch war die Meeresbucht als Zuiderzee gefürchtet. Die Eingriffe des 20. Jahrhunderts dürfen als Musterbeispiel für erfolgreiche Landgewinnung gelten. Gleichzeitig zeigen sie, in welch erstaunlichem Maße die Niederländer zu Veränderungen bereit sind.

Das Wasser war lediglich vier bis fünf Meter tief. Doch die Zerstörungskraft der früheren Zuiderzee war gewaltig: Weil die Meeresbucht im Mittelalter tief ins Herz der zunehmend bevölkerungsreichen Niederlande eindrang, wurden die Wassermassen der Nordsee bei Spring- oder Sturmfluten immer wieder zur Ursache verheerender Überschwemmungen. Das Phänomen war seinerzeit noch jung, denn erst im 8. Jahrhundert hatte der Meeresspiegel eine Höhe erreicht, die das Marschland der nördlichen Niederlande dauerhaft geflutet hat. So erst konnten auch das Wattenmeer und die Westfriesischen Inseln entstehen.

Der erste Plan einer Eindeichung der Zuiderzee datiert denn auch bereits auf das Jahr 1667, als ein gewisser Hendric Stevin aus Leiden den Bau von Deichen zwischen den einzelnen Nordseeinseln mit Anschlussstücken ans Festland anregte. Die Idee ließ sich seinerzeit technisch ebenso wenig realisieren wie vergleichbare Vorhaben in den darauffolgenden Jahrhunderten. 1916 ereignete sich abermals eine Sturmflut mit 19 Todesopfern allein in der Provinz Nordholland. Weil mittlerweile die Trockenlegung des Haarlemmermeers gelungen war, das sich im Dreieck zwischen Leiden, Haarlem und Amsterdam befunden hatte, traute man sich mit mehr Selbstbewusstsein an das Vorhaben heran.

Lelys Landgewinnung

Nun schlug die Stunde des Ingenieurs Cornelis Lely (1854–1929), der bereits in den 1890er-Jahren einen neuen Vorschlag zur Abtrennung der Zuiderzee erarbeitet hatte. Das Modell beschränkte sich auf einen Deich zwischen den Landspitzen Frieslands und Nordhollands und verzichtete folglich auf die Einbeziehung der Nordseeinseln. Dafür legte Lely zusätzliches Gewicht auf die Gewinnung dringend benötigter Landflächen in Form von Poldern. Als Abgeordneter und Minister mehrerer Regierungen genoss er einigen Einfluss. 1913 sollte es ihm gelingen, seine Pläne für den Abschlussdeich ins Regierungsprogramm aufzunehmen. Noch aber gab es erhebliche gesellschaftliche Widerstände – nicht zuletzt aufgrund der hohen Kosten.

Nach der Flut von 1916 und einer kriegsbedingten Hungersnot im Jahre 1918 waren die Niederlande von Nutzen und Notwendigkeit des Projekts überzeugt. Noch im selben Jahr wurde das sogenannte Zuiderzee-Gesetz verabschiedet. Bis zum Abschluss der Vorarbeiten sollten weitere neun Jahre vergehen, doch 1927 war es so weit. Als das 32 Kilometer lange und im Durchschnitt 90 Meter breite Bauwerk am 28. Mai 1932 vollendet wurde, war sein Mastermind bereits seit drei Jahren tot. Im September 1933 wurde dann auch die Straße für den Autoverkehr freigegeben. Seine bis heute ernsthaftesten Bewährungsproben bestand der Deich gleich in den beiden darauffolgenden Jahrzehnten: Trotz mehrerer Schlachten im Zweiten Weltkrieg blieb ihm 1940 die Zerstörung erspart, und auch die epochale Sturmflut von 1953 konnte dem sieben Meter hohen Bollwerk nichts anhaben.

Neben all seinen anderen Funktionen ist der Abschlussdeich zu einem wichtigen Element der Infrastruktur geworden: Rund 20000 Autos befahren das Bauwerk Tag für Tag. Vom ursprünglichen Plan, neben der Straße auch eine Bahnlinie zu errichten, wurde wegen mangelnder Rentabilitätsaussichten abgesehen. Auf der Nordseeseite allerdings existiert sehr wohl ein Radweg, dessen Bewältigung eine unvergessliche Herausforderung ist – nicht nur wegen der Streckenführung, sondern weil der Wind in den Niederlanden getreu eines alten Mythos immer von vorne kommt.

Die Trockenlegung der Polder ist im Museum Nieuw Land Erfgoed dokumentiert.

Wie eine Autobahn: Die Kraft der Natur spürt auf dem Deich weiterhin der Radler.

Fischerflotten ohne Revier

Schon bald nach Schließung der letzten Lücke wurde die Zuiderzee zum Ijsselmeer umgetauft. Trotz zweier Schleusenanlagen waren ökologische Folgen bald spürbar, denn das einst sehr salzhaltige Meer wurde sukzessive zu einem Süßwassersee. Die stolzen Fischerflotten von Urk, Hoorn oder Volendam mussten somit nicht nur die Abnabelung vom offenen Meer ertragen, sondern auch einen Wandel der Fauna.

Weiter südlich nahm unterdessen das nächste Mammutprojekt seinen Lauf: Der Bau von insgesamt fünf Poldern, die bis 1968 trockengelegt wurden. Hierdurch sind die Niederlande stolze 1650 Quadratkilometer größer geworden – ein Zuwachs von immerhin vier Prozent. Obwohl der Nutzen der gesamten Eindeichungs- und Landgewinnungsmaßnahme unumstritten ist, hat sie zuweilen zu kuriosen Situationen geführt. So erinnern einige Patrizierhäuser im einstigen Küstenort Blokzijl an die ruhmreiche Vergangenheit am Meer. Diese ist jedoch nicht nur zeitlich in Weite gerückt, sondern auch geografisch: Westlich des Dorfes erstreckt sich nun das Noordoostpolder. Und die verbliebene Wasserstraße ist so schmal, dass man fast hinüberspringen kann.

Durch eine Schleuse bei Stavoren haben Boote Zufahrt zur Nordsee.

Mitte: Das Bilderbuchsstädtchen Volendam erfreut sich bei Holländern großer Popularität.
Unten: Käse aus Edam und Fisch aus der Zuiderzee sind unumstrittene Verkaufsschlager.

42 Volendam

Traditionsbewusst aus Überzeugung

Manche Niederländer behaupten, dass Volendam außer prall gefüllten (Fisch-)Theken wenig zu bieten hat. Besucher aus dem Ausland sehen das anders: Das Städtchen am Ijsselmeer gehört zu den beliebtesten Touristenorten des Landes. Seine romantischen Seiten hat es sich ebenso bewahrt wie seine Eigenheiten. Die Bevölkerung zelebriert lokale Traditionen durch das Tragen von Trachten.

Wer Klischees mag, ist in Volendam gut aufgehoben. Der Ort versteht es, sich selbst zu inszenieren: In der Altstadt stehen Häuser mit Holzfassaden und dekorativen Spitz-, Treppen- oder Glockengiebeln. In den Wellen des Hafenbeckens schaukeln derweil betont rustikal aussehende Fischerboote verschiedener Größe. Um die vor allem im Sommer großen Touristenmengen zusätzlich vom historischen Charakter Volendams zu überzeugen, paradieren Einheimische in althergebrachten Trachten durch die Straßen. All dies erzeugt tolle Bilder und vermittelt Eindrücke aus einer Zeit, die längst vergangen ist.

Touristen beobachten das alltägliche Schauspiel vorzugsweise aus den vielen Cafés und Bars. Dabei allerdings handelt es sich um mehr als nur eine Inszenierung, denn Volendam ist in vielerlei Hinsicht eigenartig: So sprechen die Bewohner einen Dialekt, den andere Niederländer nur schwer verstehen. Außerdem bildet das Städtchen im protestantischen Norden des Landes bis heute eine Bastion des Katholizismus. Der Glaube wird in Volendam auch in Zeiten der fortschreitenden Säkularisierung noch sehr ernst genommen. Die römisch-katholische Ausrichtung geht angeblich auf baskische Einwanderer zurück, die der örtlichen Bevölkerung im 16. Jahrhundert den Walfang beigebracht haben. Trotz dieser einschlägigen Kenntnisse sollte Volendam lange Zeit eine Art Anhängsel jenes Ortes bleiben, mit dem es heute eine Verwaltungseinheit bildet: Edam.

Edams Ambitionen enden in Volendam

Das nahegelegene Städtchen war schon ab dem 13. Jahrhundert zu einem Handelszentrum für Fisch und den bis heute berühmten Käse aufgestiegen. Durch den Bau einer Schleuse wurde Edam jedoch später vom Ijsselmeer abgekapselt. So kam der Schutz vor den Fluten des offenen Meeres dem Ende aller Ambitionen gleich, zu einer bedeutenden Stadt zu werden. Schiffe mussten nunmehr den Umweg über Volendam in Kauf nehmen. Den rot paraffinierten Käsekugeln wurde übrigens ein ähnliches Schicksal zuteil, denn Edam ist heute nur noch Namenspate – das Produkt wird in Friesland hergestellt.

Überhaupt bleibt der Gedanke merkwürdig, dass die einst stolzen Seefahrer Volendams durch den Bau des Abschlussdeichs zu Binnenschiffern degradiert wurden. Das ist nicht ohne Folgen geblieben, denn die einst größte Fischereiflotte des Ijsselmeers ist auf weniger als ein Dutzend Schiffe zusammengeschrumpft. Anders aber als die von der Bildfläche verschwundenen Käseproduzenten konnte sich die Bevölkerung ihre Vormachtstellung beim Fischhandel bewahren: Überall im Land sind Geschäfte und Imbisswagen mit der Aufschrift »Volendammer Vishandel« anzutreffen. Die Stadt versteht sich eben auf die Kunst der Inszenierung!

Infos und Adressen

SEHENSWÜRDIGKEITEN

Palingsoundmuseum. Volendamer Bands sind in den ganzen Niederlanden berühmt. Ein DJ hat ihren Stil als »Palingsound« (Aal-Sound) bezeichnet, dessen Geschichte hier erzählt wird. Paviljoen Smit-Bokkum, Slobbeland 19, Tel. 0299/36 33 73, www.smitbokkum.nl

Volendams Museum. Heimatkundemuseum. Tgl. 10–17 Uhr, Zeestraat 41, Tel. 0299/36 92 58, www.volendamsmuseum.nl

ESSEN UND TRINKEN

Van den Hogen. Einfache Fischgerichte seit 100 Jahren. 12–21 Uhr, Haven 106, Tel. 0299/36 37 75, www.hogen.nl

ÜBERNACHTEN

Spaander Art Hotel. Altehrwürdiges Haus mit ausgeprägtem Eigenleben. Haven 15–19, Tel. 0299/36 35 95, www.hotelspaander.nl

AKTIVITÄTEN

t'Vissertje. Ganzjährig geöffneter Fahrradverleih. Mo 13–18 Uhr, Di–Fr 9–18 Uhr, Sa 9–16 Uhr, Bokkingstraat 2A, Tel. 0299/36 36 23, www.vissertjevolendam

INFORMATION

VVV. 10–17 Uhr, So 11–16 Uhr, Zeestraat 37, Tel. 0299/36 37 47, www.vvv-voldendam.nl

Mitte: Das »alte Holland« lebt – in Monnickendam zeigt es sich mit all seinen Vorzügen.
Unten: Aal ist selten geworden im Ijsselmeer – ein Monument erinnert an bessere Zeiten.

43 Monnickendam und Marken

Vom Ende einer Insel

Ausgestattet mit einem mittelalterlichen Dorfkern und in Fahrraddistanz zu Amsterdam gelegen, schien Monnickendam schon immer privilegiert. Das Nachbardorf Marken war unterdessen lange Zeit nur per Schiff erreichbar. Mit dem Inselleben ist es in dem Bilderbuchdorf vorbei, seitdem 1957 ein Deich zum Festland errichtet wurde. Beide Orte stehen bei Touristen hoch im Kurs.

Darf man Marken auch heute noch als Insel bezeichnen? Diese Frage ist ebenso philosophischer Natur wie jene, ob das Ijsselmeer weiterhin zur niederländischen Nordseeküste zählt. Für den Besucher spielt die Antwort letztlich keine Rolle, denn Inselromantikern steht es frei, den befahrbaren Deich zu verschmähen und stattdessen aus Volendam per Boot anzureisen.

Unabhängig von der Transportmethode treffen Besucher vor Ort ein Dorf an, das fast in seiner Gesamtheit unter Denkmalschutz steht. Schon im 13. Jahrhundert wurde das Eiland von Mönchen besiedelt, wobei sich über die Jahrhunderte hinweg aus Furcht vor Überschwemmungen die Errichtung von Pfahlbauten durchgesetzt hat. Erst nach der Vollendung des Abschlussdeichs und dem seither minimalen Überschwemmungsrisiko haben die Hausbesitzer auch die Erdgeschosse eingemauert. Die meisten Pfähle sind nun hinter charakteristischen dunkelgrünen Holzfassaden versteckt.

Touristisches Zugpferd von Marken ist die Havenbuurt im Südwesten, wo die malerische Vergangenheit auf museale Weise fortlebt. Ähnlich wie in Volendam wird sie durch das Tragen von Trachten orchestriert, woran sich bis zu einer Million Besucher pro Jahr erfreuen. Doch Marken hat auch eine minimalistische Seite: Der Friedhof gilt als merkwürdigster des Landes, da die Grabsteine außer Nummern keinerlei Inschriften tragen, ein schwer zu überbietender Ausdruck holländischer Nüchternheit.

Bilderbuchstraßen mit altholländischen Häusern

Weniger wie ein Freilichtmuseum, aber nicht minder entzückend ist der alte Ortskern von Monnickendam. Zarken, Noordeinde und Kerkstraat sind Bilderbuchstraßen, an deren Seiten typisch holländische Häuser vor allem aus dem 16. bis 18. Jahrhundert stehen, als Monnickendam ein prosperierendes Handels- und Fischerstädtchen war. Tipp für Nostalgiker: Über den Eingangstüren wurden seinerzeit Giebelsteine angebracht, mit deren Hilfe Besucher die richtige Adresse finden konnten. Um die Würdigung und Deutung dieser eigenständigen Kunstform zu ermöglichen, hat der VVV eine spezielle Route zusammengestellt.

Beim Gooische Kaai ganz in der Nähe werden die historischen Gebäudeensembles um eine Komponente erweitert: Wasser. Am eigentlichen Hafen erinnert eine Skulptur an die Vergangenheit Monnickendams als Fischerdorf. Sie zeigt einen Mann, der sich dem Räuchern jenes Fisches hingibt, der am gesamten Ijsselmeer als Krönung der Delikatessen gilt: der Aal. Die weltweite Überfischung hat jedoch die Bestände in den vergangenen Jahrzehnten arg dezimiert. So existieren zwar bis heute einige Räuchereien am Hafen. Diese aber veredeln nach alten Rezepturen nunmehr überwiegend Zuchtfische, vor allem Lachs.

Infos und Adressen

SEHENSWÜRDIGKEITEN

DDR-Museum. Kurioses Kleinod. Besuch nach Anmeldung. Bereklauw 10, Monnickendam, Tel. 0299/65 18 72, www.ddr-museum.nl

Marker Museum. April–Nov. tgl. 10–17 Uhr, Kerkbuurt 44–47, Marken, Tel. 0299/60 19 04, www.markermuseum.nl

Waterlandsmuseum De Speeltoren. Regionalmuseum im Rathausturm mit dem ältesten funktionierenden Glockenspiel der Welt. Di–So 10–17 Uhr, Noordeinde 2–4, Monnickendam, Tel. 0299/65 22 03, www.despeeltoren.nl

ESSEN UND TRINKEN

Four Seasons. Zeitgemäße asiatische Küche in einem rustikalen Bau am Hafen. Di–So 17–23 Uhr, Haringburgwal 3, Monnickendam, Tel. 0299/65 55 84, www.fourseasons-monnickendam.nl

ÜBERNACHTEN

Posthoorn. Stilvolle Zimmer in zwei Bauten aus dem 17. Jahrhundert, das Restaurant ist mit einem Michelin-Stern dekoriert. Noordeinde 43, Monnickendam, Tel. 0299/65 45 98, www.posthoorn.eu

AKTIVITÄTEN

Rundfahrten. Marken Express. Tgl. Touren von Volendam nach Marken, Haven 39, Volendam, Tel. 0299/36 33 31, www.markenexpress.nl

Mitte: Krasser Gegensatz zum Ijsselmeer: Almere ist eine Bastion des Fortschritts.
Unten: Markenzeichen der Polder: die Windmühlen der Gegenwart

44 Almere und Flevoland

Leben auf dem Meeresgrund

Wir bauen eine neue Stadt: Dieses im geschichtsträchtigen Mitteleuropa ungewöhnliche Vorhaben konnte in den Niederlanden Anfang der 1970er-Jahre gleich mehrmals in Angriff genommen werden. Möglich wurde es durch die partielle Trockenlegung des Ijsselmeers, die mit der Sehnsucht vieler Niederländer nach einem Eigenheim auf dem Lande einhergegangen ist. Das gelungenste Resultat ist Almere.

Der Kampf gegen das Wasser begleitet die Geschichte der Niederlande seit jeher. Trotz gelegentlicher Rückschläge hat sich die Ingenieurskunst dabei als sehr effizient erwiesen. Der Bau des Abschlussdeichs (s. S. 238) ist das beste Beispiel. Dadurch wurden in der einstigen Zuiderzee ganze Landstriche trockengelegt – allein die Provinz Flevoland ist mehr als 2400 Quadratkilometer groß. Obwohl nach der Trockenlegung 1968 rasch mit der Besiedlung des Neulands begonnen wurde, bleibt der Besuch der jüngsten Provinz der Niederlande bis heute ein surreales Erlebnis: Alle Bäume sind ähnlich hoch, die meisten Straßen schnurgerade und die vorhandenen Bausubstanz ist auf merkwürdige Weise gesichtslos.

Die erste größere Stadt auf Flevoland sollte Lelystad werden. Rund 60 Kilometer östlich von Amsterdam gelegen, spielten bei der Planung utopische Elemente eine wichtige Rolle, doch die avisierte Trennung von Lebens- und Arbeitswelt wollte nicht recht gelingen. Tristes Aushängeschild ist Batavia Stad, deren Name – früher

Künstlich angelegte Wildnis: Oostvaardersplassen

nannten die Niederländer die indonesische Hauptstadt Jakarta so – die Sehnsucht nach Geschichte auf fast schon tragische Art und Weise zum Ausdruck bringt: Hinter seinen Mauern verbirgt sich lediglich das Potemkinsche Dorf eines Outlet-Centers.

Spielwiese für Architekten

Deutlich gelungener ist Almere, das als Neueinsteiger binnen drei Jahrzehnten den Sprung auf Platz acht der größten Städte der Niederlande geschafft hat. Das mag einerseits an der Nähe zu Amsterdam und den anderen Städten der Randstad liegen. Vor allem aber haben die Baumeister und Stadtplaner Almere ein freundlicheres Gesicht verpasst. Der Ort hat aus der Not eine Tugend gemacht und sich als architektonische Spielwiese angeboten, die bis heute mit einiger Sorgfalt bepflanzt wird. Konkret besteht Almere aus drei Stadtteilen: Stad, Haven und Buiten. Allerorten reihen sich Wohneinheiten aneinander, die durch ungewöhnliche Baustoffe wie Titan, innovative Raumkonzepte vom Schlage eines verdrehten Grundrisses und gute Lagen (an Grachten mit eigenem Bootsanleger) auffallen.

Nicht verpassen

DIE NEUE WILDNIS

Flevoland steht keineswegs nur für suburbane Neubausiedlungen. Vielmehr ist im Zentrum der Provinz etwas entstanden, das die Niederländer nicht ohne Stolz als »Europas größtes Naturgebiet« bezeichnen: die Oostvaardersplassen. Auf dem Grund des ehemaligen Meeres haben sich Flora und Fauna ihre eigenen Lebensräume erschlossen. Nun lockt ein Sumpfgebiet mit Mooren, Weideland und einer vielseitigen Tierwelt mit den »Big Five« Rothirsch, Wildschwein, Reh, Dachs und Fuchs. Über die Oostvaardersplassen wurde der Film »Die neue Wildnis« gedreht, der in Holland 2013 zu einem Publikumserfolg wurde. Das Werk ist auch auf Deutsch als DVD erhältlich.

Oostvaardersplassen. Das Naturschutzgebiet befindet sich nördlich der A5 zwischen Lelystad und Almere

Oben: Auffällige Architektur ist das Markenzeichen Almeres (hier das Topsportcentrum).
Mitte: Zitat der Vergangenheit: Wohnhäuser in Form von Speicherbauten
Unten: Das Grachtenhaus funktioniert auch in neuem Gewand.

Für die Baukultur Almeres zeichnet kein geringerer als Rem Koolhaas verantwortlich. Der Rotterdamer Stararchitekt hat den Masterplan für das Zentrum vorgelegt, der eine Reihe sehenswerter Entwürfe beinhaltet. Am auffälligsten ist die Citadel des französischen Pritzker-Preisträgers Christian de Portzamparc, der in kühner Verkehrung der normalen Strukturen auf die Ladenlokale der City eine Wohnanlage inklusive Grünflächen platziert hat. Darunter verbirgt sich der zentrale Busknotenpunkt. Trotz aller Bemühungen aber ist der Weg zur erwachsenen Stadt auch für Almere nicht frei von Hindernissen. Ihre eigene Konzerthalle etwa haben die Bewohner verschmäht, in dem Entwurf des Briten Will Alsop befindet sich nun eine Spielhalle. Ein geradezu hymnischer Niedergang.

GUT ZU WISSEN

POP VOM FEINSTEN

Flevoland mag ob seiner Jugend überwiegend als kulturelles Brachland gelten. Allerdings beherbergt die Provinz auch eines der angesagtesten Popfestivals der Niederlande – mit dem programmatischen Namen »Lowlands«. In der Nähe von Biddinghuizen kommen Ende August Fans aus ganz Europa zusammen, um ihre Lieblingsbands zu feiern. Auf der Bühne standen schon Größen wie die Foo Fighters oder die White Stripes, aber auch Avantgarde-Bands, deren Durchbruch unmittelbar bevorsteht.

Infos und Adressen

SEHENSWÜRDIGKEITEN

Bataviawerf. Maritime Anlage mit dem Nachbau eines Dreimasters aus dem Jahr 1628. Tgl. 10–17 Uhr, Oostvaardersdijk/Bataviaplein, Lelystad, Tel. 0320/26 14 09, www.bataviawerf.nl

Museum Van Nieuw Land. Anschauliche Darstellung des größten Einpolderungsprojekts aller Zeiten. Tgl. 10–17 Uhr, Sa/So ab 11.30 Uhr, Oostvaardersdijk 113, Lelystad, Tel. 0320/22 59 00, www.nieuwlanderfgoed.nl

ESSEN UND TRINKEN

Bataviahaven. Innovative Küche mit viel Sinn für die Optik – und Blick auf den Hafen von Lelystad. Mi–So 18–23 Uhr, Bataviahaven 1, Lelystad, Tel. 0320/26 08 33, www.restaurantbataviahaven.nl

Bij Brons. Ebenso intimes wie modernes Restaurant am Hafen von Almere. Di–So ab 17.30 Uhr, Sluis 3, Almere-Haven, Tel. 036/540 11 26, www.bijbrons.nl

Het Veerhuis. Kreationen wie Entenleber mit geräuchertem Tee sind beispielhaft für die Küche des wohl besten Restaurants Flevolands. Mi–Fr ab 15 Uhr, Sa/Sa ab 12.30 Uhr, Havenhoofd 7, Almere-Haven, Tel. 036/521 58 33, www.hetveerhuys.nl

Wie die »neue Wildnis« funktioniert, erklärt ein Besuch im Dokumentationszentrum.

Es ist keine Illusion, dass die Polder flach sind wie der Meeresboden.

ÜBERNACHTEN

De Lange Jammer. Solides Hotel aus den Anfangstagen Flevolands in Laufdistanz zum Hafen von Lelystad. Pionierstraat 15, Lelystad, Tel. 0320/26 04 15, www.delangejammer.nl

Hotel Apollo. Futuristisches Haus in der ultramodernen City von Almere. Koetsierbaan 2, Almere-Stad, Tel. 036/527 45 00, www.apollohotelsresorts.com

EINKAUFEN

Bataviastad. Outlet-Center mit rund 100 Geschäften. Bataviaplein 60, Lelystad, Tel. 0320/29 29 00, www.bataviastad.nl

AKTIVITÄTEN

Walibi Holland. Freizeitpark mit spektakulären Achterbahnen. Tgl. März–Okt., Spijkweg 30, Biddinghuizen, Tel. 0321/32 99 99, www.walibi.nl

INFORMATION

www.flevoland.de

45 Urk

Eine Insel, die zum Festland wurde

Einst war Urk eine Insel in der Zuiderzee. Doch nach diversen Sturmfluten beschlossen die Niederländer, das Eiland einzupoldern, als sie 1939 den Nordostpolder trockenlegten. Damit wurde Urk zum Festland. Der hübsche Ort mit seinen Gässchen und einem pittoresken Hafen hat sich jedoch seinen Inselcharakter beibehalten – und die älteren Bewohner sagen immer noch, dass sie »auf Urk« leben.

Eine Flotte ohne Revier – dieses Schicksal ereilte die Hochseefischer von Urk.

Wenn eine Insel zum Festland wird, das Meerwasser sich von salzig zu süß wandelt und in der Folge Mücken- und Spinnenplagen über die Menschen hereinbrechen – dann drängt sich der Gedanke an biblische Prüfungen auf. Doch die Wandlungen, denen die Bewohner der niederländischen 18 000-Seelen-Ortschaft Urk ausgesetzt wurden, waren von Menschen gemacht: Sie waren Folge der Trockenlegung des Nordostpolders, durch den mit Flevoland die jüngste Provinz der Niederlande geschaffen wurde.

Die Bewohner von Urk ertrugen die eingreifenden Veränderungen mit Gleichmut. Im historischen Zentrum werkeln sie heute wie einst an ihren kleinen Häusern mit den hübschen Holzgiebeln, grüßen sich in den Gässchen beim Vornamen, lauschen einem der 20 Kirchen- und Männerchöre und fahren immer noch von dem Fischerhafen unterhalb des weiß getünchten Leuchtturms zur See. Wenn ältere Einwohner von ihrem Heimatort sprechen, sagen sie, dass sie »op Urk« (auf Urk) leben, als wäre das Städtchen auch heute noch eine Insel.

Lange Fischereitradition

Der Fischfang und -handel ist nach wie vor die Haupteinnahmequelle der Urker – auch wenn die Fahrten nicht über das Ijsselmeer hinausgehen. Der Hafen ist Schauplatz einer großen Fischversteigerung und in vielen Restaurants wird fangfrischer Fisch serviert. An die Gefahren auf See erinnern Gedenktafeln auf dem Hügel mit Blick aufs Ijsselmeer: Es sind berührende Erinnerungen an die bei Sturmfluten oder Schiffsunglücken ums Leben gekommenen Seeleute. Das Fischermonument ist bedeckt mit Blumen, Kränzen oder Gebinden mit Seesternen und Muscheln. »Es gibt keine Familie aus Urk, die niemanden zu betrauern hat«, berichten Einheimische.

Nicht nur wegen der Fischfangtradition, sondern auch wegen der Religiosität der Bewohner ist der Name Urk den Niederländern ein Begriff. Die Ortschaft in Flevoland gilt als die frömmste Gemeinde des Landes. Das Städtchen zählt 17 Kirchen, sonntags drängen sich die Gläubigen in den Gotteshäusern. Die Statistik schreibt der Frömmigkeit zudem die Tatsache zu, dass die Geburtenrate mit 3,23 Kindern pro Frau die höchste in den Niederlanden ist. Und die Kinder werden natürlich nicht beim Geschlechtsakt gezeugt, sondern einer Urker Legende zufolge von einem Storch auf einem Felsen vor der Küste des Ijsselmeeres abgelegt, wo die Männer hinrudern, um die Babys abzuholen – zum »Ommelebommelestien«.

Das Museum Het Oude Raadhuis ist im ehemaligen Rathaus von 1905 untergebracht. Hier wird die ungewöhnliche Geschichte der einstigen Insel und ihrer Bewohner erzählt. Besonders ansehnlich ist eine alte Fischerwohnung: Sie wird in den Sommermonaten von ehrenamtlichen Darstellern »bewohnt«, die in Urker Tracht von vergangenen Zeiten erzählen.

Infos und Adressen

SEHENSWÜRDIGKEITEN

Museum Het Oude Raadhuis. April bis Okt. Mo–Fr 10–17 Uhr, Sa 10–16 Uhr, Nov.–März Mo–Sa 10–16 Uhr, Wijk 2–2, Tel. 0527/68 32 62, www.museumopurk.nl

ESSEN UND TRINKEN

De Boet. Gehobene Küche. Di–Fr 12–14 und ab 17.30 Uhr, Sa und Mo kein Lunch, Wijk 1–61, Tel. 0527/68 87 36, www.restaurantdeboet.nl

Het Achterhuis. Frischer Fisch am Hafen. Tgl. ab 11 Uhr, So ab 14 Uhr, Burg. J. Schipperkade 2, Tel. 0527/65 20 92, www.hetachterhuis.nl

ÜBERNACHTEN

Vakantiehuisje Urk. Schicke Ferienwohnungen am Hafen, Burgemeester Schipperkade 8, Tel. 06/51 32 74 50, www.vakantiehuisje-urk.nl

AKTIVITÄTEN

Ginkies-Tour. Geführte Tour durch die Gässchen (Ginkies). Anmeldung über Touristinfo

Radtour Urk–Schokland–Urk. 45 Kilometer lange Radroute zur ehemaligen Insel Schokland. Infos in Touristinfo

INFORMATION

Touristinfo Urk. April–Okt. Mo–Fr 10–17 Uhr, Sa 10–16 Uhr, Nov.–März Mo–Sa 10–16 Uhr, Wijk 2–2, Tel. 0527/68 40 40, www.flevoland.de

Z

FRIESLAND UND GRONINGEN

Seite 252/253: Ruhe und Abgeschiedenheit sind die Markenzeichen des hohen Nordens.
Mitte: Ohne den Brückenwärter läuft in Harlingen gar nichts.
Unten: Wer am Strand von Harlingen liegt, kann den regen Fährverkehr zu den Inseln verfolgen.

46 Harlingen
Hafenstadt mit Wikingertradition

Schon 1234 mit Stadtrechten ausgestattet, fühlten sich die Harlinger lange Zeit fehl am Platze: Weil sie ihre exponierte Lage hauptsächlich zum Handel mit den holländischen Provinzen genutzt haben, wurden sie von den Friesen verschmäht. Heute gehen Urlauber auf dem Weg nach Vlieland und Terschelling hier an Bord ihrer Fähren. Das Hafenstädtchen aber hält mit eigenen Reizen dagegen, wieder nur eine Nebenrolle zu spielen.

Viele Touristen sehen von Harlingen erst einmal die riesigen Parkplätze, wo sie ihre Autos abstellen, ehe sie auf eine der beiden Nordseeinseln übersetzen. Auch das benachbarte Fährterminal ist wenig beeindruckend. Spätestens jedoch, wenn sich bei der Ausfahrt aus dem Hafen die Silhouette der Stadt um Kräne und die Masten nostalgischer Segelschiffe bereichert, wächst das Verlangen, mal einen ausführlichen Blick auf Harlingen zu werfen.

Anders als die ältesten Städte der Niederlande – um diesen Titel streiten Nijmegen und Maastricht unermüdlich – wurde Harlingen nicht von den Römern, sondern von den Wikingern gegründet. Das war um das Jahr 800. Bereits 23 Jahre zuvor war im heutigen Stadtteil Almenum die erste christliche Kirche Frieslands errichtet worden. In den nachfolgenden Jahrhunderten sollte Harlingen wegen seiner strategisch günstigen Lage zu einem Zentrum für Handel und Fischerei aufsteigen, wo sich Werften, Seifenproduktion und Brauereien angesiedelt haben.

Um Schiffe und Waren vor der Nordsee zu schützen, haben die Harlinger mit dem Noorder- und dem Zuiderhaven zwei schützende Becken gebaut. Durch die weitläufigen Kaimauern der Gegenwart sollten beide zu Binnenhäfen degradiert werden. Doch der Wohlstand und der gute Geschmack der Vergangenheit sind auch heute greifbar: Stilvolle Patrizierhäuser und elegante Packhäuser säumen die Ufer. Ein Paradebeispiel hierfür steht am Noorderhaven und trägt die Hausnummer 74. Große Lettern künden von der Herkunft der Produkte, die hier einst eingelagert waren: Sumatra. Wie die meisten anderen Bauten wurde auch das einstige Lagerhaus aufwendig restauriert, heute befinden sich Wohnungen darin. Nur ein paar Schritte weiter steht mit Hausnummer 86 das alte Rathaus aus dem Jahr 1730, das an Werktagen während der Bürozeiten besichtigt werden kann (außer freitags).

Ein Gesamtkunstwerk

Angesichts der Dichte geschichtsträchtiger Häuser sollte spätestens hier deutlich werden, dass man Harlingen am ehesten gerecht wird, wenn man die Stadt als Gesamtkunstwerk begreift. Dazu gehören in jedem Fall auch die Wasserstraßen, die auf typisch niederländische Weise in Form eines Grachtengürtels die Innenstadt umschließen. Dieser freilich ist auch zu Fuß der Erkundung wert: Der bereits am Noorderhaven eingeschlagene Weg in Richtung Osten führt zunächst über Noordijs und Franekereind zum Zuidoostersingel. Anschließend geht die Wasserstraße nach einer Rechtskurve in den Zuiderhaven über. Während dieses kleinen Parcours können Besucher Blicke in die engen Gassen werfen, wo früher mit Waren gehandelt wurde. Weiß getünchte Zugbrücken runden das majestätische Bild einer ebenso traditionsreichen wie intakten Kleinstadt ab.

Infos und Adressen

SEHENSWÜRDIGKEITEN

Hannemahuis. Museum für lokale Geschichte, in dem man auch dem Schriftsteller Simon Vestdijk gedenkt, der seine Jugend in Harlingen verbracht hat. Di–Fr 10–17 Uhr, Sa 13–17 Uhr, Voorstraat 56, Tel. 0517/41 36 58, www.hannemahuis.nl

Stadhuis. Zur Besichtigung offen während der Bürozeiten, Noorderhaven 86

ESSEN UND TRINKEN

t'Havenmatsje. Ambitionierte Küche im einstigen Kantonsgericht. Mi–So 12–14.30 und ab 18 Uhr, Havenplein 1, Tel. 0517/85 86 00, www.havenmantsje.nl

ÜBERNACHTEN

Havenkraan. Spektakuläre Übernachtungen in der Kabine eines Hafenkrans, im Leuchtturm und im Bauch eines Rettungsbootes. Dokkade 5, Tel. 0517/41 44 10, www.havenkraan.nl

VERANSTALTUNGEN

Visserijdagen. Großveranstaltung rund um die Fischerei. Vier Tage am letzten Augustwochenende. www.visserijdagenharlingen.nl

INFORMATION

VVV. Mo–Sa 11–16 Uhr, Grote Bredeplaats 12, Tel. 0517/43 02 07, www.harlingen-friesland.nl

47 Franeker

Kleine Stadt mit großer Sehenswürdigkeit

Franeker zählt nur 13 000 Einwohner und nicht zuletzt deshalb passiert hier nicht sonderlich viel. Doch in mancherlei Hinsicht erreicht das Bild einer friesischen Kleinstadt mit mittelalterlichen Wurzeln hier Perfektion: Der Stadtkern ist weitgehend unverändert erhalten. Er wird von einem Kanal eingerahmt und ist von zwei Grachten durchzogen. An deren Ufern stehen viele Prachtbauten. Zudem besitzt der Ort eine Attraktion von Weltrang.

Da geht das Herz auf: das im niederländischen Renaissancestil erbaute Rathaus

Es war im April 1774, als in der Tageszeitung der Nachbarstadt Leeuwaarden ein Artikel erschien, der das wahrscheinliche Ende der Welt beschwor. Anlass sollte eine für den 8. Mai von pessimistischen Astronomen vorhergesagte Kollision von Merkur, Venus, Mars, Jupiter und dem Erdenmond sein. Der friesische Wollkämmer Eise Eisinga, ein Mann von einigem Reichtum und einwandfreiem Leumund, hielt diese apokalyptische Vision für dummes Geschwätz. Um zu beweisen, dass er im Recht sei, hat er jenes Konstrukt geschaffen, das heute als das älteste noch funktionierende Planetarium der Erde gilt.

Hierzu hat Eisinga (1744–1828) in seinem prächtigen, mit einem Glockengiebel ausgestatteten Grachtenhaus ein Modell aller damals bekannten Planeten installiert. Es ist befestigt an der Decke seines Wohnzimmers. Es wahrt akribisch den Maßstab und orientiert sich an der Bewegungsgeschwindigkeit der einzelnen Himmelskörper: So benötigt die Erde zur Umrundung der Sonne exakt ein Jahr, der Saturn hingegen mehr als 29.

Mit Uhrwerken, die an den Seitenwänden zu sehen sind, hat der Hobbyastronom zudem Sonnenaufgang und -untergang sowie das Datum abgebildet.

Gewagte Zahnradkonstruktion

Insgesamt hat Eisinga für den Bau des Planetariums sieben Jahre benötigt. Um seinen akkuraten Betrieb zu ermöglichen, hat er im Obergeschoss eine von ihm berechnete Zahnradkonstruktion errichtet, für die er nicht weniger als 10 000 handgeschmiedete Nägel verbaut hat. Nicht schlecht für einen Universalautodidakten. Andererseits hatte Eisinga bereits im Alter von 18 Jahren drei Bücher über Astronomie geschrieben. Wer die Räume des Planetariums betritt, wird im Rahmen einer kleinen Führung mit weiteren Details vertraut gemacht. Ein ehrfurchteinflößendes Erlebnis.

Schräg gegenüber des Planetariums buhlt das Rathaus von Franeker um Aufmerksamkeit – ein Musterbeispiel für die niederländische Renaissance –, das zwischen 1591 und 1598 errichtet wurde und das sich auf der Liste der 100 wichtigsten Monumente des Landes befindet. Ein reich verzierter Treppengiebel mit Eckturm kündet von großem Wohlstand. Und tatsächlich war Franeker damals eine renommierte Universitätsstadt, deren vorprogrammiertem Aufstieg Napoleon 1811 ein jähes Ende bereitet hat. Weitere Einblicke in die Stadtgeschichte gewährt das Martena Museum.

Doch das ist vielleicht eher etwas für verregnete Tage. Scheint die Sonne, ist ein Spaziergang entlang der Gewässer die bessere Alternative. Sportfans können außerdem Bekanntschaft mit einem friesischen Phänomen machen: Kaatsen. Dahinter verbirgt sich eine der ältesten Ballsportarten der Welt, die Kenner an Pelota erinnert. In Franeker steht das dazugehörige Museum.

Infos und Adressen

SEHENSWÜRDIGKEITEN

Eisinga Planetarium. Di–Sa 10–17 Uhr, So 13–17 Uhr, Eise Eisingastraat 3, Tel. 0517/39 30 70, www.planetarium-friesland.nl

Martena Museum. Di–So 11–17 Uhr, Voorstraat 35, Tel. 0517/39 21 92, www.museummartena.nl

Stadhuis. Di–Fr 13–17 Uhr (Nov. bis Feb. nur in den Ferien), Raadhuisplein 1, www.franekeradeel.nl

Kaatsmuseum. Voorstraat 76, www.kaatsmuseum.nl

ESSEN UND TRINKEN

Bakkerij Van Der Kloet. Traditionsbäckerei mit leckeren niederländischen Snacks wie Saucijzenbroodjes und Haselnusskeksen. Voorstraat 2, Tel. 0517/39 24 59, www.bakkerijvdkloet.nl

De Grillerije. Solide internationale Küche mit einem Fokus auf gegrilltem Fleisch. Im benachbarten »Grand Café« Fr–So Tapas in einer All-you-can-eat-Variante. Di–So ab 17 Uhr, Martiniplantsoen 4, Tel. 0517/39 70 44, www.degrillerije.nl

Die Sonnenuhr gehört zu den kleineren Sensationen des Planetariums.

ELFSTÄDTETOUR:
Eisiges Nationalheiligtum

Ein Held für die Ewigkeit: 1986 gewann Evert van Benthem das Rennen.

Es ist dunkel. Es ist kalt. Und vor ihnen liegt eine Herkulesaufgabe. Doch wenn die Teilnehmer am Start der Elfstedentocht stehen, könnte die Euphorie kaum größer sein. Der Ultramarathon für Schlittschuhläufer ist die größte sportliche Herausforderung für einen Niederländer. Er ist das ultimative Volksfest und zugleich so etwas wie eine nationale Ikone: Tausende Schlittschuhläufer, die auf zugefrorenen Kanälen an Windmühlen, mittelalterlichen Häusern und jubelnden Menschenmassen vorbeiziehen – attraktivere Bilder kann sich ein Land kaum wünschen.

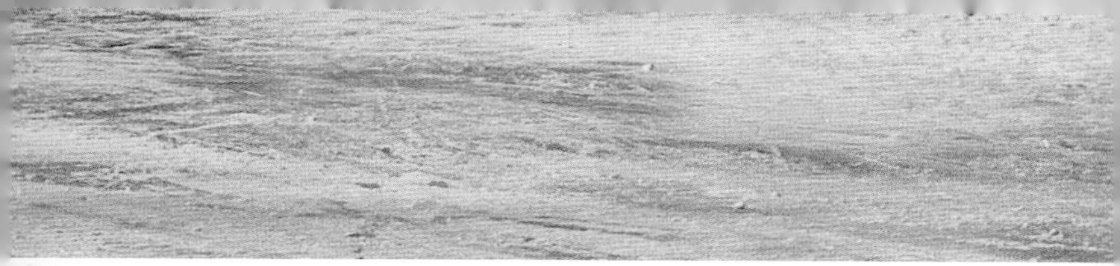

Allerdings leidet die Elfstädtetour unter einem Problem: dem Klimawandel. Überhaupt konnte das nationale Großereignis seit seiner Premiere im Jahr 1909 bislang erst 15-mal ausgetragen werden. Doch ist es unübersehbar, dass die Intervalle länger werden, denn zwischen 1963 und 2015 wurde der Startschuss in Leeuwaarden nur dreimal abgegeben.

Über 199 Kilometer führt die Strecke anschließend durch zwölf friesische Städtchen und Dörfer, zunächst in Richtung Süden nach Sneek, Ijlst, Sloten und Stavoren, dann zum westlichsten Punkt nach Hindeloopen und über Workum und Bolsward nach Harlingen und Franeker. Der Ausflug ins abgelegene Dokkum sorgt für die finale Herausforderung, ehe in Leeuwaarden der Zielstrich gezogen ist. 1986 war sogar der heutige König dabei: Willem-Alexander war unter dem Pseudonym W. A. van Buren an den Start gegangen.

Geschlossene Eisdecke ein Muss

Jedes Jahr, wenn es im Winter für länger als ein paar Tage in Friesland friert, wird die ganze Nation nervös: Gibt es endlich wieder eine »tocht«? Doch die Kriterien der »Vereniging der Friesche Elf Steden« sind streng: So dürfen neuerdings alle 30000 Mitglieder des Vereins am Rennen teilnehmen – und dafür bedarf es einer geschlossenen Eisdecke von mindestens 15 Zentimeter. Dem steht nicht nur die Klimaerwärmung im Wege, sondern auch die gestiegene Wassertemperatur als Folge industrieller Nutzung.

Auch wenn die klassische Elfstedentocht heute zu einer nostalgischen Erinnerung zu verblassen droht, so absolvieren doch mehr Menschen denn je den Parcours durch all jene friesischen Ortschaften, die Stadtrechte besitzen. Die alternativen Fortbewegungsarten sind zahlreich: Sie reichen von organisierten Wanderungen über ein- und mehrtägige Radtouren. Auch Rollerblader wurden bereits gesichtet. Besonders schön aber ist eine Tour mit dem Bötchen. Seit einigen Jahren sind Hindernisse wie Brücken so weit beseitigt, dass Touristen den Parcours zumindest mit einer Schaluppe absolvieren können.

Nächtigen kann man in den Yachthäfen hübsch herausgeputzter Städtchen wie Franeker und Bolsward – oder auch an Anlegern in der freien Natur. Ein Bootsführerschein ist nicht erforderlich, wohl aber eine gewisse Übung im Umgang mit Booten. Campingschaluppen vermietet unter anderem die Firma Otten Home in Heeg (www.ottenhomeheeg.de), der Preis pro Woche beträgt je nach Saison zwischen 500 und 750 Euro. Weitere Informationen: www.frieslanderleben.nl

Mitte: Ansehnliche Schutzmaßnahme: Lauwersoog ist erst durch eine Eindämmung entstanden.
Unten: Vom Segler bis zum Schwimmer fühlen sich alle Wassersportler hier zu Hause.

48 Lauwersoog
Revier für Wassersportler

Die Niederlande sind ein sehr geschichtsträchtiges Land. Dann wieder gibt es Orte, die auf seltsame Weise unhistorisch sind und ohne Grachten, Giebelhäuser oder Glockenspiele auskommen müssen. Die meisten von ihnen befinden sich aus nachvollziehbaren Gründen auf den Poldern in der trockengelegten Zuiderzee. Doch auch der Grenzort zwischen den Provinzen Friesland und Groningen fällt in diese Kategorie.

Lauwersoog ist ein merkwürdiger Ort – und befindet sich erst seit 1969 auf den Landkarten. Nach der Sturmflutkatastrophe von 1953 wurde hier mit typisch niederländischem Pragmatismus eine Nordseebucht eingedeicht, und so wurde Ende der 1960er-Jahre aus dem Lauwersmeer ein Binnensee, an dessen geschützten Ufern das Dorf entstand. Den See haben die Behörden zunächst weitgehend sich selbst überlassen, damit sich eine charakteristische Flora und Fauna ausbilden konnte. 2003 dann wurde das Areal eines Nationalparks für würdig befunden.

An der östlichsten Bucht durfte zudem der Tourismus Fuß fassen. Im Nieuwe Robbengat, so heißt der Teil des einstigen Meerbusens, locken ein paar künstlich angelegte Strände zum Baden. Die Trennung vom Wattenmeer macht es möglich. Im Hinterland liegt eine Campingstadt, deren Einwohnerzahl die von Lauwersoog um ein Vielfaches übertrifft. Von den Badebuchten fällt der Blick gen Westen auf eine unbewohnte Insel. Dahinter wiederum floriert auf einer Landzunge einer dieser Ferienparks, mit denen niederländische Unternehmen inzwischen in ganz Europa Erfolg haben. Das Naturdorf Suyderoogh wird vom Branchenprimus Landal betrieben. Mit seiner artifiziellen Raumaufteilung erinnert es an eine amerikanische Vorstadt.

Ein Fest für Ornithologen

Wassersportler nutzen den Nationalpark zum Windsurfen und Segeln. Doch auch Wanderer kommen auf ihre Kosten: Vom Besucherzentrum des Parks sind zehn verschiedene Routen von zwei bis 7,5 Kilometer Länge ausgeschildert. Sie führen durch jungen Wald und vorbei an wehendem Schilf und Orchideenwäldern. Vor allem Hobbyornithologen werden nervös vor Aufregung, wenn sie auf diesen Pfaden unterwegs sind, haben sie doch die Chance, Fischadler, Schneegänse und Eisvögel zu sehen.

Trotz aller Reize genießt Lauwersoog unter den Freunden Schiermonnikoogs den höchsten Bekanntheitsgrad, legt die Fähre zur Insel doch in dem geschützten Hafenbecken ab. Aber auch Tagesbesucher kommen immer zahlreicher – und das hat auch einen kulinarischen Grund: In dem Ort haben sich einige Fischlokale angesiedelt. Ein guter Vorwand, um sich mit Blick aufs Meer oder auf das Hafengeschehen den Wind um die Ohren blasen zu lassen.

Die nähere Umgebung von Lauwersoog lässt sich gut mit dem Fahrrad erkunden. Östlich des Nationalparkbesucherzentrums befindet sich ein Dorf, das es wohl nie auf die Landkarten schaffen wird: Marnehuizen. Dabei handelt es sich um die einzige Geisterstadt der Niederlande. Gebaut wurde sie für das Militär, das hier bis heute gelegentlich Ernstfälle probt. Immer dann ist das Areal großflächig abgesperrt.

Infos und Adressen

ESSEN UND TRINKEN

Waddengenot aan Zee. Beliebtes Lokal mit hervorragendem Ausblick auf das Meer, dazu Fisch, Fleisch und vegetarische Gerichte. Im Sommer Ausgangspunkt für Wattwanderungen nach Schiermonnikoog. Tgl. ab 10 Uhr, Zeedijk 1, Tel. 0595/52 85 58, www.waddengenotaanzee.nl

ÜBERNACHTEN

Camping Lauwersoog. Komfortabler Zeltplatz mit Bungalowvermietung und direktem Zugang zu den Stränden am Binnensee. Strandweg 5, Tel. 0519/34 91 33, www.lauwersoog.nl

Landal Natuurdorp Suyderoogh. Bungalowpark mit freistehenden Häusern in unmittelbarer Nachbarschaft zum Nationalpark, besonders komfortabel für Familien. De Rug 3, Tel. 0519/34 92 67, www.landal.nl

AKTIVITÄTEN

Activiteitencentrum Nationaalpark Lauwersoog. Mi 12–17 Uhr, So 12–17 Uhr, im Winter nur So 12–16 Uhr, De Rug 1, www.np-lauwersoog.nl

INFORMATION

Tägliche Vogelsichtungen. www.lauwersmeer.com

Bötchentour über einen Kanal

Mitte: Eine Wattwanderung ist eine rutschige, aber sehr vergnügliche Angelegenheit.
Unten: Seit 1971 ist Pieterburen wegen seiner Auffangstation für Seehunde bekannt.

49 Pieterburen
Die Heimat der Wattläufer

»Nichts geht über Groningen«, behauptet ein seit Langem etablierter Slogan. Was die Provinz angeht, stimmt das nicht – schließlich gibt es die Wattinseln, die zu Friesland gehören. Nördlich der Stadt erstreckt sich derweil ein sehr bäuerlicher Landstrich bis zur Küste. Dort hat sich das winzige Dorf Pieterburen als Ferienort einen Namen gemacht. 375 Einwohnern stehen erstaunliche viele Sehenswürdigkeiten gegenüber.

Pieterburen, sagen einige Einheimische, sei erst zur Sehenswürdigkeit aufgestiegen, nachdem Lenie t'Hart hier ihre Seehundauffangstation eingerichtet hat. Das war 1971. Mehr als 40 Jahre lang hat sich die Schwester des Schriftstellers Maarten t'Hart für die Tiere eingesetzt. In ihrem Gefolge brachte die Tieraktivistin Öko-Touristen in den hohen Norden, als dies noch kein allgemeiner Trend war.

Mittlerweile wird die Hauptstraße (Hoofdstraat) von einigen hübschen Bed & Breakfasts gesäumt. Die Wohnhäuser fallen durch ihre gepflegten Vorgärten auf. Eine Teestube und eine Cidre-Handlung suggerieren zusätzliche Behaglichkeit. Und am östlichen Ende des Dorfes warten in Form von Windmühle und Kanal auch noch touristisch wertvolle Erkennungsmerkmale der Niederlande. Doch es sind nicht nur rekonvaleszente Seehunde und das friedlich idyllische Erscheinungsbild des Dorfes, die Besucher anziehen. Viel mehr konnte hier eine Aktivität Fuß fassen, die noch vor wenigen Jahrzehnten als Breitensport undenkbar gewesen wäre: das Wattwandern.

Blick bis nach Borkum

Mit Begeisterung folgen Touristen heute stundenlang den »wadlopern«, die bei Ebbe Touren in ihr Reich anbieten. Dafür wird meist ein Zugang über den Noordpolderzijl gewählt. Einmal auf dem glitschigen Untergrund angelangt, fällt der Blick zunächst auf die Häuser der westlichsten deutschen Wattinsel. Borkum ist zugleich das einzige Eiland, das die Enthusiasten noch nicht während eines einzigen Niedrigwassers, sondern nur mit Zwischenstopp auf einer Sandbank erreicht haben. Die Überquerung des Watts ist denn auch die wahre Leidenschaft der Wattläufer.

Anfänger können auch ohne diese Ambition einen interessanten Ausflug erleben. Vorausgesetzt, sie scheuen weder kniehohes Wasser noch ein Sturzrisiko oder garstige Winde. Neben der greifbaren Erkenntnis, dass der Gang zu einer Insel möglich ist, bleiben unvergessliche Impressionen zurück. Besonders spektakulär ist der Sonnenuntergang über einem Quellerfeld, jenem salzigen Gewächs, das zunehmend auch die Küchen erobert.

Nach Wanderung und Ganzkörperreinigung treffen sich Ausflügler und Dörfler meist im »Centrum«. So heißt die Kneipe, die gemeinsam mit einer Pizzeria und dem Restaurant »Waddengenot« auf der anderen Straßenseite die Ausgehmeile von Pieterburen bildet. Alle drei Lokale sind mit dem Hotel »Waddenweelde« verbunden, das ein wenig in die Jahre gekommen ist. Wer sich heute in der Kneipe mit den Einheimischen über die Seehundeauffangstation unterhält, dem wird sicherlich nicht verschwiegen, dass sich Gründerin Lenie t'Hart 2014 gänzlich aus ihrem Lebenswerk zurückgezogen hat. Ihre Nachfolger verfolgen ein anderes Konzept, das auf aktuellen Erkenntnissen beruht. Was bleibt, ist die Entwicklung, die das Dorf dank ihrer Initiative genommen hat.

Infos und Adressen

SEHENSWÜRDIGKEITEN

Domies Toen. Botanischer Garten direkt neben der Kirche. Di–So 13–17 Uhr, Hoofdstraat 76, Tel. 0595/52 86 36, www.domiestoen.nl

Petruskirche. Kirche aus dem 15. Jahrhundert. Hoofdstraat 76

Zeehondencrèche. Tgl. 10–17 Uhr, Hoofdstraat 94A, Tel. 0595/52 65 26, www.zeehondencreche.nl

ESSEN UND TRINKEN

Waddengenot. Deftige Küche, Fisch aus eigener Räucherei. Hoofdstraat 93, Tel. 0595/52 85 58, www.waddengebot.nl

ÜBERNACHTEN

Budget Bed & Breakfast. Zimmer im Stil der 50er- bis 70er-Jahre. Hoofdstraat 4–6, Tel. 0595/52 82 58, www.budgetbnb.nl

Hotel Waddenweelde. Einziges Hotel im Ort. Hoofdstraat 84, Tel. 0595/52 85 58, www.waddenweelde.nl

EINKAUFEN

Ciderwinkel. Erstes Fachgeschäft für Cider oder Cidre in den Niederlanden. Hoofdstraat 130, Tel. 06/33 77 44 30, www.ciderwinkel.nl

AKTIVITÄTEN

Pieterpad. 492 Kilometer langer Fernwanderweg zum Sint-Pietersberg bei Maastricht. Der Startpunkt am Hotel »Waddenweelde«. www.pieterpad.nl

Oben: Der Martinitoren: Könnte man sich ein schöneres Wahrzeichen wünschen?
Rechts: Idylle in der Stadt
Seite 268/269: Nur wer das »Fiets« dabei hat, erlebt einen authentisch holländischen Urlaub.

50 Groningen
Altehrwürdig und quicklebendig

Die Stadt Groningen mag 40 Kilometer von der Küste entfernt liegen. Als inoffizielle Kapitale des niederländischen Nordens aber ist sie unbedingt einen Besuch wert. Die lebhafte Kulturszene und die ausgeprägte Ausgehkultur sind eine prächtige Ergänzung zu einem Trip auf eine Wattinsel. Doch auch für einen Wochenendausflug eignet sich die Studentenstadt. Dabei steht das historische Stadtbild einer auffällig fortschrittlichen Mobilitätskultur gegenüber.

Der Verkehr in Groningen ist für ungeübte Fußgänger nicht ungefährlich. Und das nicht etwa wegen unkontrolliert umherrasender Autos, sondern aufgrund der fast schon anarchischen Fahrradkultur. Weite Teile der Innenstadt nämlich sind bereits seit 1977 für Automobile gesperrt – wodurch die Stadt schon mit einiger Routine eine unerhörte Lebensqualität ausstrahlt. Die Folkingestraat etwa wurde 2014 nicht zufällig zur besten Einkaufsstraße der Niederlande gewählt. Tatsächlich reihen sich von der Bücherstube über den Feinkostladen bis zum Designer viele inhabergeführte Geschäfte aneinander. Gleichzeitig fungiert die Straße als zentrale Nordsüdachse, auf der ungeduldige Radfahrer lautstark ihren Unmut über verträumte Fußgänger kundtun.

Was stressig klingen mag, ist in der Praxis sehr sympathisch. So wie ganz Groningen einen auffällig lebendigen und dynamischen Eindruck erweckt. Kein Wunder, denn von den 200 000 Einwohnern sind 55 000 an der Universität oder an anderen Hochschulen eingeschrieben. Die Studen-

29/30
NNT

ten bevölkern nicht nur die Radwege, sondern auch die vielen Kneipen und Cafés, die ihre Sitzgelegenheiten unter freiem Himmel aufbauen.

Das schönste Urinal des Landes

Der Modernitätsanspruch der Stadt treibt allerdings zuweilen seltsame Blüten. Nicht nur das Groninger Museum (siehe Autorentipp), sondern auch die Glasüberdachung des Grote Markt am altehrwürdigen Finanzamt aus dem Jahr 1635 (Goudkantoor) wirken etwas aufdringlich, da sie keine Anstrengungen unternehmen, sich an der vorhandenen Bausubstanz zu orientieren. Ebenfalls kurios: Die Stadt beherbergt das »schönste Urinal der Niederlande«. Es steht an der Straße Reitemakersrijge 22 und wurde von niemand geringerem als Rem Koolhaas entworfen.

Aufmerksamkeit verdienen auch die vielen Herrenhäuser am Heresingel, die im ausgehenden 19. Jahrhundert dort entstanden, wo bis 1874 die Stadtmauer für Schutz sorgte. Einen hübschen Blick auf die Bauwerke gestattet der Diepenring. Das Gewässer umschließt die gesamte Altstadt, was die Reederei Kool zum Anlass nimmt, nach Amsterdamer Vorbild bedächtige Rundfahrten anzubieten (Abfahrt gegenüber Groninger Museum).

Kaum sichtbar sind derweil die mehr als 30 Hofjes. Diese intimen Wohnanlagen dürfen als Vorläufer der heutigen Altersheime gelten – fast alle sind in gutem Zustand erhalten (Karte beim VVV oder App zum Download auf der Homepage). Das vielleicht schönste ist das Pepergasthuis (Peperstraat 22) aus dem Jahre 1405. Die Straße übrigens führt direkt auf das Café »Concerthuis« (Poelestraat 30) zu, eine gute Adresse für Craft-Bier, Lunch und Snacks.

Nicht verpassen

ERFOLGREICHER EYECATCHER

Groningen mag schon lange als inoffizielle Hauptstadt des niederländischen Nordens gelten. Den Aufstieg zu einer Touristendestination hat die Stadt maßgeblich einem singulären Ereignis zu verdanken: Als 1994 das Groninger Museum eröffnet wurde, hatte dies einen regelrechten Besucheransturm zur Folge. Heute mag man dies kaum glauben, denn der Entwurf ist zwar auffällig, die postmoderne Formensprache von Hauptarchitekt Allesandro Mendini aber wirkt seltsam veraltet. Gerade die Attitüde, den städtebaulichen Kontext zu ignorieren, wissen Puristen jedoch zu schätzen. Das seit 2012 vom Deutschen Andreas Blühm geleitete Haus verfügt über eine respektable Sammlung, die von regionaler Kunst über Expressionismus bis zu zeitgenössischem Design reicht.

Groninger Museum. Di–So 10–17 Uhr, Museumeiland 1, Tel. 050/366 65 55, www.groningermuseum.nl

Infos und Adressen

SEHENSWÜRDIGKEITEN

Martinikerk. 11–17 Uhr (im Winter kürzer), Martinikerkhof 3, Tel. 050/311 12 77, www.martinikerk.nl

Synagoge. Stimmungsvolles Bauwerk aus dem Jahr 1906 mit maurischen Einflüssen, das seit 1981 wieder von der jüdischen Gemeinde genutzt wird. Meist Mi–Fr, So 13–17 Uhr, im Jan. und Feb. geschlossen. Folkingestraat 60, www.synagogegroningen.nl

Universitätsmuseum. Seit 1934 ein vielseitiges Wissenschaftsmuseum im akademischen Herzen der Stadt. Di–So 13–17 Uhr, Oude Kijk in 't Jatstraat 7a, Tel. 050/363 50 83, www.rug.nl

ESSEN UND TRINKEN

Muller. Mini-Restaurant eines französisch inspirierten Individualisten mit nur zehn Plätzen. Ausschließlich Fünf-Gänge-Menüs. Di–Sa ab 19 Uhr, Grote Kromme Elleboog 13, Tel. 050/318 32 08, www.restaurantmuller.nl

Oberland. Eigentümer Frank Mulder hatte genug von all den uniformen spanischen oder italienischen Lokalen. Also hat er am Rande der Innenstadt in einem Backsteinbau der ehemaligen Gaswerke ein Lokal mit deutscher Küche eröffnet. Mo–Sa 12–21.30 Uhr, Langestraat 66, Tel. 050/364 20 62, www.oberland.nl

Bei jeder Gelegenheit bauen die Gastronomen ihre Möbel unter freiem Himmel auf.

Nichts geht über Groningen – vor allem, wenn im hohen Norden die Sonne scheint.

ÜBERNACHTEN

Hotel de Ville. Komfortherberge in einem Haus aus dem 15. Jahrhundert, die mittlerweile zur NH-Gruppe gehört. Oude Boteringestraat 43–45, Tel. 050/318 12 22, www.nh-hotels.de

Schimmelpenninck Huys. Charmante Unterkunft in einem einstigen Patrizierhaus. Oosterstraat 53, Tel. 050/318 95 02, www.schimmelpenninckhuys.nl

EINKAUFEN

Beans and Grapes. Fachgeschäft für Wein und Kaffee mit guter Beratung. Di–Fr 13–18 Uhr, Sa 11.30–18.30 Uhr, Folkingestraat 37, www.beansgrapes.nl

De Boergondier. Feinkostladen, der sich auf regionale Spezialitäten konzentriert: Käse mit Nelken, Groninger Würste, Knipselbonen (getrocknete Bohnen) und Craft-Beer. Mo–Sa 11–18.30 Uhr, Folkingestraat 57

INFORMATION

VVV. Mo 12–18 Uhr, Di–Fr 9.30–18 Uhr, Sa 10–17 Uhr, So 12–16 Uhr, Grote Markt 29, Tel. 0900/202 30 50 (kostenpflichtig), www.toerisme.groningen.nl

PAS

REISEINFOS

Anreise mit dem Auto

Die Anreise mit dem Pkw ist problemlos, alle größeren Orte sind sehr gut an das Autobahn- oder Schnellstraßennetz angebunden. Bei der Anreise auf die Wattenmeerinseln gilt es zu beachten, dass Vlieland und Schiermonnikoog weitgehend autofrei sind, Sondergenehmigungen werden nur in Ausnahmefällen erteilt. Parkplätze an den Fährhäfen sind kostenpflichtig. Reservierungen sind nicht bei allen Anbietern möglich.

Anreise mit der Bahn

Mit dem Zug ist die Anreise etwas kniffliger. Komfortable Verbindungen existieren derzeit nur nach Amsterdam. Die eine Linie fährt als ICE von Frankfurt über Köln, Düsseldorf, Duisburg und Oberhausen in weniger als vier Stunden nach Amsterdam. Von Berlin über Hannover und Osnabrück dauert es im ICE sechseinhalb Stunden. Mit (mehrmaligem) Umsteigen sind auch Middelburg, Vlissingen, Rotterdam, Den Haag, Leiden, Zandvoort, Den Helder (nach Texel), Harlingen (nach Vlieland und Terschelling) sowie Groningen erreichbar. Ab München fährt am späten Abend der City Night Line nonstop nach Amsterdam, die Fahrtzeit beträgt 10 Stunden und 44 Minuten.

Unkompliziert: die Fähren zu den Nordseeinseln

Anreise mit dem Flugzeug

Der Flugverkehr wird fast vollständig über Schiphol abgewickelt. Der Flughafen befindet sich zwischen Amsterdam, Utrecht und Leiden und ist hervorragend an das Bahnnetz angeschlossen. Die nationale Fluglinie KLM bedient fast alle deutschen Flughäfen, auch wenn viele Verbindungen lediglich als Zubringerflüge gedacht sind. Lufthansa fliegt von Frankfurt und München nach Schiphol, Easyjet bedient die Strecken von Hamburg und Berlin nach Amsterdam. Germanwings fliegt die niederländische Hauptstadt unter anderem von Hamburg, Stuttgart und Nürnberg an.
Der zweite größere Flughafen ist Rotterdam/Den Haag. Der Airport Zestienhoven befindet sich 6 km nördlich von Rotterdam. Die niederländische Airline Transavia fliegt ab Berlin-Tegel dorthin, die britische Regionalfluglinie BMI ab München.

Ausgehen

Jeder Strandort besitzt seine Lokale: Strandpavillons, Bars, Cafés und im Zweifelsfall auch eine Dorfdisco. Das Geschäft läuft immer nach denselben

Regeln: Sind viele Kunden da, bleiben die Läden lange auf. Bei wenig Andrang gehen die Lichter früher aus.

Wer in dem Glauben nach Amsterdam fährt, die Stadt habe das spannendste Nachtleben, wird vielleicht enttäuscht sein: Zwar ist die Auswahl enorm, die Hauptstadt aber ist keine Metropole der Trendsetter. Diese Rolle übt seit jeher Rotterdam aus, wo vor allem die Spielarten elektronischer Musik beheimatet sind. Die Stadt meldete schon Clubs in ehemaligen Fußgängerunterführungen, ausgemusterten Kinos und einstigen Getreidespeichern. Hier geht es vor allem an den Wochenenden hoch her.

Buchtipps/Blogs

Christoph Driessen: *Geschichte der Niederlande – Von der Seemacht zum Trendland* (Verlag F. Pustet, 2009). Unterhaltsam und lehrreich zugleich: Hervorragender Überblick über die wechselvolle Historie unseres Nachbarlands
Maarten t'Hart: *Unterm Scheffel* (Piper, 1991). Brillanter Roman über eine Liebe, die zum Scheitern verurteilt ist. Das »groene hart« der Niederlande zwischen Leiden, Amsterdam und Utrecht ist mehr als nur eine Kulisse.
Leon de Winter: *Leo Kaplan* (Diogenes, 1986). Unterhaltsames Frühwerk des Erzählers, das tiefe Einblicke in das Amsterdam der 1980er-Jahre gewährt.
Grachten und Giebel. Die Autoren dieses Buches betreiben einen Niederlande-Blog mit vielen lesenswerten Geschichten. www.grachtenundgiebel.de

Auf heimische Printmedien muss niemand verzichten.

Diplomatische Vertretungen

Deutsche Botschaft. Groot Hertoginnelaan 18–20, 2517 AS Den Haag, Tel. 070/3240600, www.niederlande.diplo.de
Österreichische Botschaft. Van Alkemadelaan 342, 2597 AS Den Haag, Tel. 070/3245470, www.bmeia.gv.at/botschaft/den-haag
Schweizer Botschaft. Lange Voorhout 42, 2514 EE Den Haag, Tel. 070/3642831/32, www.eda.admin.ch/denhaag

Drogen/Alkohol

Der Verkauf von Haschisch, Marihuana und anderen weichen Drogen wird in den Niederlanden geduldet. Zu diesem Zweck wurden einst die sogenannten Coffeeshops legalisiert. Sie verkaufen die Rauschmittel in kleinen Dosierungen, hier dürfen sie auch konsumiert werden. Auf der Straße und im öffentlichen Raum hingegen ist der Konsum verboten – auch wenn einschlägige Gerüche das Gegenteil glauben machen wollen. Harte

Drogen sind generell verboten. In Teilen der Innenstadt von Amsterdam ist neuerdings auch der öffentliche Konsum von Alkohol verboten. Betroffen sind unter anderen das Rotlichtviertel und das Leidse Plein. Entsprechende Schilder weisen darauf hin.

Einkaufen

Die niederländischen Ladenöffnungszeiten sind überraschend altmodisch: Gewöhnliche Geschäfte in den Innenstädten sind meist von 10 bis 18 Uhr, die Kaufhäuser auch länger geöffnet. Dafür gibt es donnerstags oder freitags einen langen »koopavond«, an dem die Geschäfte bis 21 Uhr auf haben. Ausgenommen sind Supermärkte und viele Läden in den geschäftigsten Gegenden der Urlaubsorte und Metropolen. Auch sonntags haben hier viele Geschäfte von 13 bis 18 Uhr geöffnet.

Einreise

Die Niederlande gehören zu den Schengen-Staaten. Staatsangehörige aus

Hin und wieder darf es auch heute noch etwas aus der Fritteuse sein.

Deutschland, Österreich und der Schweiz benötigen lediglich einen gültigen Personalausweis.

Essen und Trinken

Die niederländische Küche galt lange als bestenfalls mäßig. Insbesondere in den Feriengebieten an der Küste war die Fritteuse häufiger als Bratpfanne und Kochtopf im Einsatz. Während das niederländische Junkfood keineswegs ausgestorben ist, hat sich zusätzlich zu Patat, Bitterballen, Kroketten und Frikandel eine exzellente Küche etabliert. Mehr als in Deutschland lassen sich die Chefs am Herd von der französischen Klassik inspirieren, wobei der panglobale Trend hin zu nachhaltigen, biologischen, regionalen und saisonalen Zutaten fast schon in einem Maße überstrapaziert wird, dass es ein genaues Hinsehen des Gastes verlangt. Aktuell sind nicht weniger als 107 Restaurants mit wenigstens einem Michelin-Stern dekoriert.

Auch bei den Getränken holen die stets findigen Niederländer neuerdings rasant auf. Nachdem jahrzehntelang widerstandslos die eher faden Industriebiere konsumiert wurden, stehen nun kleine Brauereien hoch im Kurs. Die Anzahl beläuft sich schon auf mehr als 300. Weinfreaks sollten sich den Spaß gönnen, auf der Insel Schouwen-Duiveland mal eine Flasche zu verkosten, die der lokale Produzent De Kleine Schorre auf den Markt bringt. Die Tröpfchen sind überraschend vollmundig – der Klimawandel macht's möglich.

Fahrräder

In jedem Badeort und in jeder Stadt befinden sich Firmen, die unbürokratisch gegen Vorlage der Kreditkarte Fahrräder verleihen. Der Preis pro Tag liegt meist um die 10 Euro – dafür kommt man in den Genuss der Niederländischsten aller Verkehrsmittel.

Das Fahrrad ist das bevorzugte Sportgerät.

Feiertage

1. Janur Nieuwjaarsdag (Neujahr)
Goede Vrijdag (Karfreitag)
Pasen (Ostern)
27. April Koningsdag (Königstag)
5. Mai Bevrijdingsdag (Befreiungstag)
Pinksteren (Pfingsten)
25. und 26. Dezember Kerstmis (Weihnachten)

Geld

Währung ist der Euro. Kreditkarten und EC-Karten sind weit verbreitet, Automaten vielerorts präsent. Banken sind an Werktagen von 9 bis 17 oder 18 Uhr geöffnet. Einige Geschäfte nehmen überhaupt kein Bargeld mehr an. Nicht wundern: Ein- und Zwei-Centstücke sind in den Niederlanden nicht im Umlauf und werden auch nicht akzeptiert. An der Kasse wird auf- oder abgerundet.

Gesundheit

Bei Arztbesuchen gilt die Europäische Versichertenkarte, die bei der Krankenkasse inklusive einem Merkblatt beantragt werden kann. Auf diese Weise erspart sich der Patient das Vorstrecken der anfallenden Kosten. Sollte die Karte nicht akzeptiert werden, werden die Kosten daheim gegen Vorlage der Belege ganz oder anteilig erstattet.

Internet

In vielen Cafés und Restaurants sind die WLAN-Netze offen oder auf Umwegen (Anmeldung über Social Media) nutzbar. Kostenloses Internet gibt es darüber hinaus in Bibliotheken und manchen Touristeninformationen. Die Stadt Rotterdam rühmt sich, in weiten Teilen der City kostenlosen Zugang zur Verfügung zu stellen.

Kleidung

Die Nordsee ist launisch. Schirm und Regenjacke können auch im Sommer nicht schaden.

Klima und Reisezeit

An der niederländischen Nordseeküste herrscht ein gemäßigt maritimes Klima.

Im Sommer erreichen die Temperaturen am Meer nur selten die 30-Gradmarke, häufig liegen die Maximalwerte zwischen 20 und 25 Grad. Im Winter wird es derweil selten richtig kalt. Schnee und Eis halten die Küstenlandschaft nur an wenigen Tagen im Jahr in ihrem Würgegriff. Zu allen Jahreszeiten kann sich vermeintlich schlechtes Wetter schnell wandeln – und jeder Monat hat seine eigenen Reize. Auch wenn die niederländische Nordseeküste definitiv ein Ganzjahresziel ist, mag der Juni der vielleicht schönste Monat sein. Die Tage sind dann am längsten und die Ferien haben noch nicht begonnen.

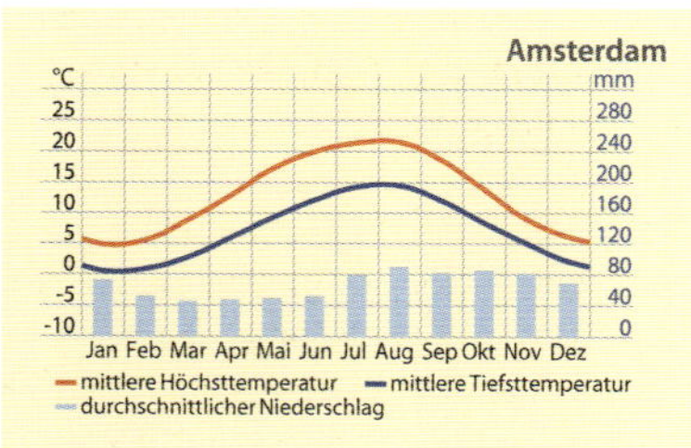

Notrufnummern

Notrufnummer: 112

Hausärztlicher Notdienst:
Tel. 08/80030600 (17–8 Uhr)

Post

Die Briefkästen in den Niederlanden sind rot und aufgeteilt nach nationalen und internationalen Adressaten. Briefmarken für Postkarten kosten zurzeit 1,05 Euro.

Rauchen

Auch die letzten Eckkneipen und Coffeeshops mussten 2014 das landesweit in allen öffentlichen Gebäuden geltende Rauchverbot durchsetzen.

Sprache

Amtssprache ist Niederländisch. Vor allen in den Feriengebieten spricht fast jeder Einheimische auch Deutsch. Gleichwohl hört man es zunehmend gern, wenn sich der Gast in der Höflichkeit übt, ein paar Begriffe in der Landessprache einzuwerfen – und seien es nur einige Floskeln. Auch des Englischen sind fast alle Niederländer mächtig. Kommunikationsschwierigkeiten sind also nicht zu erwarten.

Touristeninformationen

Seitdem die Touristeninformation keine staatliche Angelegenheit mehr ist, kocht jeder Ferienort und jede Stadt ihr eigenes Süppchen. Oftmals jedoch verbergen sich die lokalen Organisationen noch hinter dem bekannten VVV-Logo. Die Repräsentanz in Deutschland ist das Niederländische Büro für Tourismus und Convention (NBTC) mit Sitz in Köln, das jedoch keinen Publikumsbetrieb hat und auch keine Reiseberatung anbietet. Allgemeine Information: www.holland.com

Trinkgeld

Trinkgeld spielt bei den routinemäßig knapp kalkulierenden Niederländern eine

An ausgefallenen Unterkünften mangelt es nicht. Hier: das Turmhotel in Harlingen

eher untergeordnete Rolle. Meist wird in der Größenordnung von fünf Prozent aufgerundet, wer zehn Prozent gibt, bringt seine Zufriedenheit auf sehr großzügige Weise zum Ausdruck.

Übernachten

Es ist noch nicht allzu lange her, da hat die calvinistische Geisteshaltung der Niederländer auch das Hotelwesen geprägt: Viele Übernachtungsbetriebe haben sich auf das Nötigste beschränkt – und sogar ein Vier-Sterne-Hotel konnte im Vergleich zum deutschen Pendant überraschend karg sein. Auch das hat sich bei zunehmendem Hedonismus gründlich gewandelt. Sichtbar wird dies bereits bei den einfachsten Unterkünften: den Campingplätzen. Auf diesen wird neuerdings »Glamping« betrieben, eine Art Luxusspielart des Zeltens. Konkret bedeutet dies, dass auf den Campingplätzen nunmehr möblierte Jurten oder nostalgische Airstream-Wohnwagen gemietet werden können.

Die Ferienparks sind ebenfalls ein Phänomen, das seine Ursprünge in den Niederlanden hat. So gehen die Landal Green Parks und die Center Parcs mit ihren familienfreundlichen Bungalowsiedlungen, einem artifiziellen Dorfkern und »subtropischen« Badelandschaften auf Ideen niederländischer Geschäftsleute zurück. Heute sind Unterkünfte in allen Landesteilen nach dem Prinzip modelliert. Noch relativ neu hingegen sind die bewohnbaren Strandhäuser, die ihren Mietern Ferien mit direktem Blick auf die Nordsee ermöglichen.

Auch die Hotellerie hat zu guter Letzt einen Quantensprung gemacht. Vor allem in Rotterdam und Amsterdam eröffnet ein ebenso originelles wie luxuriöses

Designerhaus nach dem anderem. Zudem befinden sich in nahezu jedem Ferienort geschmackvolle Domizile für Individualisten. Doch auch in der Breite hat sich der Standard deutlich verbessert, nicht zuletzt dank heimischer Ketten wie Van der Valk oder Fletcher.

Verkehr

Auto

Das Autofahren ist in den Niederlanden unkompliziert. Allerdings ist man gut beraten, sich an die Regeln zu halten. Die Strafen für Temposünder sind um ein Vielfaches höher als in Deutschland – und auch wenn die gefürchteten Parkkrallen heute nicht mehr zum Einsatz kommen, ist das kein Grund zur Entwarnung, denn die Niederlande sind das einzige Land Europas, das die Eintreibung von Verwarnungsgeldern mit Hilfe von Inkassoagenturen selbst im Ausland konsequent vorantreibt.

Ein paar Klischees gehören dazu.

Auf den Autobahnen wurde die Höchstgeschwindigkeit unlängst auf 130 Stundenkilometer angehoben, dies gilt aber nicht flächendeckend. In der Regel verraten kleine Schilder am Straßenrand das aktuell zugelassene Tempo, demnächst sollen diese Hinweise in die Straßenmarkierung eingearbeitet werden. Zudem muss man sich darauf einstellen, dass die sogenannte Randstad sehr anfällig für Staus ist. Wer kann, sollte den Ballungsraum zwischen Rotterdam, Den Haag, Amsterdam und Utrecht während des Berufsverkehrs meiden. Ansonsten gilt es noch zu wissen, dass das Parken in den Großstädten empfindlich teuer ist: In Amsterdam werden für 24 Stunden im Parkhaus bis zu 48 Euro fällig.

Fahrrad

Das Fahrrad ist Verkehrsmittel Nummer eins. Dabei gehört der Anblick eines Fahrradparkplatzes in der Nähe eines viel genutzten Bahnhofs zu jenen typisch niederländischen Eindrücken, die man nicht wieder vergisst: Abertausende Zweiräder scheinen dort ohne jede Form von Ordnung abgestellt zu sein. Doch das System funktioniert: Die Anzahl der Fahrräder ist in den Niederlanden höher als die der Einwohner. Das Radwegenetz ist nahezu vollständig, meistens sind die Wege gar von der Straße abgetrennt. Generell sind andere Verkehrsteilnehmer Radfahrern gegenüber rücksichtsvoller als in Deutschland. Bei der Wahl des Verkehrsmittels lässt sich der Niederländer auch von Regen und Sturm nicht beirren. Wer ungeeignetes Wetter beanstandet, wird nur mitleidig angeschaut.

Angenehmer Ausritt: Auf Ameland ticken die Uhren anders.

Auch wenn der Zweiradverkehr mitunter anarchisch erscheint, so ist er nicht ohne Regeln. Die Beachtung eines Grundsatzes ist ganz besonders wichtig: Wer meint, sein Velo auf einem auffällig leeren Bahnhofsvorplatz anschließen zu können, wird schnell eines Besseren belehrt – geparkt werden dürfen Räder hier nicht. Und die Behörden knacken in Windeseile die Schlösser auf. Die Besitzer dürfen ihr Eigentum dann irgendwo in einer Vorstadt wieder auslösen.

Mietwagen

Alle gängigen Anbieter sind an den Flughäfen und in den Städten präsent. Wer vorab bei Sunny Cars bucht, kann sich sicher sein, dass alle Gebühren und Steuern im Preis enthalten sind. Ein Kleinwagen ist für die Dauern von zwei Wochen etwa ab 400 Euro zu haben. www.sunnycars.de

Öffentlicher Nahverkehr

Ein kniffliges Thema: Eigentlich soll der gesamte ÖPNV mit einem einzigen Zahlungsmittel abgedeckt werden: der OV-Chipkaart. Touristen können sich an Bahnhöfen eine Art Prepaid-Karte kaufen, auf die sie einen Geldbetrag einzahlen. Dafür wird ein Pfand von 7,50 Euro fällig. Bei jeder Fahrt in Bussen, Metros oder Zügen muss der Fahrgast in der Folge an einem Terminal einchecken und beim Verlassen des Verkehrsmittels wieder auschecken. Ein ebenso simples wie effektives System. In der Praxis tauchen gelegentlich Probleme auf – etwa, weil die Karten bei der Durchquerung eines Bahnhofs unabsichtlich aktiviert werden. Lästig ist auch die Regelung, dass bei Bahnfahrten eine zusätzliche Aktivierung und ein Mindestguthaben von 20 Euro erforderlich sind. Von dieser Hürde abgesehen, ist das ÖPNV-System vorzüglich.

JANUAR

Neujahrsschwimmen. An mehr als 60 Orten springen die Niederländer am 1. Januar zur würdigen Begrüßung des neuen Jahres in die kalten Fluten. Begründet wurde die Tradition 1960 in Scheveningen, wo mehr als 10 000 Menschen einen frischen Start hinlegen.

Eurosonic Noorderslag. Am dritten Januarwochenende wird Groningen zur größten Popbühne Europas. Über 300 renommierte und unbekannte Bands treten an vier Tagen auf.

MÄRZ

Bootsausstellung HISWA. Die Eröffnung der Bootsausstellung ist am dritten Märzwochenende gleichbedeutend mit dem Startschuss für die Segelsaison. In den Messehallen von Amsterdam (RAI) zeigen um die 350 Aussteller die neuesten Trends.

Keukenhof. Wenn der Frühling gegen Ende des Monats Einzug erhält, lädt der Keukenhof bei Lisse (zwischen Leiden und Amsterdam) zur Bewunderung unzähliger Blumen und kunstvoller Arrangements.

Ostermärkte. In vielen Städten finden an den Ostertagen unterhaltsame Märkte statt. Auf der Nobelmeile Lange Voorhout in Den Haag ist vom Antiquitätenhändler und den Pflanzenversteigerer bis zum Stroopwafelbäcker alles vertreten. Ein kurioses Vergnügen.

APRIL

Rotterdam-Marathon. Großereignis auf einer phänomenal schnellen Strecke am ersten Aprilwochenende.

Tulpen-Festival. In Flevoland lockt zur Tulpenblüte von Mitte April bis Anfang Mai ein 100 km langer Parcours durch die farbenfrohen Felder – sowohl für Autos als auch für Fahrräder geeignet.

Blumencorso. Festumzug von Noordwijk nach Haarlem über 42 km, an dem am letzten Aprilwochenende 20 aufwendig mit Blumen verzierte Prunkwagen teilnehmen.

Der Käsemarkt in Alkmaar steigt von April bis September.

Koningsdag. Der Geburtstag von König Willem-Alexander wird landesweit ausgelassen gefeiert, wobei die Niederländer fast nur Orange tragen. Am lustigsten ist die Party am 27. April in Amsterdam.

Käsemarkt Alkmaar. Touristenspektakel, bei dem die Traditionen der Vergangenheit auf detailfreudige Weise nachgestellt werden. Bis September jeweils freitags von 10 bis 12.30 Uhr.

MAI

Bevrijdingsdag. Am 5. Mai gedenken die Niederländer der Befreiung von den deutschen Besatzern. Beim Konzert auf der Amstel in Amsterdam ist auch das Königspaar anwesend.

JUNI

Open Tuinen Dagen. Mitte Juni haben Interessenten eine hervorragende Gelegenheit, einen Blick in die sonst nicht zugänglichen Privatgärten Amsterdams zu werfen.

Park-Pop. Riesiges Popfestival am letzten Junisonntag im Zuiderpark von Den Haag, seit der Gründung 1981 kostenlos.

JULI

North Sea Jazz Festival Rotterdam. Renommiertes Festival nicht nur für Jazz, sondern auch für seine zeitgenössischen Spielarten, zweites Juliwochenende.

AUGUST

Amsterdam Gay Pride. Farbenfreudige Parade der Schwulen und Lesben auf den Grachten der Stadt.

Lowlands. Populäres Popfestival am dritten Augustwochenende auf dem Gelände des Walibi-Freizeitparks in Flevoland. Rechtzeitig um Tickets kümmern!

Uitmarkt Amsterdam. Am letzten Wochenende wird die nationale Kultursaison offiziell mit diesem Spektakel eröffnet. Zur Auswahl stehen unzählige kostenlose Vorstellungen an mehr als 50 Orten.

Sail Amsterdam. In den Jahren mit einer 0 oder einer 5 am Ende segeln die schönsten und stolzesten Schiffe der Welt durch die Stadt.

SEPTEMBER

Welthafentage Rotterdam. Die ganze Pracht der Seefahrt wird am ersten Wochenende des Monats gefeiert. Auf den Gewässern buhlen Schiffe um Aufmerksamkeit, in der Stadt singen die Mitglieder von Shanty-Chören. Ein Spektakel.

Jordaan-Festival. Am ersten Septemberwochenende zelebriert das einstige Arbeiterviertel Amsterdams seiner Wurzeln mit Schlagern und Folkloreeinlagen.

Texel Culinair. In De Koog feiert die ganze Insel am zweiten Wochenende ihre kulinarischen Köstlichkeiten. Lecker!

NOVEMBER

Amsterdam Light Festival. Ende November leuchtet die Stadt anlässlich der bevorstehenden Festtagssaison noch schöner als sonst.

Die Ankunft des Nikolaus. An vielen Orten des Landes hält getreu einer alten Legende der Nikolaus Einzug. Per Schiff kommt er aus Spanien in die Niederlande, um die Bevölkerung mit Geschenken zu verwöhnen. Neuerdings ist sein treuer Geselle, der »Zwarte Piet«, zum Objekt eines erbitterten Streites über den Kolonialismus geworden. Seitdem ist die Schminke in seinem Gesicht nicht mehr ganz so dunkel.

DEZEMBER

Sinterklaas. Nikolaus ist in den Niederlanden wichtiger als Weihnachten. Gefeiert wird am 5. Dezember, also einen Tag vor dem deutschen Pendant.

Wenn der Frühling kommt, dann schicke ich dir: Tulpen aus Flevoland.

AKTIVITÄTEN

für Kinder und Familien

In Madurodam bei Den Haag ist Holland noch kleiner und pittoresker.

Für Kinder jeden Alters ist die niederländische Nordseeküste ein Traum: Der Strand ist gleichbleibend breit und der Sand herrlich fein. Zwar ist das Meer mitunter rau, doch bei Ebbe bilden sich verlässlich kleine Seen oder Priele, in denen auch die Kleinsten auf ihre Kosten kommen. Um die Orientierung zu vereinfachen, sind vielerorts Schilder mit prägnanten Symbolen aufgestellt.

Kinder bis 6 Jahre

In der warmen Jahreszeit ist die niederländische Küste perfekt für Kinder: Der Strand ist so weitläufig, dass jedes Kleinkind unbedrängt sein eigenes Sandschloss bauen kann. Zum Baden taugt das Meer für Kinder in diesem Alter ohnehin kaum. Gut also, dass sich bei Niedrigwasser kleine Badeseen und Priele bilden. Diese sind seicht und abseits der Brandung. Außerdem heizen sich die Gewässer bei entsprechender Sonneneinstrahlung sofort auf. Davon abgesehen sind die Strände mit sanitären Einrichtungen und Cateringstationen in allen erdenklichen Variationen ausgestattet. Taugt das Wetter nicht zum Strandbesuch, werden Familien in Vergnügungsparks wie Duinrell aufgenommen, wo Kunstwelten wie das Tikibad einen Strandtag simulieren.

Kinder ab 6 Jahren

Mit zunehmendem Alter wächst bekanntlich das Bewusstsein für die Umgebung. Wer seine Kinder im Schnelldurchgang mit den Niederlanden vertraut machen möchte, sollte Madurodam aufsuchen. Hier präsentiert sich das Land im Kleinformat – mit Grachten, Giebelhäusern, Windmühlen und allen Premium-Sehenswürdigkeiten. Auch das moderne Land kommt nicht zu kurz. Ein Vergnügen für die gesamte Familie. Einblicke in die Vergangenheit als Seefahrtnation ermöglicht unterdessen das Seefahrtmuseum in Amsterdam, in dem unter anderem der originalgetreue Nachbau eines Hochseeseglers aus dem Jahr 1749 steht.

Kinder ab 10 Jahren

Wer dieses Alter für den idealen Zeitpunkt hält, dem Nachwuchs erste Kontakte mit epochalen Kunstwerken zu ermöglichen, kann aus den Vollen schöpfen: In Den Haag wartet Vermeers »Mädchen mit den Perlenohrringen« auf Bewunderer, in Amsterdam besteht die Wahl zwischen den Meisterwerken Van Goghs und Rembrandts. Eine Geschichtsstunde von dauerhaftem Erinnerungswert ist der Besuch des Anne-Frank-Hauses in Amsterdam. Alternativ locken Outdoor-Abenteuer wie Windsurfen und Strandsegeln.

Die Strände gelten als sehr kinderfreundlich.

Tipps für Kinder und Familien

○ Anne-Frank-Haus (Amsterdam)
Ein Besuch im Versteck des jüdischen Mädchens geht unter die Haut. Es ist eine Geschichtsstunde, die kein Besucher jemals vergessen wird – und Annes Altersgenossen schon gar nicht.

○○ Corpus (bei Leiden)
Dieses Erlebnismuseum simuliert eine Reise in den menschlichen Körper. Während eines ebenso unterhaltsamen wie lehrreichen Parcours erfährt der Besucher, wie das menschliche Herz funktioniert – aber auch, was genau vor sich geht, wenn wir niesen.

○○ Deltapark Neeltje Jans (Zeeland)
Nach der Sturmflut von 1953 wurde der Beschluss gefasst, Zeeland und das Rheindelta mit einem gigantischen System von Sicherheitsanlagen vor den Launen der Nordsee zu schützen. Bei Neeltje Jans werden die Kräfte der Natur kinderfreundlich veranschaulicht – unter anderem mit Hilfe eines Orkansimulators.

Seehunde sind Dauergäste im Ecomare auf Texel.

○○○ Diergaarde Blijdorp (Rotterdam)
Wer keine ethischen Vorbehalte gegen Zoos hegt, kann in Rotterdam eine der meistbesuchten Attraktionen des Landes aufsuchen. Mehr als 1,5 Millionen Besucher pro Jahr schauen sich exotische Biotope an, die von der Gorillainsel bis zur Eisbärengrotte reichen. Höhepunkt ist ein 22 Meter langer Glastunnel, der Einblicke ins Aquarium gewährt – von unten.

○○ Drievliet (Den Haag)
Wasserrutschen, Achterbahnen und Karussells stehen actionhungrigen Kinder zur Auswahl. Wer es etwas ruhiger angehen lassen möchte, besucht die Shows der Magier.

○○○ Ecomare (Texel)
Nachdem sie jahrzehntelang bedroht waren, gehört der Anblick von Seehunden im Wattenmeer heute wieder zum Alltag – auch dank Ecomare, einer Auffangstation, in der verletzte Tiere mit dem Ziel gepflegt werden, sie wieder in die freie Natur auszusetzen. Ein Dokumentationszentrum befasst sich mit der Lebenswelt der populären Säugetiere.

○○ NEMO (Amsterdam)
In einem spektakulären Gebäude von Renzo Piano befindet sich ein naturwissenschaftliches Mitmachmuseum, in dem auch Erwachsene ihre Herausforderungen finden. Der Unterhaltungsfaktor der Live-Experimente ist ebenso hoch wie der Geräuschpegel.

○○ Van-Gogh-Museum (Amsterdam)
Das Haus beherbergt rund 200 Werke des

Gut angefüttert: Nahrungszufuhr ist ausdrücklich erwünscht im Groene Podium in Groede.

Meisters, der mit seinen kühnen Farbkompositionen auch junge Betrachter anspricht. Im Rahmen spezieller Multimediaführungen wird die Bildsprache Van Goghs so in Wörter übersetzt, dass auch Sechs- bis Zwölfjährige ihren Spaß haben. Vielleicht ein perfektes Mittel, um den Nachwuchs frühzeitig für die Schönen Künste zu begeistern?

OOO Walibi (Flevoland)
Ein Themenpark nach amerikanischem Vorbild: Actiongeladene Fahrgeschäfte geben Besuchern jeden Alters einen Kick. Ein 4-D-Kino, ein Kettenkarussell und eine Modelleisenbahn ermöglichen auch weniger waghalsigen Zeitgenossen Unterhaltung.

O Zeehondencrèche (Pieterburen)
Schon 1971 hat die Schwester des Schriftsteller Maarten t'Hart an der Küste von Groningen ein Auffanglager für kranke Seehunde ins Leben gerufen. Bis heute werden hier zahlreiche Tiere gepflegt. Eine lehrreiche Erfahrung für Jung und Alt.

→ Familienfreundliche Unterkünfte

Ferienpark (Dennenoord, Texel)
Wer keine Berührungsängste mit Ferienparks hat, ist hier gut aufgehoben: Die modernen Bungalows sind ruhig gelegen, weil die Hauptstraße weit weg ist und Autos nur zum Ausladen vorfahren dürfen. Außerdem befindet sich das Areal am Rande einer abwechslungsreichen Insellandschaft mit Wald, Dünen und Strand.

Glamping (Duinrell, Wassenaar)
Dieser actiongeladene Themenpark hebt sich von der Masse ab: Wer im angegliederten Wohnkomplex eincheckt, hat kostenlosen Zugang zu den Attraktionen. Außerdem wird in den Dünen die Modedisziplin »Glamping« angeboten. Dahinter verbirgt sich der Aufenthalt in einem luxuriösen Zelt. Um den Urlaubsspaß abzurunden, gehört mit dem Tikibad auch noch ein populäres Schwimmbad zum Areal.

Strandhäuser
Als nächste Evolutionsstufe der saisonalen Strandbebauung trauen sich immer mehr Anbieter, Strandhäuser auch zur Übernachtung zu vermieten. Besonders komfortabel sind diese bei Slaapzand in Domburg – garantiert ein unvergessliches Erlebnis für die ganze Familie.

Kleiner Sprachführer

ALLGEMEIN

Guten Morgen! Goedemorgen!
Guten Tag! Goedendag! oder kurz: Dag!
Guten Abend! Goedenavond!
Auf Wiedersehen! Tot ziens!
Wie geht's? Hoe gaat het?
Danke, gut! Goed, dank u wel.
Entschuldigung! Pardon!
bitte (Könnten Sie bitte...?) alstublieft (Kunt u alstublieft...?)
Bitte! (Gern geschehen!) Graag gedaan!
Danke!/ Vielen Dank! Bedankt!/Dank u wel!
Ja Ja
Nein Nee
Wie bitte? Hoe bedoelt u?
Könnten Sie bitte langsamer sprechen? Kunt u langzamer praten, alstublieft?
Ich kann Sie nicht verstehen. Ich spreche kein Niederländisch. Ik kan u niet verstaan. Ik spreek geen Nederlands.
Sprechen Sie Deutsch/Englisch? Spreekt u Duits/Engels?
Können Sie das bitte aufschreiben? Kunt u dat misschien opschrijven?
Was...? Wat...?
Wo...? Waar...?
Wann...? Wanneer...?
Wie...? Hoe...?
Warum...? Waarom...?

UNTERWEGS

Wie komme ich nach/zu...? Hoe kom ik naar/bij...?
Wo ist...?/Wo gibt es hier...? Waar is...?/Waar is hier...?
Kennen Sie ein gutes Restaurant? Weet u een goed restaurant?
links/rechts links/rechts
geradeaus rechtdoor
Eingang Ingang/Entree
Ausgang Uitgang
Bahnhof Station
Postamt Postkantoor
Tankstelle Tankstation, pompstation
Rathaus stadhuis
Kirche kerk
Platz plein
Straße straat
geöffnet open
geschlossen gesloten
Stadtplan plattegrond

ESSEN UND TRINKEN

Haben Sie einen Tisch für vier Personen? Is er een tafel voor vier personen?
Reservieren Sie uns bitte einen Tisch für vier Personen für heute abend. Wilt u voor vanavond een tafel voor vier personen reserveren?
Ich habe reserviert. Ik heb gereserveerd.
Ich bin Vegetarier. Ik ben vegetariër.
Ich bin allergisch gegen... Ist da ... drin? Ik ben allergisch voor.... Bevat dit...?
Ich hätte gerne... Ik had graag...
Ich möchte zahlen, bitte!/Die Rechnung, bitte! Ik wil graag betalen!/De rekening, alstublieft!
Frühstück ontbijt
Mittagessen lunch
Abendessen dinner
Speisekarte/Weinkarte de kaart/wijnkaart
Salz/Pfeffer/Senf/Essig zout/peper/mosterd/azijn
Nachtisch toetje
eine Tasse Kaffee een kopje koffie
Apfelkuchen mit Schlagsahne appelgebak met slagroom

Kuchen/Torte/Eis koek/taart/ijs
Milch melk
Bier biertje/pilsje
Mineralwasser mineraalwater
Suppe soep
Fleisch (Rind, Kalb, Schwein, Lamm, Huhn, Pute, Kaninchen, Schinken) vlees (rund, kalf, varken, lam, kip, kalkoen, konijn, ham)
Beefsteak/Frikadelle biefstuk/bal gehakt
Kartoffeln aardappels
Pommes frites patat friet
Reis rijst
Nudeln... pasta
Gemischter Salat gemengde sla
Fisch (Hering, Scholle, Hecht, Lachs, Seezunge, Aal, Makrele, Forelle) vis (haring, schol, snoek, zalm, zeetong, paling, makreel, forel)
Muscheln mosselen
Gemüse groenten
Spargel asperges
Erbsen erwten
Möhren/Karotten wortels
Chicoree witlof
Lauch Prei
Grünkohl boerenkool
Zwiebeln uien

ÜBERNACHTEN

Sind noch Zimmer frei? Zijn er nog kamers vrij/beschikbaar?
Wie viel kostet das Zimmer pro Nacht? Hoeveel kost de kamer per nacht?
Ich möchte... Nächte bleiben. Ik wil voor... nachten blijven.
Wo kann ich mein Auto abstellen? Waar kan ik mijn auto parkeren?
Einzel-/Doppelzimmer eenpersoons-/tweepersoonskamer
Zimmer mit Bad/Dusche kamer met bad/douche

EINKAUFEN

Haben Sie...? Heeft u...?
Ich schaue mich nur um, danke. Ik kijk alleen maar even, dank u.
Ich würde das gern anprobieren. Ik wil het graag even passen.
Ich möchte es kaufen. Ik wil het graag kopen.
Wieviel kostet das? Hoe duur is dat?/Hoeveel kost dat?
Kleidergröße maat

ZAHLEN

0-10 nul, een, twee, drie, vier, vijf, zes, zeven, acht, negen, tien
11-20 elf, twaalf, dertien, veertien, vijftien, zestien, zeventien, achttien, negentien, twintig
30 dertig
40 veertig
50 vijftig
60 zestig
70 zeventig
80 tachtig
90 negentig
100 honderd
1000 duizend

WOCHENTAGE

Montag maandag
Dienstag dinsdag
Mittwoch woensdag
Donnerstag donderdag
Freitag vrijdag
Samstag zaterdag
Sonntag zondag
Feiertag feestdag

Impressum

Produktmanagement: Claudia Hohdorf
Lektorat: Dr. Barbara Münch-Kienast
Layout: Elke Mader
Bildauswahl: Charlotte von Schelling
Umschlaggestaltung: ZERO Werbeagentur
Repro: Repro Ludwig
Kartografie: Kartographie Huber, Heike Block
Herstellung: Bettina Schippel
Printed in Slovenia by Florjancic

★★★★★

Sind Sie mit diesem Titel zufrieden? Dann würden wir uns über Ihre Weiterempfehlung freuen.

Erzählen Sie es im Freundeskreis, berichten Sie Ihrem Buchhändler, oder bewerten Sie bei Onlinekauf.

Und wenn Sie Kritik, Korrekturen, Aktualisierungen haben, freuen wir uns über Ihre Nachricht an
Bruckmann Verlag,
Postfach 40 02 09,
D-80702 München
oder per E-Mail an
lektorat@verlagshaus.de.

Unser komplettes Programm finden Sie unter

www.bruckmann.de

Bildnachweis:
Alle Aufnahmen des Innenteils und des Umschlags stammen von Hans Zaglitsch, außer:
Deltawerk Neeltje Jans: S. 60 u., 61, 62 o., 62 m., 63;
Hof Welgeleden: S. 53;
Hotel Texel: S. 199; Johnen, Ralf: S. 169, 204;
Wikimedia Commons/Kakashi-Madara: S. 172;
Wikimedia Commons/Rob Bogaerts: S. 258;
Wikimedia Commons/Ymblanter: S. 182

Umschlag:
Vorderseite:
oben: Tulpen, rechts: Frau in traditioneller Tracht, unten: Egmond aan Zee
Rückseite:
links: Fahrrad-Fähre, rechts: Käsemarkt in Alkmaar
Klappe vorne: Tulpenblüte im Keukenhof

Die Deutsche Nationalbibliothek verzeichnet diese Publikation in der Deutschen Nationalbibliografie; detaillierte bibliografische Daten sind im Internet über http://dnb.d-nb.de abrufbar.

ISBN 978-3-7343-0416-3